本书由以下项目资助出版：
1.湖北省社科基金一般项目 "交互式新媒体与高校课堂创[新]络电视应用为例" （课题编号：2019234）
2.湖北省教育科学规划2023年度重点课题 "数智技术与文化自信双驱动的研究生育人模式实践探索" （课题编号：2023GA024）
3.湖北大学研究生教育教学改革研究项目 （项目编号：1110017763）
4.湖北大学教学研究项目 （项目编号：2021047）
5.2022年度湖北省教育厅哲学社会科学研究项目 （项目编号：22Y007）
6.2023年湖北中小学素质教育研究中心开放基金课题 （项目编号：2023HBSZB17）

交互式新媒体与高校课堂创新

——以WEB2.0交互式网络电视应用为例

张红波　著

WUHAN UNIVERSITY PRESS
武汉大学出版社

图书在版编目(CIP)数据

交互式新媒体与高校课堂创新：以 WEB2.0 交互式网络电视应用为例／张红波著 . -- 武汉：武汉大学出版社，2025.5. -- ISBN 978-7-307-24545-7

Ⅰ. G642.421-39

中国国家版本馆 CIP 数据核字第 20244Q6Y86 号

责任编辑:沈继侠　　　责任校对:汪欣怡　　　版式设计:马　佳

出版发行：**武汉大学出版社**　　（430072　武昌　珞珈山）

（电子邮箱: cbs22@ whu.edu.cn　网址: www.wdp.com.cn）

印刷:湖北云景数字印刷有限公司

开本:720×1000　1/16　　印张:22.5　　字数:362 千字　　插页:1

版次:2025 年 5 月第 1 版　　2025 年 5 月第 1 次印刷

ISBN 978-7-307-24545-7　　　定价:99.00 元

前　　言

《国家中长期教育改革和发展规划纲要(2010—2020 年)》的战略目标中指出，"到 2020 年，基本实现教育现代化，基本形成学习型社会，进入人力资源强国行列"，"强化信息技术应用。提高教师应用信息技术水平，更新教学观念，改进教学方法，提高教学效果"。进入 WEB2.0 时代后，新媒体技术飞速发展，以交互性、多媒体性为特征的交互式网络电视出现。基于 WEB2.0 的交互式网络电视集合了电视技术、计算机网络技术、移动通信技术，能将教与学活动中的视频、音频、动画、文本、视频电话、语音识别、多屏互动、网站浏览等综合于一体。应用 WEB2.0 的交互式网络电视技术于高校教学中，构建基于 WEB2.0 的交互式网络电视的课堂教学模式，并提出相应的教学策略，不仅响应了国家中长期教育改革和发展纲要的战略要求中"强化信息技术应用，提高教师应用信息技术水平，更新教学观念，改进教学方法，提高教学效果"的号召，而且对优化高校课堂教学效果、提高学习者学习绩效具有重要的理论意义和实践应用价值。

通过国内外的文献调查，笔者发现对于基于 WEB2.0 交互式网络电视的教学模式与策略的研究，大多数专家、学者只是对交互式网络电视的技术标准、使用功能、概念界定、交互式网络电视在远程教育中的使用方案、使用模式等某项单一问题进行研究。本书在基于 WEB2.0 交互式网络电视的环境下，以培养高校师范生教育技术能力为实验内容，构建基于 WEB2.0 交互式网络电视的教学模式、构建学习共同体并制定相应教学策略，以教学系统设计理论、学习理论、教育传播理论、网络教育理论、教育电视理论、视听理论、影视美学理论为理论指导，运用文献研究、调查研究、个案研究、实验研究等研究方法，展开了以下几个方面的研究：(1)国内外基于 WEB2.0 交互式网络电视的课堂教学模式与策略现状研究。(2)设计与开发基于 WEB2.0 交互式网络电视的高校课堂教学平台。

1

(3)基于 WEB2.0 交互式网络电视的高校课堂教学模式研究。(4)基于 WEB2.0 交互式网络电视的高校课堂教学策略研究。(5)构建高校师范生教育技术能力指标体系。(6)基于 WEB2.0 交互式网络电视的课堂教学模式与策略实验实施中学习共同体的构建研究。(7)基于 WEB2.0 交互式网络电视的高校课堂教学个案研究。(8)基于 WEB2.0 交互式网络电视的高校课堂教学模式与策略的应用效果研究。

本书构建的基于 WEB2.0 交互式网络电视的高校课堂教学模式主要包括:(1)对实施基于 WEB2.0 交互式网络电视的高校课堂教学模式的课程的选择,并制定三门课程教与学的目标。(2)确立指导基于 WEB2.0 交互式网络电视课堂教学模式制定的理论思想。本书主要吸收了教学系统设计理论、传播理论、学习理论、视听理论、影视美学理论来指导本书中资源的建设、教学模式的设计及教学研究的开展。(3)对基于 WEB2.0 交互式网络电视课堂教学模式中教学环境的设计。(4)对学习过程的设计。本书设计了五种基于 WEB2.0 交互式网络电视环境下开展学习的活动过程,分别是自主学习过程的设计、协作学习过程的设计、探究性学习过程的设计、案例性学习过程的设计、任务驱动式学习过程的设计。(5)学习共同体的构建。(6)学习资源的设计。本书设计的学习资源主要包括学习网站、课程教学视频、微视频、各类网络课程资源。(7)学习评价的设计。本书采用了多元化评价方式,有教师评价、自评、学习共同体内部评价、学习共同体之间互评。(8)反思与修改。学习过程中通过反思与修改能促进本模式的优化。

本书构建的基于 WEB2.0 交互式网络电视的高校课堂教学策略主要包括:(1)以教师"教"为主导角度制定教学策略。包括以问题为导向的教学策略、先行组织者教学策略、行为练习教学策略、启发式教学策略、课前自主学习教学策略;(2)以学习者"学"为主体的角度制定教学策略。包括基于学习者学习风格构建学习共同体形式下的学习策略(包含一致匹配教学策略、失配教学策略),基于社会网络视角构建学习共同体形式下的学习策略(包含自我管理策略、自我评价策略),基于学习者学习差异制定的教学策略(包含个别指导教学策略、发展性评价教学策略、激励性评价教学策略)。

本书以高校本科生中的数学与应用数学专业师范生和体育教育专业师范生为实验对象,在基于 WEB2.0 交互式网络电视的学习环境中以针对师范生教育技术能力培养开设的现代教育技术概论、多媒体课件设计与制作、教师教学技能训练三门课程为实验课程，构建高校师范生教育技术能力指标体系，确立培养师范生教育技术能力的三门课程教学目标与教育技术能力培养方向，从社会网络视角和学习风格视角分别构建学习共同体，运用问卷调查、单向评等量表模型、双向评等量表模型、访谈、测验等方法收集数据，运用卡方检验、P（显著性）检验、F检验、独立样本 t 检验、$Q\text{-}Q$ 检验、单样本 $K\text{-}S$ 检验、学习成绩 $\bar{X}\text{-}S$ 平面分析、多值矩阵分析、卡兹指数分析、网络密度分析、凝聚子群图分析、Cliques（派系）分析、中心度分析、相似矩阵分析、相异矩阵分析、影响力指数分析等数理统计方法对所收集的数据进行统计处理，为研究结论提供数据支撑，来验证基于WEB2.0交互式网络电视的高校课堂教学模式与策略的应用效果。由此得出以下研究结论：

应用基于 WEB2.0 交互式网络电视的高校课堂教学模式与策略能显著提高高校师范生教育技术能力水平的意识与态度；提高高校师范生教育技术能力水平中的理论素养；提高高校师范生教育技术能力水平中的技术能力；提高高校师范生教育技术能力水平中的教学设计思想与能力；提高高校师范生教育技术能力水平中的应用与创新能力；提高学习者学习成绩；基于 WEB2.0 交互式网络电视的高校教学实验中学习共同体的构建提高了学习者协作学习与自主学习能力；学习者对学习过程中基于社会网络视角和学习风格视角构建的学习共同体持赞成态度；学习者对基于 WEB2.0 交互式网络电视的高校课堂教学模式与策略持满意态度。

目　　录

第一章 绪 论

《国家中长期教育改革和发展规划纲要（2010—2020 年）》的战略目标中指出，"到 2020 年，基本实现教育现代化，基本形成学习型社会，进入人力资源强国行列"，"强化信息技术应用。提高教师应用信息技术水平，更新教学观念，改进教学方法，提高教学效果"。《教育信息化十年发展规划（2011—2020 年）》中指出"利用信息技术开展启发式、探究式、讨论式、参与式教学，鼓励发展性评价，探索建立以学习者为中心的教学新模式"。信息技术时代，新媒体技术飞速发展，以交互性、多媒体性为特征的交互式网络电视出现。基于 WEB2.0 的交互式网络电视集合了电视技术、计算机网络技术、移动通信技术，能将教与学活动中的视频、音频、动画、文本、视频电话、语音识别、多屏互动、网站浏览等综合于一体。

美国、加拿大、英国、德国、瑞典、法国、意大利、日本等国纷纷开展基于交互式网络电视的社会教育和课堂教学研究，其在教学中的应用研究主要有：一是，基于交互式网络电视进行视频点播；二是，基于 NII 工程的学习交流平台模式；三是，基于交互式网络电视开展远程教育的教学；四是，基于交互式网络电视的游戏式教学；五是，在 YouTube 上创建视频专题网页。国内教育领域应用交互式网络电视的主要形式为：一是，基于交互式网络电视的 VOD 视频点播与远程视频会议平台整合；二是，利用交互式网络电视开展远程教育；三是，商业机构制作交互式网络电视教学节目，由消费者付费点播观看。

交互式网络电视应用于教育教学领域是时代发展的需要，它可以为教育教学带来以下变革：一是，可丰富教学渠道、增强学习者在电视环境中进行知识的主动建构；二是，能实时开展师生之间、生生之间、小组之间的学习交流与讨论；三是，能有助于更好地构建人的素质智能，创造更适合学生的教育环境；四是，可以使学习者更便捷地根据个人需要有选择地进行学习，给予学习者更大的学习与思考空间和学习自由度，从而改变学习习惯；五是，可推进教育教学，凸显个性化服务与选择；六是，有利于学习者形成完整的认知结构；七是，采用交互式网络电视可实现真正意义上的资源共享。总之，依靠交互式网络电视进行教育应用，能提高教育公平性，减小地区之间的教育差异，解决基于模拟电视技术开展教学活动中的单向交互式教学模式，有利于学习者主动学习，实时交互，促进教育模式创新与变革。

但从国内外对基于 WEB2.0 交互式网络电视的教育领域的相关研究来看，大多数专家、学者只是从交互式网络电视的技术标准、使用功能、概念界定、交互式网络电视在远程教育中的使用方案、使用的模式等某项单一问题上进行研究，而对基于 WEB2.0 交互式网络电视的课堂教学模式与策略的系统研究较为缺乏。本书旨在基于 WEB2.0 交互式网络电视环境下，构建基于 WEB2.0 交互式网络电视的高校教学模式、构建学习共同体并制定相应教学策略，以教学系统设计理论、传播理论、学习理论、网络教育理论、教育电视理论、视听理论、影视美学理论为理论指导，运用文献研究、调查研究、个案研究、准实验研究等方法开展相关研究。

第一节 国内外研究现状述评

一、我国基于WEB2.0交互式网络电视在课堂教学中的应用研究现状

为了解基于 WEB2.0 交互式网络电视在我国教育教学领域的教学应用研究现状，笔者通过"百度学术"搜索引擎、CNKI（中国知网）输入关键词"互动电视""交互电视""数字电视""IPTV""ITV""虚拟电视"进行搜索，发现与研究主题密切相关的研究成果较少。目前，由于交互式网络电视是一种正在不断发展的新媒介，虽然在技术上已逐渐成熟，但在我国课堂教学中的应用并不普及，个案罕见，值得深入探讨和研究。究其原因，笔者认为大致如下：

第一，不同地区利用交互式网络电视开展教学应用与研究有一定的差距。我国台湾地区开展了以"魔速英语夏令营"远距同步视讯教学为例的教学研究，并

利用交互式网络电视开展平衡城乡教育资源落差研究。大陆地区用交互式网络电视开展教学应用研究的成果较少，但有将片段性电视教材用于对外汉语教学、大学生思想政治课的教学、法学课教学、中学信息技术课教学、大学的英语课教学、学生心理健康辅导等。

第二，各教育电视台及教育节目制作单位尚缺乏开发基于交互式网络电视的电视教学节目积极性。同时，在现行的电视制作部门，新兴电视技术没有恰当应用到教育中。因而，各级各类教育电视台和教育节目制作部门，要积极将交互式网络电视技术应用到教育类电视节目制作中，并充分发挥交互式网络电视的交互功能，使受众在收看教育节目时能进行交互式学习。

第三，交互式网络电视的教育类节目资源较匮乏。交互式网络电视的出现使用户成为主动选择播放节目的客户端，电视节目的传输在内容上与传播序列上均由用户决定。因此，开发交互式网络电视的教育电视节目需从节目资源库开始做起。

第四，教师对新媒介的教育应用意识与创新应用能力尚缺乏。交互式网络电视出现后，须有教学使用者，这需要教师具备与时俱进的教育理念与创新精神。

第五，交互式网络电视的视频交互性欠缺。交互式网络电视节目的最大特点是能实现交互式学习，这需要交互式网络电视节目的设计与制作者在设计过程中尊重学习者的个体性和差异性，同时，需针对不同用户需求制定相应的节目资源。①

二、我国基于 WEB2.0 交互式网络电视的课堂教学模式研究现状

远程教育的发展在推进人才培养模式改革、促进学习方式变革的同时，存在教与学分离、学习者学习兴趣不足、教学评价机制不完善等诸多问题。② 交互式网络电视是传统电视技术与计算机网络技术相结合的交互式多媒体服务技术，有良好的交互性，为现代远程教育带来了一种全新的教学模式。

---

① 张琪. 在线学习视频中问题嵌入的设置对大学生学习效果的影响研究[D]. 内蒙古师范大学，2022：16.

② 马嘉黎. 国内远程教育教师专业化发展之路[J]. 百科知识，2023(33)：80-82.

（一）基于 WEB2.0 交互式网络电视的远程教育课堂教学模式

交互式网络电视主要利用网络机顶盒，通过互联网协议传送电视信号并能提供多种数字媒体服务，而传统的远程教育是通过广播电视技术实现的，学生只能被动接受学习内容，不能实时互动，从而影响学习者对知识体系积极主动地构建。我国目前将基于 WEB2.0 交互式网络电视应用于远程教育的模式主要有以下三类：

1. 针对一般性培养对象的远程教育应用模式

随着各高校之间交流合作的加强，国际范围内大规模开放式教学资源的出现，学习者拥有了更多、更广泛的学习资源，如何有效利用这些学习资源，与国内、国外学习者共同学习交流，是现在远程教学研究者思考的问题。目前，在我国远程教学中使用交互式网络电视开展针对一般性学习者的远程教育模式有两种：一是，以教授为主的远程教育应用模式。如赵明、刘中霞在《IPTV 在现代远程教育中的应用》中提出了基于 WEB2.0 交互式网络电视构建媒体管理系统、网络传输系统、学生服务系统的教学模式。① 二是，综合性远程教育应用模式。陈莉、李宗润在《乡村振兴下少数民族地区乡村人才队伍建设问题及对策——以云南省兰坪县为例》一文中提出了涵盖集体授课模式、自主学习模式、小组学习模式的基于 WEB2.0 交互式网络电视的远程教育模式。②

2. 针对偏远与农村地区学习者教学的远程教育应用模式

基于交互式网络电视的农村远程教育，可突破时空限制，缩短地域、城乡差别，让偏远地区教师和学习者能及时掌握与了解最新教育理念，共享教育资源。魏会廷在《数字化学习背景下高素质农民培训策略研究》一文中提出了包含制作、内容、发布、消费四个层面，内容服务、服务控制、业务管理三个层次的教育应

---

① 赵明，刘中霞. IPTV 在现代远程教育中的应用[J]. 信息与电脑（理论版），2012（14）：181-182.

② 陈莉，李宗润. 乡村振兴下少数民族地区乡村人才队伍建设问题及对策——以云南省兰坪县为例[J]. 农村经济与科技，2023，34（19）：120-123.

用模式。①

3. 针对党员干部培训的远程教育应用模式

随着交互式网络电视、移动手机的普及与费用的降低，农村党员干部利用移动模式和基于 WEB2.0 的交互式网络电视参加远程教育。如安徽省马鞍山市及其辖区的县和乡镇、村等就出现了此种教学模式。丁红玲、韩瑜茜在《我国干部教育研究热点分析及未来展望——基于 1978—2020 年文献的 Citespace 可视化分析》一文中提出了具有信息采集、接收站点建设管理、学习计划管理、统计管理、学员在线提问、在线答疑、学习辅导、系统管理等功能的基于 WEB2.0 交互式网络电视的远程教育培训模式。②

(二)基于 WEB2.0 交互式网络电视的面向手机的教学模式

面向手机的交互式网络电视教学应用主要有三种类型：一是，电信运营商单独运营模式。电信运营商利用移动通信网自身技术或数字广播技术提供下行链路，从而实现向用户提供手机交互式网络电视业务。二是，广电运营商单独运营模式。在国家政策支持下，广电系统建构面向移动设备的数字广播网络，向手机用户提供电视业务，进行广播内容制作、采编、频道集成等，最重要的是能为手机用户办理 IPTV 业务提供个性化服务。三是，广电和电信运营商合作运营。此类模式能综合利用各方资源，实现双赢。电信移动网络的优势在于手机端的交互和计费优势，广播电视网利用交互式网络电视大规模地向用户传送多媒体节目，成本更低。两种网络融合在一起，可扬长避短，如，可用广电网接收手机交互式网络电视节目，而用移动网络点播节目；可将移动网络作为广电网络交互式网络电视业务的上行信道，通过手机体验 VOD、游戏交互、文件下载等。

(三)基于 WEB2.0 的交互式网络电视在医学教学领域的应用模式

基于 WEB2.0 的交互式网络电视由于具有双向交互特点，因而在医学教育领

---

①　魏会廷. 数字化学习背景下高素质农民培训策略研究[J]. 农村·农业·农民(B 版)，2024(02)：53-55.

②　丁红玲，韩瑜茜. 我国干部教育研究热点分析及未来展望——基于 1978—2020 年文献的 Citespace 可视化分析[J]. 中国成人教育，2020(14)：75-80.

域也被广泛使用。其教学模式主要有以下两种形式：

一是，基于 WEB2.0 的交互式网络电视与远程医学教育相结合的模式。如，将基于 WEB2.0 的交互式网络电视与卫星网络结合，去实现医疗机构间或医疗机构与患者用户端的连接，使大城市医院的医学专家与患者本地医院的医生一起面对面会诊，指导医疗检查，确定治疗方案，甚至还可以通过基于 WEB2.0 的交互式网络电视进行手术示教和手术指导。潘新华、朱明华、郭天泉在《数字电视技术及在医学教学中的应用》一文中构建了基于 WEB2.0 的交互式网络电视与远程医学教育相结合的教学模式。①

二是，基于 WEB2.0 的交互式网络电视与远程医学学术会议相结合的模式。在不同地域、不同国家的医学专家可利用交互式网络电视在同一时间内就学术问题进行交流与研讨，通过配置各种视音频教学设备展示清晰、逼真的影像与音频资料，丰富医学学术会议的形式与内容。伍志超、王涵在《COVID-19 流行期间远程视频医学会议系统在受限医学生中的应用》②一文中对该模式进行了探讨。

（四）基于 WEB2.0 交互式网络电视的技术培训课堂教学模式

《真情如汗淌沃土》提出了基于 WEB2.0 交互式网络电视应用于技术培训学习中的模式。该模式分三个组成部分：前端、网络、接收端。③ 教师授课时，通过在前端的教师机安装屏幕捕捉软件，实时采集教师课件，并编码、上传给编码器，编码器通过安装在本地的视音频采集卡捕捉实况音视频，并压缩，然后和传递过来的教师屏幕流混合，再通过视频服务器发布，供在线用户观看或录制形成课件。

（五）小结

从以上基于 WEB2.0 的交互式网络电视在我国开展教学应用的模式可见：

第一，从教育教学方式方面而言，基于 WEB2.0 交互式网络电视的出现使远

---

① 潘新华，朱明华，郭天泉．数字电视技术及在医学教学中的应用[J]．中国医学教育技术，2005(10)：385-387.

② 伍志超，王涵．COVID-19 流行期间远程视频医学会议系统在受限医学生中的应用[J]．中国社区医师，2021，37(24)：190-191.

③ 谢旭平．真情如汗淌沃土[J]．湖南农业，2023(06)：43.

程教学、终身学习、面对面课堂教学实现了信息多样化，师生、生生互动更便利。交互式网络电视通过提供大量图片、动画、Flash、视频、音频等手段，充分调动学习者的兴趣，彻底改变传统学校教育中只依靠教师言传身教的枯燥形式，寓教于乐。另外，交互式网络电视的频道资源也很丰富，是一个不可多得的数字化学习平台，为学习者提供了高效、廉价、便捷的教学服务，实现了数字化学习（E-Learning）和移动学习（M-Learning），并为终身学习的实施提供了好的条件。

第二，从教育教学环境方面而言，基于WEB2.0交互式网络电视技术能有效利用各种资源的学习环境与教学支持服务体系，为学习者的个别化学习和自主学习提供完善的资源支持服务、学习过程支持服务、管理支持服务，使学习者处于自主选择的学习地位，使一切学习活动能围绕学习者的需求而开展，从而调动学习者学习的主动性与积极性。

第三，从教学资源建设方面而言，基于WEB2.0交互式网络电视能充分体现三网合一（广播电视网、计算机网、电信网）的技术理念，为学习者构建一个网络化、普适化、智能化、广泛开放性的教学资源平台，把不同网络上的信息资源在同一网络中传输，通过多媒体信息终端设备，为学习者提供丰富的教学资源，实现教学资源最有效的组织与管理，为交互式网络电视快速制作多媒体教学资源提供高速的计算能力和硬件条件，使各种利用交互式网络电视素材开发的多媒体教学资源竞相出现，并将积极应用到现代教育教学中，从而推动教育资源建设的数字化进程。

第四，从教育教学管理方面而言，基于WEB2.0交互式网络电视可对教育领域各种软硬件资源实施管理，能快速、有效、动态化地组织和整合教育领域各种资源，提高资源共享共建，同时也能对整个教育系统进行智能化管理，真正实现教育管理数字化、智能化、现代化。如，利用交互式网络电视可进行远程教学和远程考试管理：学员学籍管理、学分管理、课程管理，通过访问Web站点参加考试等。①

---

① 任克敏，谭效，杨小宁. 开放大学思想政治课实践教学体系的构建研究[J]. 贵州开放大学学报，2023，31（04）：13-19.

三、我国基于 WEB2.0 交互式网络电视的课堂教学策略研究现状

课堂教学中采用一定教学策略的目的是提高教学效率，提高教学质量，实现教学的最优化。教学最优化就是要以最少的时间取得最佳的教学效果。因此，在教学中，制订或选择某种教学策略还应该考虑教学过程的效率，师生能在规定时间内完成教学任务，较好地实现具体的教学目的，并能使教师教得轻松，学生学得愉快。目前，在课堂教学中常采用的教学策略主要有：一是，产生式教学策略。这种教学策略是让学生自己产生教学目标，学生自己对教学内容进行组织，自行安排学习顺序，教师鼓励学生从教学中建构具有个人特有风格的学习。即，学生自己安排和控制学习活动，在学习过程中处于主动地处理教学信息的地位。其优点是，学习者能主动处理学习信息，能培养学习者的学习兴趣和问题探索能力。不足之处是若学习者对学习内容涉及不妥，会导致认知超载或情绪低落，且其学习的成功主要依赖于学习者先前已具有的知识和学习策略的广度。二是，替代式教学策略。这种教学策略在传统教学中较常用，它更多地倾向于给学生提供教学目标，组织、提炼教学内容，安排教学顺序，指导学生学习。主要是替学生处理教学信息。其优点是学习效率高，知识储备有限和学习策略不佳的学生可获得成功的学习。不足之处是由于学习者智力投入少，信息处理的深度不够，且学习者在学习中被动学习多于主动学习，因此，学习者的学习兴趣难以被调动，制约了学习者的学习能力。三是，独立学习与小组学习策略。在传统教学中，不太重视教学的社会性，没有为学生提供公平地实现合作与交往的机会，没有将人际交往、合作与竞争作为推动学生学习、认知发展的重要动力。学生之间的交往主要有合作、竞争、个体三种形式。合作，指两个或两个以上的人或群体，为达共同目的，自觉地在行动上互相配合的一种交往方式；竞争，指个体与个体、个体与群体、群体与群体之间对共同目标的争夺；个体，强调自我发展，不参与同伴间的交往，游离于群体活动之外。小组学习强调小组中各个成员都积极主动参与学习活动，学习任务由大家共同分担，但在其学习过程中会出现竞争，这会直接影响各组的工作效率，甚至伤害小组成员间的感情。小组学习也有其优越性，如能激发学生发挥出自己的最高水平，能促进学生在学习上互相帮助、共同提高；能增进同学之间的情感沟通，学习任务由大家共同分担，问题会变得较容易解

决。四是，竞争与合作学习策略。竞争与合作是人际相互作用的两种主要表现形式。竞争与合作的共同之处在于两者都是人际相互作用中个人实现目标的手段。在某项具体互动中，参加者选择哪种手段依赖于环境和个人自身的不同因素。在课堂教学中，竞争可能会激起学习者发奋努力，取得更大收获，但也会挫伤大部分学习者的学习积极性。教育应是一种快乐的体验，竞争对大多数不能取胜的人来说，是造成不安全感和自我怀疑的源泉。因此，教师要根据教学情境来决定是否采用竞争策略，以取得良好的教学效果。课堂教学中的合作，是指学生之间为了达到某一个共同目标而彼此配合，相互协助的一种联合行动。在课堂采用合作学习时教师需要注意以下几点：一是，激发学生的合作动机；二是，指导学生学会合作技巧，养成社会交往能力；三是，保证小组中的每个成员都能积极参与集体学习。

我国基于交互式网络电视的课堂教学策略主要如下：

(一)基于 WEB2.0 交互式网络电视应用于高校外语教学的教学策略

基于 WEB2.0 交互式网络电视除具有传统电视的一些功能外，还具有双向交互功能及联网功能等优势，孟宪翔提出，将交互式网络电视应用于高校外语课堂教学，其教学策略为：(1)构建全方位教学资源。①教学直播功能。将讲座或会议等教学现场实况进行直播或转播，并借助交互式网络电视提供远程双向互动会议功能，为学生提供国外频道中外语听力的理解与训练，且能通过系统调用远程课件，丰富教学资源。②提供多样化教学素材功能。利用交互式网络电视接收各国电视节目，并将信号通过网络进行实时发送，教师与学生能利用电脑或电视观看，系统能实时接收汉、英、法、德、西、日、韩、阿拉伯语等多个语种的节目，可实现卫星外语、中文电视频道在校园网上的播放和录制，交互式网络电视还具有录制与预录功能。③外语朗读教学。学校在多媒体教室中安装英语早读多媒体课件，通过交互式网络电视系统，可进行有计划、统一的学生早读远程教学。④娱乐。通过交互式网络电视转播国内外多个有线频道节目和国外卫星频道节目，满足广大师生的电视娱乐需求。(2)结合教学实际，因地制宜地应用。在建立网络电视系统时，优先考虑采用基于 DSP 技术的音视频编码、非 PC 架构、纯硬件采集、编码压缩系统方案。(3)卫星电视加密，版权和网络电视收费。用于教学的节目主要来源于国外卫星电视节目，但有些频道是加密的，无法转播，这就限制了交互式网络电视视频点播功能的实现。① 另外，在转播某套节目前还要考虑节目版权与收费问题。

(二)基于 WEB2.0 交互式网络电视应用于远程教育的教学策略

徐博强指出，交互式网络电视在远程教育中主要有"同步教学"策略和"异步教学"策略两种。"同步教学"策略也就是实时教学，同步教学开始后，由摄像头和麦克风现场采集教师讲课的视频和音频作为输入信息，经计算机编码为 ASF 流，学生端用 Windows Media Player 接受和播放 ASF 流。② 在此过程中，也可以选择使用 NetMeeting 的 COM API，它提供了视频会议的控制管理、视频与音频传输、用户界面等 COM 对象。"异步教学"策略，主要是课件点播，学生可向服务器请求特定课件数据流的播放，学生可自行选择学习内容，不受时间与地点的限制，并可控制开始、暂停、前进与后退等播放过程。

(三)基于 WEB2.0 交互式网络电视应用于成人学习和终身学习的教学策略

张晋指出，随着终身教育理念的深入，成人学习成为社会关注的时代话题，成人学习的需求高涨，同时，信息技术也在同步迅猛发展，新技术在教育中的广泛应用为成人学习提供了灵活多样的工具，也为成人学习创造了便利条件。其提出的教学应用策略为，交互式网络电视信号和数据信息通过传输网络，从前端系统发送到用户家中，机顶盒将接收的信号解码，显示在电视屏幕上。用户通过传输网络与服务机构建立双向连接，用遥控器向前端系统发出请求，通过系统的反馈完成课件点播，网页浏览，学习伙伴之间的沟通、交流与合作等。

四、国外基于 WEB2.0 交互式网络电视在课堂教学中的应用研究现状

为全面了解交互式网络电视在国外课堂教学中的应用情况，笔者以关键词

---

① 张新淼. 基于虚拟化技术的 IPTV 服务平台的研究与设计[J]. 电脑知识与技术，2023，19(02)：66-68.
② 吴莎莎，郝卫峰. 基于跨学科学位的课程开放与融通机制探索——以英国开放大学开放学位为个案的分析[J]. 成人教育，2024，44(02)：37-44.

"Interactive TV""IPTV""IPTV and Internet Video""Interactive Television""IP Television""Interactive TV Application""Interactive Digital Television""IDTV""Digital Television""Interactive TV & Teaching Models"为关键词，在各大外文学术文献数据库及学术搜索引擎中进行相关文献检索。文献来源主要为：Wiley、Springer Link Journals、Elsevier ScienceDirect、EBSCO、Oxford Scholarship Online、CAlLIS、Proquest。现状如下：

第一，在学校安装基于交互式网络电视的教育网络，开展基于交互式网络电视的小型讨论会和设置电视教室。1998年1月，美国Zilog亚洲有限公司在北京展示了其新技术、新产品——交互式网络电视机。① 用这台电视机可接入 Internet，在网上可查阅资料、进行购物。1985年，英国Telecom在伦敦大学安装实验型交互式电视教育网络，并建立了为期五年的专门管理机构。电视网络终端所在的伦敦大学下设七所学院，各自负责一个电视演播室。之后，伦敦大学所有学院都启动了全显示演播室，有些学院装备了既适用于大型讲座又适用于小型讨论会的交互式网络电视教室。②

第二，利用交互式网络电视进行中学课程教学节目的传送。英国教育与劳工部利用交互式网络电视进行英国中学国家课程教学节目多媒体传送。这类系列教材由 Anglia Television、BBC 和 Granada 公司推出，并于 2000 年 1 月和 2 月已对有关系统和教材进行了评估，其意味着英国儿童可通过家中的数字电视机或 Internet 访问获取相关的整套教材课程。而在英格兰和威尔士的学校教室中也将能收到相同的教材。③

第三，利用交互式网络电视开展面向成人的技能培训。欧洲社会基金资助的 Upgrade2000 工程，通过在家庭中利用交互式网络电视对英国 700 万成人进行了基本技能培训；英国 Anglia Multimedia 公司通过数字电视面向中小学生的学习进行教学实验；BBC、NTL、Wales Digital College 公司也都在对数字电视作为 E-Learning 系统的终端提供交互式多媒体学习服务进行开发与实验。

总体而言，国外利用基于 WEB2.0 的交互式网络电视主要在课堂、课间、家

---

① Zilog 在中国推出交互式电视机[N]. 中国电子报, 1998-01-01.
② 王蓓蓓. 伦敦大学交互电视教育网络[J]. 煤炭高等教育, 1995(02)：105-109.
③ 英国试播课程教学交互电视[J]. Radio & Broadcast Engineering, 2000(12)：116.

庭进行 VOD 教学视频节目点播，或进行远程考试、远程教育管理，学习者可查询学习成绩、开展微课程学习、利用交互式网络电视进行答题、学习交流、发布评论、上传与下载视频，师生可进行教与学的互动。

五、国外基于 WEB2.0 交互式网络电视的课堂教学模式研究现状

(一)增强型电视组合包教学模式

增强型电视组合包设计是指在原有教育电视节目的基础上增加附加功能的设计，提供更多相关辅助信息，使传统的线性节目与互动内容节目相结合，形成一个节目组合包，共同组成整个教育电视节目的节目源。①

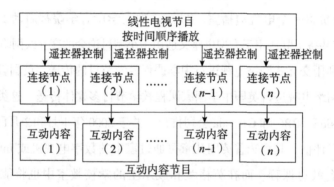

图 1-1　增强型电视组合包教学模式

英国 BBC 以自然历史为题材的科教纪录片《与野兽同行》是增强型电视节目的范例。节目内容是讲述哺乳动物的进化历程，揭示已消失的史前哺乳动物在进化过程中的秘密。在节目中，观众可利用遥控器进入增强型电视界面，并选择不同类别的节目进行交互式体验，配上不同解说版本、辅助信息的文字和视频。辅助信息包括与动物有关的常识、科学探索背后的故事、各种动物化石挖掘过程的视频短片等。在观看辅助信息时，原始的线性节目仍可以通过屏幕右上角小窗口

① 黄慕雄. 交互式数字教育电视节目的设计和应用[J]. 电化教育研究，2010(02)：42-47.

继续观看，且互动内容占据屏幕的 2/3 左右。其他的节目还有《当代英雄》等。

(二) 时移性教学模式

时移性设计是利用个人电视记录服务中的功能进行教育电视节目的设计，即观众可用遥控器对直播节目进行控制，同时可参与互动。

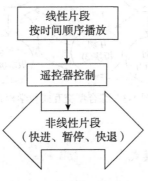

图 1-2　时移性教学模式

时移性的节目设计可以让家长们根据具体情况随时选择停止或播放，满足用户的个性化需求。如英国广播公司的《来吧，加入我们》，是 2~3 岁学龄前儿童观看的教育类节目，主要为小朋友提供学习经验。为了让观众实时收看节目，节目设计了线性片段和非线性片段两部分，在线性片段的最后，由观众自行选择是继续收看电视节目还是用遥控器停止、快进或暂停等，同时，线性电视节目的下一片段会在后续继续播出。

(三) 综合型交互式教学模式

综合型交互式教学模式的设计，即采用树形结构的叙事模式，将不同类型互动板块进行交叉，使线性叙述和非线性叙述相结合。当互动菜单出现时，观众可根据自己的意愿对节目进程进行选择，用遥控器操纵界面上的链接功能进入互动板块。观众自选角色，选择不同的人站在不同的角度完成整个事件的互动。英国广播公司的《科学地带》节目就运用了综合型交互式设计，该节目面向的对象是 9 至 11 岁的儿童，主要教授光学基础知识、材料科学、遗传生物学等知识。这个教学模式需要提供的交互版本较多，提供的互动服务也更为丰富和全面。节目将互动板块以不同风格分类，主要分为演示板块、数据板块、微观板块、电影板块等。

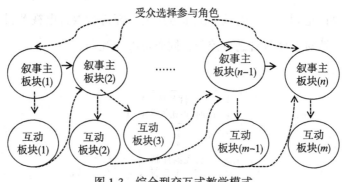

图 1-3 综合型交互式教学模式

(四)M-Learning 教学模式

泰国的川登喜皇家大学利用交互式网络电视构建了 M-Learning 学习系统。其教学应用模式如图 1-4 所示。

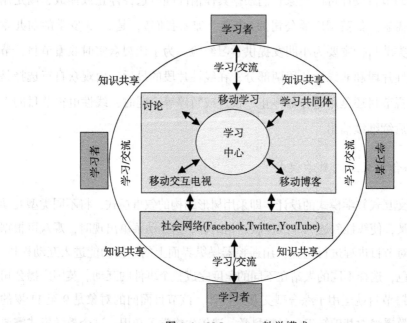

图 1-4 M-Learning 教学模式

泰国 M-Learning 交互式网络电视教学模式主要用于支持终身学习、成人教育、提高农村地区学生受教育机会的目的。用途为：一是，在 Sa-Tid-La-Or-U-Tid 小学开展针对儿童早期教育的教学。二是，开展 SDIB（Suan Dusit Internet Broadcasting）试点工程。该工程为泰国的 80 所试点学校提供了交互式网络电视机、机顶盒、宽带。教师评价由 SDIB 系统实现。三是，执行 SDIB 战略目标。其内容是在 2012—2015 年联合四个组织机构完成 15 个项目。四是，促进手机式交互式网络电视的发展。教学视频不但能在手机还能在交互式网络电视的网络浏览器中按需求播放。① 在 M-Learning 学习环境下，学习者之间分享知识可通过使用短信、E-mail、可视电话、视频网站论坛实现。M-Learning 的设计基于知识分享，其组成有：交流工具、学习内容(包含电子书、PPT 展示、小测验、视频、案例学习、学习者自己创建小组学习任务等)。所有学习资源是通过学习者共同利用网站上传或下载自己的学习内容来构建，交流工具是整合的各种网络工具，除了 Mobile IPTV，也可在 YouTube 中发布自己的学习视频，还有 Blog、Facebook、手机短信、Twitter。

（五）致力于语言学习的教学模式

2011 年 9 月，为消除韩国对私立学校的依赖，韩国教育部、科技部开展了建设交互式网络电视的系统工程项目。韩国的 ST、LG、SK 公司已经为交互式网络电视在教育领域中的应用快速开发了教育资源。韩国 KT 媒体主席 Jung-ryul 说"较多的韩国观众观看的是英语教学节目，他们将继续为英语教育开发词汇学习信息"②。

在北美，KyLin TV 开通了北美第一个中国儿童交互式网络电视频道和开心儿童 VOD 点播业务平台。该电视平台承诺，会提供非常可靠且适合于儿童观赏的有关教育、人类科学及其他教学的主题视频资源。用户可订购"幸福儿童 VOD"资源点播权，它为北美家庭第一时间提供了高质量的中国儿童节目和汉语语言教

---

① Pannee Suanpang. The Integration of M-Learning and Social Network for Supporting Knowledge Sharing[J]. Creative Education, 2012(12)：39-43.

② Ji-hyuk Kim. Digital Education Takes Hold in Korean Classrooms[J]. The Joong Ang Daily, http：//joongangdaily. joins. com/article/view. asp？ adi=2923237.

学节目，它帮助儿童学习中文并让他们从节目中发现中国传统文化的魅力。①

（六）生活社区教学模式

为了加强同一社区中人们之间积极主动的交流以及缩小老少之间的代沟，澳大利亚开展了基于 IPTV 的社区生活学习交流项目实践。该项目由两个主要阶段构成：第一阶段，设计阶段。包括组织地方社区人员共同设计生活与学习社区。第二阶段，开发与评价阶段。该阶段包括 IPTV 平台的安装和地方社区活动开展的进一步评价与搜集社区人员对活动开展的意见反馈。生活社区开展的宗旨为：相互了解、增强感情、提高社区年轻人参加活动的积极性。社区人员通过交互式网络电视增强社区人员间的感情，加强社区成员间的联系。社区生活与学习交流平台的内容，由社区人员共同建设，社区成员可上传自拍的视频、音频，并播放别人上传的视音频，如图 1-5 所示。

图 1-5 生活社区教学模式

这种基于交互式网络电视的社区生活平台从社区成员的兴趣出发，本着社会

---

① Plain View, N. Y. North America's First Chinese Kids Channel and Happy Kids VOD Debut on KyLin TV［J］. Business and Economics，2010(11)：1-2.

交往性、趣味性、娱乐性宗旨而开办①。

（七）"流媒体"教学模式

图1-6描述了交互式网络电视的一般应用模式，它包括独立的设备中间件，强调不断革新的交互式网络电视设备与家庭网络的连接。在这个应用模式中，"Conten"主要是提供给交互式网络电视用户使用的视频服务内容，信息由此发送，之后，信息进入两个领域：一是社会网络，视频内容由社会网络再进入"公共服务网络"；二是，视频信息受到"DRM（数字版权管理）机构"的加密保护，信息被包装后通过网络分别传输给手机用户端和进入"家庭网关"，家庭网关再将视频信息送入支付了收视费的家庭，在家庭中，交互式网络电视信息可通过家用多媒体电脑收看、可通过数字机顶盒进行信号解码再用电视机观看、可通过其他外围设备收视，如 iPad 等。交互式网络电视可为用户提供交通信息、天气预报，用户还能与朋友互相交换或分享图片，通过交互式网络电视拨打可视电话、开视

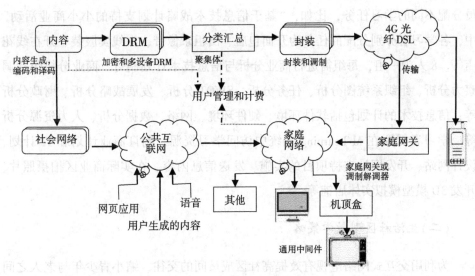

图1-6 "流媒体"教学模式

① Marianna Obrise, Elke Beck. Local Communities：Back to Life（Live）Through IPTV［J］. Changing Television Environment, 2008：148-157.

频网络会议。智能手机还能与远距离的个人电脑或第三屏进行视频的直接消费。① 此模式中的手机交互电视是原来手机电视的一种全新界定，手机交互电视是基于 IP 的电视服务，它能通过时间、地点及设备转换视频内容，手机交互电视因此被称为"流电视"。人们可以随时随地通过智能手机收看电视，在家里或办公室甚至在旅途中随时通过智能手机与家用电脑连接，还能把智能手机上的视频节目移动到高清电视的屏幕上观看。

六、国外基于 WEB2.0 交互式网络电视的课堂教学策略研究现状

(一)知识分享型教学策略

根据学生之间对知识分享途径的不同，泰国 KyLin TV 设计开发了 M-Learning 系统，该系统应用的教学策略包括资源开发策略、知识构建策略、信息获得策略、经验分享策略，目的在于提供知识分享平台与环境。M-Learning 系统中教学策略的实施为：学习者进行学习小组分配，各学习小组中针对学习主题对每个组员分配不同的学习任务，比如，"基于信息技术战略计划支持的小小商业活动"中，各学习者分别分配的任务为开面包店、出租录像带、在线卖服装、开在线花店等。8 人为一组，每组需进行商业分析与信息技术计划制订。商业分析包括洞察力分析、组织系统图分析、任务分析、SWOT 分析、发展战略分析、财政分析等；信息技术的计划包括软件环境、硬件环境、网络、数据分析、人力资源分析等。学习者需要在 M-Learning 系统中访问学习资源，制订商业计划和 IT 计划、设计网站、开发网站支持项目的实施、发送信息内容、在实际商业区拍摄照片、开发 3D 模型模拟实体店铺等。②

(二)生活社区型教学策略

为利用交互式网络电视有效提高社区成员间的交往、缩小青少年与老人之间

---

① Marie-Jose Montpetit, Natalie Klym, Thomas Mirlacher. The Future of IPTV Connected, Mobile, Personal and Social[J]. Multimed Tools Appl, 2011(53)：519-532.

② Marie-Jose Montpetit, Natalie Klym, Thomas Mirlacher. The Future of IPTV Comected, Mobile, Personal and Social[J]. Multimed Tools Appl, 2011(53)：519-532.

的代沟、培养与发展社区成员的兴趣爱好、加强社区内信息的分享的积极性、提高互动性，生活社区采取的策略如下：一是，学习与生活社区的建立要依兴趣而建，不能远离兴趣。二是，基于交互式网络电视的社区交流平台必须支持已经存在的社区活动团体，也要创建新的兴趣团体，且参与团体的人秉着自由参与的态度。三是，简化社区团体建立的程序，利用交互式网络电视促进信息交流。四是，退休人员是参与主力。退休人员有足够多的时间、经验和设备去拍摄交互式网络电视所需的视频资源，年轻人也需为交互式网络电视视频艺术出谋划策，积极贡献。五是，基于交互式网络电视的社区学习与生活平台建立的目的是通过电视平台拍摄与分享视频内容，增强社区成员的交流与沟通。①

(三)以交互式网络电视为主导或远距离式、面对面的教学策略

Katherine A. Austin 提出了交互式网络电视的应用有两种策略：一是，以交互式网络电视为主导的策略。该策略是指教学者在现场，利用交互式网络电视进行主导性教学的策略。二是，交互式网络电视远距离教学策略。该策略是在教师与学习者不在同一物理环境下使用的。两种教学策略的实施都是依靠交互式网络电视提供视频、在线通话等功能，利用麦克风、相机、扬声器和电视屏幕、学习网站、文件拍摄仪、虚拟黑板让教师与学习者建立及时的信息传输与信息共享关系。②

七、国内外研究现状对本书的启示

通过国内外对比研究发现，基于 WEB2.0 交互式网络电视的教学应用研究是目前教育技术学研究中的热点，而基于 WEB2.0 交互式网络电视的教学模式与策略在提高高校师范生教育技术能力培养方面的研究内容并不多。国内在相关的研究中还需要在理论研究与教学实践研究上进行积极探索与尝试。

---

① Marianna Obrise, Elke Beck. Local Communities: Back to Life(Live) Through IPTV[J]. Changing Television Environments, 2008: 148-157.

② Katherine A. Austin, William D. Lawson. Efficacy and Performance in Professional Development Higher Education-Sponsored ITV Instruction[J]. Computing in Higher Education, 2007 (18): 51-58.

（一）国内外研究中值得本书借鉴的经验

1. 设计基于 WEB2.0 交互式网络电视的教学模式时，需注重对学习共同体的构建

1881 年，德国社会学家和哲学家斐迪南·滕尼斯提出了学习共同体的概念，他认为学习共同体是所有人因共同使命而朝共同的愿景一起学习的组织。学习共同体中的成员需要彼此分享学习兴趣，有一种作为该集体中学习成员的归属感、使命感、满足感。在教学过程中建立学习共同体可以使教师了解学习者选择学习共同体中学习伙伴时体现出的社会网络关系状况，以及该社会网络关系中所体现的各因素之间的关系；能促进学习中的协作，提高学习兴趣与学习效果。

2. 设计基于 WEB2.0 交互式网络电视的教学模式时，需注重对学习过程的设计

设计基于 WEB2.0 交互式网络电视的教学模式时，主要以学习者的自主学习为主体，根据交互式网络电视的教学环境，结合课程内容与课程培养目标，制定合理的学习过程。基于 WEB2.0 交互式网络电视的学习过程在设计时要体现学习者的自主学习，以学习共同体为单位共同完成学习任务，需应用自主学习过程、任务驱动的探究性学习过程、探究性学习过程、案例性学习过程来开展学习。

3. 设计基于 WEB2.0 交互式网络电视的教学策略时，需注重对学习资源的设计

课程学习资源的设计关系到学习内容的深广度、学习过程的开展、学习效果的优劣。学习资源的设计要根据课程内容、课程性质设计。基于 WEB2.0 交互式网络电视的学习资源的设计首先要对学习者的学习需求进行分析，再对教与学的主题进行设计，紧接着需对教与学的内容进行设计，最后需要借助平台呈现所设计的学习资源的内容。基于 WEB2.0 交互式网络电视的学习资源主要包括学习网站、课程教学视频、教学微视频、课程学习案例、精品网络课程资源。

4. 设计基于 WEB2.0 交互式网络电视的教学策略时，需注重教学组织策略与管理策略的设计

基于 WEB2.0 交互式网络电视的课堂教学策略制定主要从两方面入手：一是，从以教师的"教"为主导的角度制定教学策略。主要采用以问题为导向的教

学策略、先行组织者教学策略、行为练习教学策略、启发式教学策略、课前自主学习教学策略。二是，从以学习者的"学"为主体的角度制定教学策略。主要从三个方面制定教学策略：第一，根据学习者学习风格制定教学策略；第二，根据学习者学习差异制定教学策略；第三，针对学习共同体下有效开展学习制定教学策略。

5. 设计基于 WEB2.0 交互式网络电视的教学策略时，需注重对学习结果的评价进行设计

学习结果的评价是一个对学习对象进行判断的过程，它是一个将计算、访谈、观察等方法综合起来使用的分析过程。基于 WEB2.0 交互式网络电视的学习评价标准的制定需要遵循三个原则：一是，学习评价的标准要参照教学目标来制定；二是，学习评价的标准要根据教学中所采用的教学手段和教学方式来制定；三是，学习评价的标准要从多维的角度制定。基于 WEB2.0 交互式网络电视的学习结果评价主要从教师视角、学习者视角、学习共同体内部视角、学习共同体之间的视角来分别制定评价细则。

(二)国内外研究中存在的不足

1. 基于 WEB2.0 的交互式网络电视应用于高校课堂并开展教学研究的不多

通过对国内外相关研究的对比发现，国内外对交互式网络电视在家庭中的使用的研究较多，但大多数是从交互式网络电视的技术优势与新功能角度展开，而对交互式网络电视在家庭教育或学校课程教学中的应用研究不足。同时，利用交互式网络电视在高校课程中的教学应用也显不足；与高校课程相结合的基于 WEB2.0 交互式网络电视的学习资源的设计与开发的研究也不多。本书将交互式网络电视与高校课程相结合进行应用研究是很有必要的。

2. 对基于 WEB2.0 交互式网络电视的教学中构建学习共同体的研究不多

从文献分析看，目前主要是从理论层面、概念层面、环境层面(网络学习环境、mCSCL 环境、远程教育环境)上探讨了学习共同体的构建。但在具体的教学实践中，教师应如何操作，如何构建学习者的学习共同体，从文献资料来看，主要有(教师或学生)随机组合方式、根据学习者学习风格混搭、教师根据学习者学习主题偏好组合的学习共同体，教师根据学习者学习成绩、性别进行异质或同

质构建学习共同体，教师根据学习者的社交能力构建学习共同体。但这些学习共同体的构建方式要么过于随意，要么过于主观(仅从教师立场划分)，而"共同体"的理念是"由具有一致愿景的人构成一个更紧密的、更有凝聚力的团体"，鉴于此，笔者认为学习共同体的构建应以学习者的个人意愿为中心，将有"共同愿景"的学习者组合在一起。基于 WEB2.0 交互式网络电视的教学中构建学习共同体将用定量的研究方式，从学习者之间构成的社会关系网络视角出发，本着尊重学习者个人主观愿望的基准，将有"共同愿景"的学习者组成各个学习共同体，并对用定量方式构建的各学习共同体与该学习共同体中组员学习风格的关系进行探析，这是国内外学者较少研究的内容。

3. 对基于 WEB2.0 交互式网络电视的教学模式的研究不多

虽然国内外均有少量研究探讨了交互式网络电视在远距离教学中的应用，但大多是从理论层面进行阐述其应用开展的必要性、意义、优势，没有详细设计与分析基于 WEB2.0 交互式网络电视的教学模式，开展基于 WEB2.0 交互式网络电视的教学模式的个案研究也显不足。因而，本书有必要结合 WEB2.0 交互式网络电视的优势与高校师范生的学习课程，开展实验研究，并从实践与理论上进行深入探讨。

4. 对基于 WEB2.0 交互式网络电视的教学策略的研究不多

通过对国内外相关研究的对比发现，研究者对基于 WEB2.0 交互式网络电视的教学策略的研究不多，大多是从教学策略的角度进行研究。本书从教师的"教"为主导的角度制定教学策略和从学习者的"学"为主体的角度制定教学策略。在教学策略的制定中将考虑教师与学习者的双方面因素，建立以问题为导向的教学策略、先行组织者教学策略、行为练习教学策略、启发式教学策略、课前自主学习教学策略、一致匹配教学策略、失配教学策略、个别指导教学策略、发展性评价教学策略、激励性评价教学策略、自我管理策略、自我评价策略等。

第二节 研究问题、目的与内容

一、研究问题

基于 WEB2.0 交互式网络电视在高校课堂中开展教学模式与教学策略的实践

研究是在高校课堂使用新媒体的全新体验，它符合教育信息化发展的潮流。而通过基于 WEB2.0 交互式网络电视来培养高校师范生的教育技术能力也是一次新的尝试。本书在教学系统设计理论、学习理论、传播理论、网络教育理论、教育电视理论、视听理论、影视美学理论的指导下，将尝试构建基于 WEB2.0 交互式网络电视的高校教学模式与教学策略，结合交互式网络电视的特点及三门课程的教学内容体系与目标，在相关理论的指导下构建基于 WEB2.0 交互式网络电视的高校教学模式与设计开发教学平台与学习资源，并在该教学模式下从学习者主观愿望角度构建学习共同体，根据课程目标与教和学的过程，制定相应的教学策略。通过对国内外教师教育技术能力的相关研究，归纳并提出高校师范生教育技术能力体系的构成要素，并通过征询专家意见，确定高校师范生教育技术能力标准与评价标准，从而开展教学实践。并在实验后对学习者的教育技术能力、学习成绩、学习共同体构建的满意度及态度倾向、基于 WEB2.0 交互式网络电视的高校教学模式与策略的满意度进行调查与数据分析，从而验证基于 WEB2.0 交互式网络电视的高校教学模式与策略的效果。

二、研究目的

本书在对国内外文献进行分析后，以教学系统设计理论、学习理论、传播理论、网络教育理论、教育电视理论、视听理论、影视美学理论为指导，构建基于 WEB2.0 交互式网络电视的高校课堂教学模式与教学策略，选择高校师范生为被试对象，将基于 WEB2.0 交互式网络电视的高校课堂教学模式与教学策略应用于培养高校师范生教育技术能力的现代教育技术概论、多媒体课件设计与制作、教师教学技能训练三门课程中，并围绕三门课程的教学内容与教学目标，设计与开发基于 WEB2.0 交互式网络电视的高校课程教学平台、构建高校师范生教育技术能力指标体系、确定高校师范生教育技术能力的培养目标、培养内容，构建基于 WEB2.0 交互式网络电视的学习共同体、构建基于 WEB2.0 交互式网络电视的课堂互动方式、开展基于 WEB2.0 交互式网络电视的课堂教学实验研究。在实验研究后通过数据统计与分析检验基于 WEB2.0 交互式网络电视的课堂教学模式与策略的效果。因此，本书的研究目的：一是，通过开展基于 WEB2.0 交互式网络电视的高校课堂教学模式与策略研究，为学校开展基于 WEB2.0 交互式网络电视的课堂教学提供理论参考和实践经验参考；二是，通过对高校师范生教育技术能力评价指标体系的研究，为我国高校师范生教育技术能力培养提供一定的理论参考；三是，通过基于 WEB2.0 交互式网络电视学习平台的设计与学习资源的建设，推进基于 WEB2.0 交互式网络电视在高校教学中的应用；四是，通过基于 WEB2.0 交互式网络电视的课堂教学实验提高高校师范生教育技术能力水平，丰富应用新媒体促进我国高校师范生教育技术能力水平等方面的理论研究。

三、研究内容

本书的研究内容包括：第一，国内外基于 WEB2.0 交互式网络电视的课堂教学模式与策略现状研究。第二，设计与开发基于 WEB2.0 交互式网络电视的高校课堂教学平台。第三，开展基于 WEB2.0 交互式网络电视的高校课堂教学模式研究。第四，开展基于 WEB2.0 交互式网络电视的高校课堂教学策略研究。第五，构建高效师范生教育技术能力指标体系。通过分析国内外教育技术能力标准，归纳提出高校师范生教育技术能力体系的构成要素，并通过征询专家的意见，确定高校师范生教育技术能力体系。通过确定的高校师范生教育技术能力标准，在实验前向高校师范生发放问卷，了解其具备的教育技术能力水平与期望开展的教育技术能力水平评价标准，从而了解师范生实验前具备的教育技术能力水平及确定评价标准。第六，开展基于 WEB2.0 交互式网络电视的高校课堂教学个案研究。首先，选择高校培养师范生教育技术能力的三门课程，从"意识与态度""理论素养""技术能力""教学设计思想与能力""应用与创新能力"几个方面探究高校师范生教育技术能力水平培养的教学实践。实验后对两个被试专业学习者在三门课程实验后的学习成绩进行了独立样本 t 检验、Q-Q 检验、单样本 K-S 检验、学习成绩 $\overline{X}$-S 平面分析。其次，基于 WEB2.0 交互式网络电视的课堂教学模式与策略实验实施中学习共同体的构建研究。从社会网络视角和学习风格视角分别构建学习共同体，并对各学习共同体中的学习者进行分析、学习者选择相关因素进行分析、对学习者选择结果进行卡方检验与 P(显著性)检验与分析、对两种方式构建的学习共同体学习环境下学习者的学习态度、学习结果进行调查与数据分析。最后，基于 WEB2.0 交互式网络电视的课堂教学模式与策略应用效果研究。试验后，对学习者开展了基于 WEB2.0 交互式网络电视的教学模式与策略在课程实验后的满意度进行了调查与分析。

第三节　相关概念界定

一、WEB2.0

WEB2.0 是相对于 WEB1.0 而言的新时代。指的是利用 WEB 的平台，由用户主导而生成内容的互联网产品模式，为了区别传统由网站雇员主导生成的内容而将其定义为第二代互联网，即 WEB2.0，是一个新的时代。基于 WEB2.0 的网络教学平台是把网络技术、数据库管理技术和多媒体技术综合为一体的一种新型网络学习环境。

二、交互式网络电视

目前，国内外对交互式网络电视的界定较多，没有统一的界定，国外的相关界定主要有：

来自 ATIS 机构 2005 年的定义："IPTV is defined as the secure and reliable delivery to subscribers of entertainment video and related services. These services may include, for example, Live TV, Video On Demand(VOD) and Interactive TV(ITV), These services are delivered across an access agnostic, packet switched network that employs the IP protocol to transport the audio, video and control signals. In contrast to video over the public Internet, with IPTV deployments, network security and performance are tightly managed to ensure a superior entertainment experience, resulting in a compelling business environment for content providers, advertisers and customers alike."①(交互式网络电视能安全可靠地传送用户订阅的娱乐视频信息及其他相关服务，这些服务包括生活电视、视频点播和交互电视节目，这些服务通过数据

① ATIS IPTV Exploratory Group Report and Recommendation to the TOPS Council [R]. Alliance for Telecommunications Industry Solutions, 2006.

包传输网络，利用 IP 协议传输视频、音频和控制信号，与公用网络相比，IPTV 的网络安全性和性能更高，它拥有更出众地为用户提供娱乐信息的能力，它为内容提供者提供了更无与伦比的商业环境、广告和用户定制服务。)

学者 Pao-Ta Yu 的定义为："The common definition is that IPTV is a system which delivers the digital video stream using Internet protocol."①(交互式网络电视是一个利用网络协议传输数字视频流信息的系统。)

全球电信行业的官方定义为："IPTV is defined as multimedia services such as television/video/graphics/data delivered over IP based networks managed to provide the required level of quality of service and experience, security, interactivity and reliability.②"(交互式网络电视也叫多媒体服务，可基于网络提供观众所需的电视节目、视频、图片、生活资讯等，其提供的信息是安全的、交互的、可靠的。)

Wiki 的界定："IPTV is a system through which television services are delivered using the Internet protocol suite over a packet-switched network such as a LAN or the Internet, instead of being delivered through traditional terrestrial, satellite signal, and cable television formats. Unlike downloaded media, IPTV offers the ability to stream the media in smaller batches, directly from the source, As a result, a client media player can begin playing the data(such as a movie)before the entire file has been transmitted. This is known as streaming media."③(交互式网络电视是一个在局域网或因特网间进行网间信息交互的视频服务系统，而不是传输传统意义的地面视频信号、卫星电视信号、有线电视信号，也不同于媒体信息的下载。交互式网络电视直接从视频资源中提供所需的流媒体视频信息，在客户端，媒体播放者能在全部视频信息没有完全传输完的同时观看获得所需的资料，如电影，这也叫作流媒体。)

国内对交互式网络电视的界定也较多，但没有作统一界定，主要观点有：交互式网络电视是一种新技术、交互式网络电视是一种新媒体工具、交互式网络电视是一种能提供多频道服务的技术。

---

① Pao-Ta Yu, Ming-Hsiang Su. Design an e-Broadcasting System for Students' Online Learning [J]//F. L. Wang et al. (Eds.). Hybrid Learning and Education. Springer, 2009：101-111.

② IPTV Standardization on Track Say Industry Experts[N]. ITU-T Newslog, 2006-10-27.

③ Wikipedia[DB/OL]. http：//en. wikipedia. org/wiki/IPTV.

综上所述，本书对交互式网络电视的界定为：交互式网络电视是一种利用宽带网，集互联网、多媒体、通信等技术为一体，向用户提供包括数字电视在内的多种交互式服务的崭新技术。

三、教学模式

教学模式的概念在 20 世纪 50 年代之后出现，不同学者对教学模式有不同的观点，本书对教学模式的界定是：在一定教学思想或理论指导下，建立起来的较为稳定的教学活动结构框架和活动程序。作为结构框架，突出了教学模式从宏观上把握教学活动整体及各要素之间内部的关系和功能；作为活动程序则突出了教学模式的有序性和可操作性。

四、教学策略

国内外学者对教学策略有众多界定，如学者施良方、袁振国、和学新等学者均对教学策略进行了界定，尽管对教学策略内涵的认识有所不同，但在通常意义上，人们将教学策略理解为：在不同的教学条件下，为达到不同的教学结果所采用的手段和谋略，它具体体现在教与学的交互活动中。

五、学习共同体

Senge（圣吉）认为在学习共同体中，所有成员都是学习者，整个团队是作为一个完整的系统进行学习的。Sergiovanni（萨乔万尼）认为"学习共同体有赖于各成员的共同思考、成长及探究，学习在这里既是态度也是活动，既是生活方式也是过程"[①]。国内钟志贤教授认为学习共同体是为完成真实任务，学习者与他人相互依赖、探究、交流和协作的一种学习方式。冯锐提出学习共同体是通过团体成员进行对话或开展某种实践活动实现知识建构的过程。知识的建构是作为一个共同体，成员有共同的学习愿望，具有特定身份或角色，带着一种认同、归属心

---

① 詹泽慧. 美国高校教师学习共同体的构建——对话美国迈阿密大学教学促进中心主任米尔顿·克斯教授[J]. 中国电化教育，2009(10)：1-6.

理积极参与具体领域的实践活动①等。

　　笔者认为，从对学习共同体概念多位学者的界定来看，学习共同体的构建主要有三个关键的特点：一是相互欣赏，二是有共同愿景，三是相互信赖、分享、协作。本书认为学习共同体应为：由一群有着共同愿景，相互欣赏，相互依赖的学习者围绕同一学习任务开展学习的具有分享性、协作性的学习小组。

第四节　研究过程与研究方法

一、研究过程与思路

本书的研究过程与思路如图 1-7 所示。

二、研究方法

本书主要采用了文献研究法、个案研究法、准实验研究法。

(一) 文献研究法

文献研究法指对文献资料进行检索、搜集、鉴别、整理、分析，形成对事实的科学认识的方法。② 本书利用文献研究法检索了"中国知网""万方数据""维普期刊""中国博士学位论文全文数据库""数图万方学位论文库"、Wiley、Springer Link Journals、Elsevier ScienceDirect、EBSCO、Oxford Scholarship Online、CAlLIS、Proquest 等国内外数据库，重点关注基于 WEB2.0 交互式网络电视的课堂教学模式与策略的相关研究，并对文献进行阅读、整理，提炼出与本书相关的研究观点、研究方式、研究过程、理论支撑，从而提炼并形成了本书的研究过程与研究思路，如图 1-7 所示。

---

　　①　冯锐，殷莉．论学习共同体形成和发展的社会性建构观[J]．中国电化教育，2007 (08)：10-13.

　　②　蒋英州．研究生学位论文质量提升方法探讨[J]．西华师范大学学报(哲学社会科学版)，2021(03)：98-103.

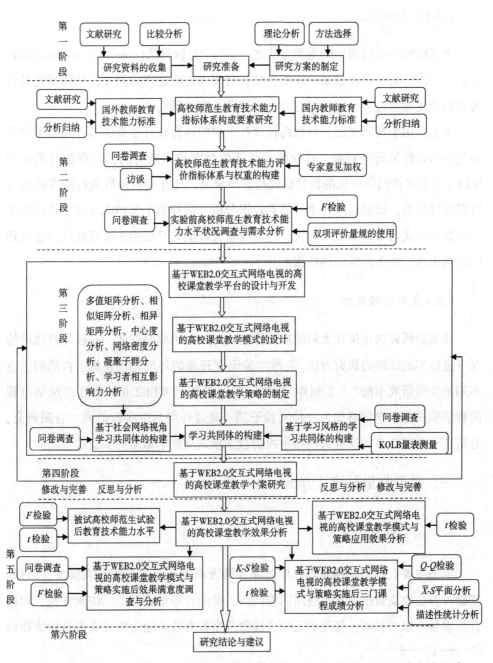

图 1-7 基于 WEB2.0 交互式网络电视的高校课堂教学模式与策略研究过程与研究思路

29

(二)个案研究法

个案研究是质的研究的重要方式之一。① 个案研究法(case study method)是指对某一个体、某一群体或某一组织在较长时间内连续进行的调查,从而研究其行为发展变化的全过程,这种研究方法也被称为案例研究法。

本书采用个案研究法,选取高校师范生中的体育教育专业学习者和数学教育专业学习者作为研究对象,选取培养师范生教育技术能力的三门课程开展基于WEB2.0交互式网络电视的教学模式与策略研究,并在实验前后进行问卷调查与数据统计分析,试验后进行学习效果数据分析,进行基于 WEB2.0 交互式网络电视的教学模式与策略的效果分析,为后续研究和他人开展相关研究提供经过整理的经验报告,并为判断提供依据。

(三)准实验研究法

准实验研究法是指在无须随机安排被试时,运用原始群体,在较为自然的情况下进行实验处理的研究方法。② 准实验研究开展的环境是现实的、自然的,它不同于实验研究中的"人工制作"环境。本书将基于 WEB2.0 的交互式网络电视的教学模式与教学策略作为一种实验干预,通过开展单组实验前测、后测研究,分析基于 WEB2.0 的交互式网络电视的教学模式与教学策略的实施效果。

三、数据收集与统计方法

(一)数据收集方法

本书主要应用了问卷调查、单向评等量表模型、双向评等量表模型、访谈、测验等方法收集数据。本书应用问卷调查、单向评等量表模型、访谈方式,向教育技术学专家、教师、管理者征询高校师范生教育技术能力构成要素与评价指标

---

① 高胜楠,吕文婷,吴建华等. 质性研究方法在档案学领域的应用分析与启示[J]. 情报科学,2022,40(07):85-92.

② 李克东. 教育技术学研究方法[M]. 北京:北京师范大学出版社,2017:186.

体系权重的意见，为构建高校师范生教育技术能力体系与评价指标体系作指导；通过问卷调查法了解高校师范生在实验课程开始前所具备的教育技术能力水平，并通过问卷了解学习者对师范生教育技术能力的认识水平；通过问卷调查法了解学习者各自的学习风格；通过问卷法了解学习者选择学习共同体中的学习伙伴的态度、学习者对基于社会网络视角构建学习共同体和基于学习风格构建学习共同体的态度；在实验结束后，又通过问卷调查了学习者学完课程后具备的教育技术能力水平、对教师设计的教学模式及采用的教学策略、个人学习效果满意度的调查；通过问卷调查本书采用单向评等量表模型构建了评价师范生教育技术能力水平的权重体系；用双向评等量表模型的方法分析了高校师范生在三门课程学习前后教育技术能力水平、学习态度；用测验法了解学习者学完课程后取得的相关课程成绩。

(二) 数据统计方法

本书运用了卡方检验、P (显著性) 检验、F 检验、独立样本 t 检验、Q-Q 检验、单样本 K-S 检验、学习成绩 $\bar{X}$-S 平面分析、多值矩阵分析、卡兹指数分析、网络密度分析、凝聚子群图分析、Cliques (派系) 分析、中心度分析、相似矩阵分析、相异矩阵分析、影响力指数分析等数理统计方法对所收集的数据进行统计处理，为研究结论提供数据支撑。

第二章 理论基础

第一节 教学系统设计理论

一、教学系统设计理论及模型

(一)西尔斯和格拉斯哥模式(Seels, Glasgow model)

西尔斯和格拉斯哥模式是以系统为中心的模式,它非常重视前期分析,它从搜集数据开始,以确定教学问题所在和解决问题方案的可行性和必要性,很多模式中要求按给定的方式详细说明存在的问题,以保证系统设计有的放矢。

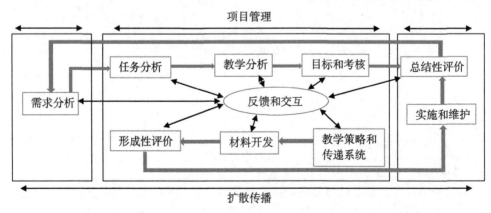

图 2-1 Seels, Glasgow model(1997)

该模式的主要特点是把十项设计开发活动均置于项目管理计划下进行。

32

（二）肯普模式（Kemp，Morrison and Ross model）

肯普模式是肯普（J. E. Kemp）在 1977 年提出的，肯普在其早期模式中，用线条将各个要素顺时针连起来，但后来的研究与实践中，他看到教师和设计人员所面临的教学问题与实际情况并不是完全按照自己制定的顺序来进行设计的，之后经过多次修改逐步完善的模式图。

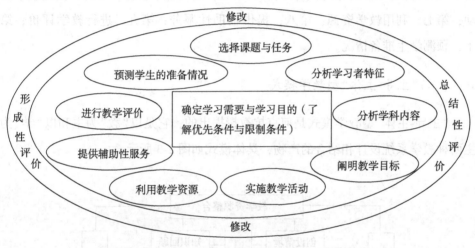

图 2-2　Kemp Morrison and Ross model（1977）

肯普模式图的特点为：一是，强调 10 个要素相互联系、相互作用，一个要素采取的决策会影响其他要素的决策；二是，要素之间没有连线，表示在有些情况下也可以不考虑某一个要素；三是，学习需要和学习目的在这个环境结构的中心，表明它是教学设计的依据与归宿，各要素都要围绕它进行设计；四是，教学设计是一个连续的过程，评价和修改作为一个不间断的活动与其他要素相联系；五是，教学设计是一个灵活的过程，可以按照实际情况从任何地方开始，并可按照任何顺序进行。①

---

① 何克抗，林君芬，张文兰. 教学系统设计[M]. 北京：高等教育出版社，2016：29.

肯普模式以学科教学、课堂教学为中心，教师可根据实际情况在模式中寻找自己的工作起点，按具体需要编排顺序。肯普教学设计模式包括四个基本要素，即，教学目标、学习者特征、教学资源、教学评价。肯普认为，任何教学设计都是为了解决以下三个主要问题：一是，学生必须学到什么；二是，为达到预期的目标应如何进行教学；三是，检查和评定预期的教学效果。该模式提出了 10 个教学环节：第一，确定学习需要和学习目的；第二，选择课题与任务；第三，分析学习者特征；第四，分析学科内容；第五，阐明教学目标；第六，实施教学活动；第七，利用教学资源；第八，提供辅助性服务；第九，进行教学评价；第十，预测学生准备情况。

(三)"主导-主体"型教学模式

"主导-主体"型教学模式是何克抗教授提出的，它是以"教"为主和以"学"为主两种教学系统设计相结合的产物，具体模式如图 2-3 所示。

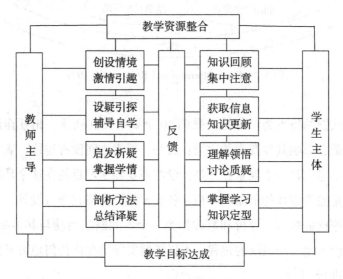

图 2-3 "主导-主体"型教学设计模式

主导-主体型教学模式主要有以下特点：第一，可根据教学内容和学生认知结构情况灵活选择"发现式"或"传递-接受"教学分支；第二，在"传递-接受"教学过程中基本采用"先行组织者"教学策略，同时也可采用"传递-接受"策略作为补充，以达到更佳的教学效果；第三，在"发现式"教学过程中也可充分吸收"传递-接受"教学的长处，如进行学习者特征分析和促进知识的迁移等；第四，便于考虑情感因素（即动机）的影响。在"情境创设"或"选择与设计教学媒体"中，可通过适当创设的情境或呈现的媒体来激发学习者的动机；而在"学习效果评价"环节或根据形成性评价结果所做的"教学修改"环节中，则可通过讲评、小结、鼓励和表扬等手段促进学习者三种内驱力的形成与发展。[①]

在"主导-主体"型教学模式中，教师的主导作用在于发挥情境创设、信息资源提供、合作学习的组织和研究性学习的指导及自主学习策略设计等方面，此时，教师的主导作用若发挥得越充分，学生的主体地位也会体现得越充分。

二、教学系统设计理论对本书的启示

在三种教学设计模式中，在开展基于交互式网络电视的教学中可借鉴肯普模式。如，开展交互式网络电视的教学活动，最主要的是要考虑学生的学习需要和学习目的，在此核心问题的基础上，再考虑选择何类课题、为学习者布置何种学习任务、对学生进行学习状况分析、确定教学目标、制定教学方案、制定评价量规、制作学习资源等。"主导-主体"型教学模式可以为本书开展的教学活动提供理论和实践思想的指导，如，当学习活动需要以教师讲授为主时，应如何开展教学活动及进行教学设计，而当以学生自主学习为主时应如何开展教学活动、设计教学流程的步骤、需要考虑的问题等。西尔斯和格拉斯哥模式则为在基于交互式网络电视开展教学应用活动中如何开展学生与教师的教学交互、学生之间的学习交互、学生与交互式网络电视媒介之间的交互提供了理论依据。在这个教学活动中，交互性教学活动和学习反馈行为总是处于中心地位，而围绕此开展的有学习评价、学习资源的开发、教学的分析、学习任务的分析、学习目标的分析、教学策略及信息传递系统的设计等，这些教学过程中的相关因素均围绕于交互学习行为而发生。

---

① 何克抗，谢幼如．教学系统设计[M]．北京：高等教育出版社，2016：42.

第二节 学习理论

一、各学习理论流派的观点

(一)行为主义学习理论

行为主义学习理论主张研究人类外显反应，其代表人物有桑代克、华生、巴普洛夫、斯金纳。行为主义学习理论提出了学习的"试-误"说，认为学习是通过不断的"尝试-错误"的过程而产生的，并排斥一切传统的、内省的、对"心灵""精神"等所谓不"科学"的研究，主要用自然科学的方法来研究有机体的行为。行为主义学习理论促进了视听教学、程序教学及早期 CAI 的发展，但其缺陷在于完全否认了人类学习的内在心理机制，把动物实验结果生硬地推至人类学习，忽视了人类的主观能动性，难免走向机械主义，受到认知主义等学习流派的批评。

(二)认知主义学习理论

认知主义学习理论的代表人物有科勒、托尔曼、皮亚杰、布鲁纳、奥苏伯尔，认知主义学习理论认为学习在于内部认知的变化，他们注重解释学习行为的中间过程，即目的、意义等，认为这些过程才是控制学习的可变因素。

认知主义学习理论认为，学习是由有机体积极主动地形成新的完型或认知结构的过程，是复杂的内部心理加工过程。学习的结果是形成反映事物整体联系与关系的认知结构。目的性、过去的经验、背景知识和智力水平等对学习的影响非常重要。

认知派学习理论主要强调以下内容：第一，重视人在学习活动中的主体价值，充分肯定了学习者的自觉能动性。第二，强调认知、意义理解、独立思考等意识活动在学习中的重要地位和作用。第三，重视人在学习活动中的准备状态。即一个人学习的效果，不仅取决于外部刺激和个体的主观努力，还取决于一个人已有的知识水平、认知结构、非认知因素。准备是任何有意义学习赖以产生的前提。第四，重视强化的功能。认知学习理论由于把人的学习看成一种积极主动的过程，因而很重视内在的动机与学习活动本身带来的内在强化的作用。第五，主张人的学习的创造性。布鲁纳提倡的发现学习论就强调学生学习的灵活性、主动性和发现性。它要求学生自己观察、探索和实验，发扬创造精神，独立思考，改组材料，自己发现知识、掌握原理原则，提倡一种探究性的学习方法。强调通过发现学习来使学生开发智慧潜力，调节和强化学习动机，牢固掌握知识并形成创新的本领。

（三）建构主义学习理论

当代建构主义者融合了皮亚杰自我建构和维果斯基社会建构的观念，并有机地运用到学习理论中，在此基础上提出了"意义建构"。建构主义学习理论主义观点如下：第一，学习是学习者利用感觉吸收并且建构意义的活动过程，是学习者同外部世界相互作用的过程。第二，学习是一种社会性活动，学习者同他人的交往起着非常重要的作用，人际会话与协商是产生学习结果的重要因素。第三，学习是在一定情景中发生的，不能离开实际生活而在头脑中抽象出虚无的、孤立的事实和理论，即人类的学习不能离开生活而存在。第四，学习的发生要借助先前的知识，在一定的资源和工具支持下进行。

（四）人本主义学习理论

人本主义学习理论研究的重点是人的本性及其与社会生活的关系。人本主义学习理论主张研究整体的人及高级心理活动，认为每个人都有自我实现的潜能，其理论研究的重点是为学习者创设一个良好的学习环境，用自己的角度感知世界，发展出对世界的理解，以达到自我实现的最高境界，它强调学习者个人的自我参与，自我激励，自我批评。

二、学习理论对本书的启示

学习理论有助于本书教学设计的开展，而教学设计主要以促进学习者的学习为根本目的，行为主义学习理论可促使笔者在思考本书开展课程实验教学中，多让学习者动手操作练习，通过不断地动手尝试并感受挫败后，再进行反复练习，最终能达到"熟能生巧"的学习结果。认知主义学习理论对开展本书研究的启示：

一是，在本书教师讲授并呈现教学素材的教学环节中，教师通过为学习者提供不同的外部学习条件，去支持、激发、促进学习者内部学习，如，教师确定学习者的学习目标，进行教学分析、确定教学行为起点和特征、拟定业绩目标、编制标准参照测验项目、提出教学策略、开发和选择教学内容、设计和实施形成性教学评价、进行总结性评价；二是，认知主义学习理论适用于语义知识的有意义学习、学科知识技能的应用教学实践；三是，学习过程的设计需要依靠学习者主观建构，把新知识同化到原有旧知识中，促使原有认知结构发生重新构建。建构主义学习理论可配合认知主义学习理论指导本书的教学设计，使课堂教学模式更有弹性、更具互动性和动态化。同时，建构主义学习理论也支持本书开展学习者之间的协作学习，在教学中以学习者为中心，并为学习者提供各种学习资源，设计教学情景，通过协作、会话等方式，使学习者完成知识的意义建构。人本主义学习理论促使本书在开展教学实验中能注重学习者对所学知识进行内部信息加工，关注学习者个人知觉、情感、信念、意图，并加强以学习者为中心来建构学习情境。

第三节 网络教育理论

一、网络教育的特点

当今的网络环境已经出现了 WEB2.0 应用的新现象，WEB2.0 的教育环境具有以下特点：一是，教育资源的多样性。如教育信息资源以超媒体形式组织，画面精美，图文声并茂，极大地丰富了信息内容表现力。[①] 二是，交互性。WEB2.0 环境下，教育资源可同步与异步双向传递，反馈也及时。三是，时效性。WEB2.0 环境下，教育资源传播时，传播速度快，信息更新快。四是，共享性。WEB2.0 环境下，教育资源可供用户随时访问，所有信息都可共享。

---

① 徐福荫，李运林，胡小勇. 教学媒体的理论与实践[M]. 北京：北京师范大学出版社，2010：278.

二、网络教育理论对本书的启示

网络教育理论对本书的启示为：一是，基于 WEB2.0 的网络环境可实现学习者对知识的及时交流与信息共享；二是，基于 WEB2.0 的网络环境可增进师生的交互与学习交流；三是，基于 WEB2.0 的网络环境可促进学习者之间的学习协作与交流；四是，基于 WEB2.0 的网络环境可为学习者提供丰富的学习资源。

第四节　视 听 理 论

一、视听理论地位

心理学家特雷齐勒的心理实验表明：学习知识的获取 83% 来自视觉，11% 来自听觉，6% 来自其他。即，人类获取的大部分信息来自视觉与听觉。从人对学习信息的记忆结果来看，人仅仅通过视觉获得记忆的信息占 30%，通过听觉获取记忆的信息占 20%，而通过视听觉获取记忆的信息占 50%，人们在交流过程中通过将自己所学知识进行讲解获得记忆的信息占 70%。交互式网络电视是视听新媒介，它能同时为学习者带来动画、声音、运动图像、静止图片、视频对话、在线交流等，能充分发挥人体的各种感官，使学习者同时调动视觉感官、听觉感官、视听感官、触觉感官，提高学习者学习效率和增强学习主动性。

以埃德加·戴尔的"经验之塔"为核心的视听理论为教育技术学的发展发挥了一定的指导性作用。在教育技术学领域中，有多媒体教学、网络教学、远程教育，包括传统的课堂教学，其中教学信息的传递和获取都是通过师生的视觉、听觉来完成，其教学活动中，视听教学理论必不可少，否则，在制作教学软件中，若软件编制者对视听心理规律认识不够，会把极富情感的知识通过冷冷的技术手段传递给学习者，这样会限制学习者的想象力和疏远人与人之间的情感。因而，视听理论在教学中的地位是至关重要的。

二、视听教学理论在教学中的作用

视听教学理论为多媒体教学提供了一定的理论基础支撑。其作用有两方面，一是，遵循视听理论制作多媒体课件可提高学习者学习兴趣，丰富教学情境。在多媒体教学课件中，通过提供与所学内容相关的视音频信息、图片、图像、五彩斑斓的色彩可以丰富学习者视觉、听觉信息，同时能丰富学习者的想象力，提高学习者的审美意识。二是，提高教学效率及效果。多媒体教学课件能为学习者提供他们日常生活中看不到、听不到、想不到的真实、生动的客观存在的信息，从而能更准确地理解学习内容。

三、视听理论对本书的启示

视听理论可指导本书中网站、教学课件、视频资源的制作，使教学资源在设计与制作过程中能遵循美学原则，给学习者带来美的视觉、听觉享受，同时又能引起学习者的学习兴趣，激发学习动机，提高学习效率。教学所追求的是以较低成本获得最大的教学收益，因此，在设计和制作教学资源时也应遵循视听理论，发挥教学资源的最优化教学功能。

第三章 基于WEB2.0交互式网络电视的高校课堂教学平台分析与设计开发

第一节 基于 WEB2.0 交互式网络电视的高校课堂教学平台分析

WEB2.0 没有准确的定义,而是对现象的一种描述,让用户自己去主导信息的生产和传播,从而打破了原来门户网站所惯用的单向传输模式。① 英国诺丁汉大学的 Gordon Joyes 教授认为"WEB2.0 技术将给未来的教育带来巨大冲击,可以更方便地实现个性化学习环境和打造个性化的学习工具,并可能使学习者与教育者之间的关系发生根本改变"。

一、基于 WEB2.0 交互式网络电视的高校课堂教学平台要素分析

(一)教师

教育技术的发展促进了教育模式的更新与发展,教育理念也不断发展变化,教学活动由以教师为中心逐渐转向以学习者为中心,同时,教育媒体的发展也正促进着师生之间的交互增强,基于 WEB2.0 交互式网络电视的教学环境下,教师主要进行以下活动:

1. 课程网站的设计与开发

随着 WEB2.0 的出现,WEB2.0 提供了 XML、Ajax、P2P 等新技术手段,并

---

① 杨静,刘成新. WEB2.0 与学习方式的后现代转向[J]. 现代教育技术,2007(01):69-71.

带来六度分割理论和长尾理论，促使用户从被动接受信息向主动创造信息转变。在 WEB2.0 网络环境下，教师能构建一个开放式的网络教学平台，WEB2.0 技术也能有效支持教师进行教学互动、建设教学资源、建设教学网站。但 WEB2.0 的主要观点是互动与分享，因此，教师构建的课程网站不要把传统的教学资源机械地放置在网络上，教师应为学习者提供便捷与丰富的学习资源，同时要设计以学习者为中心的教学互动，充分利用学习网站的资源开展学习者的自主学习，同时，教师设计与开发的课程网站资源应能作为课堂教与学活动的补充，学习者也能将自己的学习成果上传到课程网站中，实现网站的共享共建。基于 WEB2.0 的课程网站的设计与开发应具备以下特点：一是，要能满足学习者在基于交互电视学习媒体环境下正常无死链接地获取课程网站资源；二是，学习共同体在利用交互电视点播课程学习网站中微课资源时要能正常播放；三是，课程网站资源应以学习者在利用交互电视媒体的学习环境下开展学习活动的补充。

2. 课程资源建设

纳维尔·波斯特尔斯威特将课程资源分为：目标资源、教学活动资源、组织教学活动资源、制定评估方案资源；[①] 坦纳夫妇从社会、知识世界、学习者本质三方面对课程资源进行了探讨；[②] 我国学者吴刚平将课程资源分为素材性和条件性两类；[③] 学者余胜泉将课程资源分为：媒体素材、教学材料、教学活动、教学工具，[④] 也有学者将课程资源根据来源分为：校内课程资源、校外课程资源、网络课程资源等。[⑤] 可见，对课程资源的界定没有统一的说法，这里，在基于 WEB2.0 交互式网络电视的课程教与学环境下，笔者认为教师设计与开发的网络课程资源从资源形态上而言，主要包括视频、文本、图像、动画等多媒体教学信

---

① 江山野. 简明国际教育百科全书/课程[M]. 北京：教育科学出版社，1991：112.

② Daniel Tanner, Laurel N. Tanner. Curriculum Development：Theory into Practice[M]. New York：Macmillan Publishing Co Inc. & London：Collier Macmillan Publishers，1980：94.

③ 吴刚平. 教学资源视域下教学技术的运用[J]. 湖北教育（教育教学），2023（08）：29-31.

④ 余胜泉，汪凡淙. 数字化课程资源的特征、分类与管理[J]. 大学与学科，2022，3（04）：66-81.

⑤ 段兆兵，顾宇涵. 21 世纪以来我国课程改革话语的资源、逻辑及其功能实现[J]. 当代教育科学，2022（06）：16-23.

息，除此之外，还有能进行互动的板块，如在线测试、讨论区。笔者这里选择了三门课程进行基于 WEB2.0 交互式网络电视的课堂教学模式与策略研究，根据每门课程的性质和特点，笔者主要设计与开发了"多媒体课件设计与制作""现代教育技术概论"课程网站，并建设了课程相关学习资源；"教师教学技能训练"课程由于实践性较强，因此，笔者主要设计与开发了相关的微课资源。

3. 教与学活动的设计

教与学活动的设计是教学活动开展前必不可少的重要环节，教与学活动过程的设计可使教师对教学活动的基本过程进行整体的设计与规划，根据教学对象的特点和基于 WEB2.0 交互电视的教学环境，合理制订教学目标，选择教学模式并采取相应的教学策略，并制订相应的学习结果评价方案。教与学活动过程的设计也是教师的必备能力，它可以促使教师将总教学目标分解成各个单元教学目标，再由单元教学目标分解为各次课程的学习目标，从而建立课程学习不同阶段的教与学目标群，从而制定每一个具体的目标拟采取策略。教与学活动的设计体现了教师的科学思维习惯、分析问题与解决问题能力。

4. 教与学活动的组织与实施

在基于 WEB2.0 交互式网络电视的环境下，教师要根据教学环境和教学目标设计并组织教学活动的开展。在教与学活动的组织与实施过程中，教师要遵循的原则为，一是，及时掌握学习者的学习进度。在基于 WEB2.0 交互式网络电视的环境下，教师要及时掌握学习者在学习过程中是否能顺利开展学习活动、各学习共同体开展学习活动的进程、学习者之间的沟通与交流状况、学习目标的完成情况等。二是，及时评价与有效学习引导。教师要对每次课的每个学习共同体小组的学习结果及时进行评价。同时，在学习活动过程中，及时发现各学习共同体小组协作学习中存在的问题，并及时引导，以便有效开展学习活动。

5. 教与学活动的反思与评价

教师在基于 WEB2.0 交互电视的环境下开展教学后，需要及时反思所采用的教学模式与教学策略是否恰当，并及时调整教学模式与策略，以便在后续课程教与学的过程中更有效地提高学习效率与学习效果。

（二）学习者

学习者是指，在各种教育活动中从事学习活动的人，是教育活动的对象和主体，学习者作为一个独立个体，有自己的主体需要和意识，在接受教育影响的同时，他们还具有将学习内容进行重组、创新的能力。[①] 在基于 WEB2.0 交互电视的学习环境下，学习者是学习的主体，教师为学习者创设学习环境，提供学习资源，帮促和指导学习者达到学习目标。在学习过程中，学习者主要以学习共同体为单位开展学习，对个人和学习共同体学习结果进行评价，对学习结果进行反思，对学习方法、协作学习方式进行改进。

（三）学习共同体

在 WEB2.0 交互式网络电视的学习环境下，学习者根据自己的"愿景"自主选择学习共同体的伙伴。学习共同体的构建目的是让学习者共同完成学习任务，在学习过程中互相作用、互相指导、加强人际交流与协作、进行学习信息的分享。学习共同体的学习方式与传统的班级教学方式的主要不同之处在于特别强调人际心理的相容与人际沟通，强调在学习中发挥群体的共同作用。教师建立学习共同体也能够满足学习者的集体归属感，在学习共同体的学习活动中，学习者之间能具有一致的价值取向、认同感，从而共同构建知识，获得对知识的多元化理解，这也能促使他们进一步反思自己，重新梳理个人对知识的理解与知识的建构。

（四）WEB2.0 的网络学习环境

网络学习环境是网络学习支撑平台及其承载的作用于学习者并能够促进其学习的各种因素的综合体。[②] WEB2.0 是以 Fliker、Del、icio.us、43things.com 等网站为代表，以 Blog、Tag、SNS、RSS、Wiki 等应用为核心，依据六度分割理论、

---

① 任平，孙文云. 现代教育学概论[M]. 广州：暨南大学出版社，2018：40-46.
② 武法提. 论目标导向的网络学习环境[J]. 电化教育研究，2013(07)：40-46.

XML、AJAX 等新理论和技术实现的互联网新一代模式。① 在 WEB2.0 的网络学习环境下，学习活动主要具有以下特点：一是，倡导学习者自主学习与协作学习并存。二是，强调互动交流学习。三是，角色多元化。在 WEB2.0 网络学习环境下，教师、学习者、学习共同体、学习伙伴之间的界限越来越模糊，一人可以扮演多元化角色，每个人既是学习者又是知识的创建者以及知识的传播者，同时又是学习伙伴。四是，以学习者为中心。网络学习环境设计旨在为充满差异的学习者创设个性化的学习环境。② 这就需要为学习者提供更多自主选择的空间，让学习者围绕学习目标自主选择学习资源进行学习，并对学习结果进行灵活性的评价。

(五)交互式网络电视

交互式网络电视可以通过电视机顶盒收看电视直播、进行视频点播、上网打游戏，具有时移功能，可以浏览网络资源、安装 App 方便用户的生活与学习、可以进行多屏幕互动等。交互式网络电视的操作界面较大，操作比电脑更便利，开展基于教育电视的学习，能集合计算机技术、电视技术和移动设备技术功能。目前，用交互电视实现学习的思想发展迅速。第一，交互式网络电视能将传统模式的电视教育进行发扬并将新兴技术应用于教学上，从而补充与发展传统电视教育；第二，交互式网络电视在教育教学中的应用具有一定的包容性，它可以将计算机技术、电视技术、移动技术集于一体，对各类人群进行信息传递；第三，基于交互式网络电视的教与学，能构建学习共同体，能加强学习者之间的协作与交流，这是利用计算机教学和移动设备教学所不能与之相媲美的。在 WEB2.0 交互式网络电视的教与学环境下，交互电视主要具有以下作用：一是，创设情境。交互式网络电视集各种媒体的功能于一体，能为学习者带来全新的学习环境体验，创设出多种学习情境。二是，多屏互动。交互式网络电视能将电视、手机、手提电脑、平板电脑等移动终端设备进行信息的互传，能同时在多种终端设备浏览与观看同一屏幕的信息，同时，又能将用户所持终端设备上的图片、视频、音频传

---

① 陈惠. Web2.0 及其典型应用研究[D]. 上海：华东师范大学，2006.

② 康琦，岳鹍. 基于大数据群体画像的个性化学习环境构建的研究[J]. 高教学刊，2020(13)：52-55.

送到交互电视的屏幕上。三是，学习资源浏览。交互式网络电视能访问与浏览网络资源与学习网站。四是，学习共同体环境创设。与现行常用的多媒体综合教室、网络教室、智慧教室的不同之处是，学习者可以根据自己的"愿景"主动选择学习共同体、学习伙伴，并在自己理想中的学习共同体群体内完成学习的协作与交流，并能通过交互式网络电视实现学习共同体之间的学习信息交流。五是，学习交流互动。交互式网络电视能安装多种功能的 App，从而可以为学习者提供学习共同体之间或与网络其他端的学习者进行视频、语音、文字、电话沟通与学习资源分享。

二、基于 WEB2.0 交互式网络电视的高校课堂教学平台特征分析

(一)交互性

北京师范大学陈丽教授认为"交互是一种发生在学生和学习环境之间的事件，主要包括学生与教师和学生与网络资源之间的相互交流和相互作用。这个概念全面地概括了在网络教学平台中的交互包括教师、学生、环境和资源之间的相互作用。"[①]基于 WEB2.0 交互电视的教学平台，交互性主要体现以下特点：

1. 人人交互

基于 WEB2.0 交互电视的课堂教学平台，笔者将遵循以学习者自主愿景为主的方式构建学习共同体，不同学习共同体组员间和同一学习共同体内部可以通过基于 WEB2.0 的交互电视进行视频、图像、文本、语音的互传，既可利用基于 WEB2.0 的交互电视学习平台进行组内学习与信息分享，也可进行组间协作与资源分享及成果展示。

2. 机机交互

基于 WEB2.0 交互电视的教学平台可促使学习者将自己的手机或其他类型的移动设备上的文本、视频、图片、音频分享到交互电视屏幕上，并能将交互电视屏幕上的任何资源发送到学习者的移动终端设备进行信息呈现，并能利用手机远

---

① 张佳妮. 我国在线教育研究图景：演进脉络、研究热点与未来考量[J]. 高等继续教育学报，2023，36(01)：72-80.

程控制交互电视，利用手机查询所需学习资源或进入学习网站，并利用手机向互动电视推送手机所查询到的任何资源。其他移动终端设备也可连接交互电视，并实现信号的互传。

3. 人机交互

基于 WEB2.0 交互电视的教学平台，学习者可利用交互电视的遥控器进行语音输入，从而查询所需的学习资源，学习者可利用交互电视的无线鼠标和键盘进行信息检索，可利用交互电视上安装的 SNS 进行语音、文字、图片的输入，可利用交互电视的摄像头进行影像摄录并全程直播。

(二)参与性

WEB2.0 环境下，用户可根据自己的爱好随意更改页面，可读可写，它与 WEB1.0 相比最大的不同是 WEB1.0 只能浏览页面，而 WEB2.0 体现了个性化，每个 WEB2.0 的用户可以参与互联网，每个人既是信息的接收者又是信息的传播者与创作者，人人都是网络的主人。基于 WEB2.0 交互电视的教学平台，学习者可将自己的学习结果和小组的学习结果、自己的学习感受、自己觉得对学习有用的学习资源上传到各门课程网站上，从而共建课程网站。

(三)开放性

传统的教与学方式是以教师、教材为中心，而基于 WEB2.0 的教学平台可让学习者自主选择学习内容、学习进度、学习资源，学习者在 WEB2.0 的学习环境下既是学习知识的利用者，又是知识的生产者与创造者，教与学的内容由封闭式向开放式转变，教学过程也由以教师为中心向以学习者为中心转变。同时，学习者能借助 RSS 等技术根据自己的爱好定制所需的信息，发表自己的观点，人们面对的不再是固定的知识信息而是不断更新与充实的更详尽、完善的信息。

(四)多元性

后现代教育理念提倡从不同角度看问题，并使用多种途径解决问题，推崇差异性，鼓励不同文化、不同个性并存。在教育中的应用体现为多元化的课程模式、多元化的师生角色、多元化的评价方式、多元化的教育目标等。[①] 基于 WEB2.0 的教与学的环境中不同学习风格的学习者可以在学习共同体中选择不同的学习内容、学习资源、学习共同体伙伴进行学习，从而促使学习者构建多元化的思维模式。

(五)社会性与平等性

基于 WEB2.0 网络学习环境的重要特征之一是社会性，用户可以借助 RSS、博客等技术获得自己所需的生活和学习信息，同时，学习者可在更大范围内快速搜寻到合作伙伴并与相关人员进行交互。同时，在基于 WEB2.0 建立社会协作关系的过程中强调平等关系和注重团体合作交流。

三、基于 WEB2.0 交互式网络电视的高校课堂教学平台的设计框架

通过上述分析，基于 WEB2.0 交互式网络电视的课堂教学平台设计框架如图3-1所示。

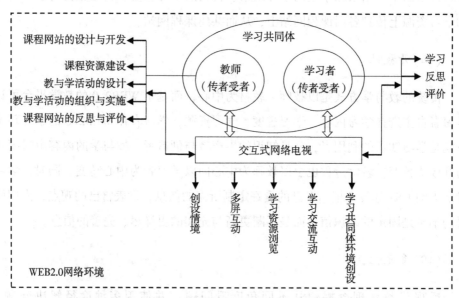

图 3-1 基于 WEB2.0 交互式网络电视的课堂教学平台设计框架

① 魏丽娟. 后现代主义教育哲学视域下师生共同体的构建[D]. 山西大学，2023：15.

通过图 3-1 可见，基于 WEB2.0 交互式网络电视的课堂教学平台的主要构成要素为教师、学习者、交互式网络电视、学习共同体、WEB2.0 网络环境。其中，教师与学习者是基于 WEB2.0 交互式网络电视学习环境中学习活动的主体，他们既是信息的传者也是信息的收者，基于 WEB2.0 网络环境的交互式网络电视是对教师提供的学习资源与学习信息传递给学习者的中介，同时也是为各学习共同体提供学习信息并向教师和其他学习伙伴反馈学习进程与结果的中介，交互式网络电视起到了"创设情境""多屏互动""学习资源浏览""学习交流互动""学习共同体环境创设"的主要作用。

第二节 基于 WEB2.0 交互式网络电视的课堂教学平台的设计与开发

基于 WEB2.0 交互式网络电视的课堂教学平台主要有课程服务器端、交互电视客户端，它由 Java、SQL、无线网络技术组成。

一、基于 WEB2.0 交互式网络电视的高校课堂教学平台的设计原则

基于 WEB2.0 交互式网络电视的课堂教学平台主要集合了宽带有线电视网、互联网、多媒体及通信等为一体，利用电视技术、计算机网络技术、移动通信技术将教与学活动中的视频、音频、动画、文本、视频电话、语音识别等综合一体，学习者主要通过学习共同体方式开展学习的平台。其设计原则主要如下：

（一）突出多屏互动的优势

交互式网络电视与传统电视不同之处在于能连接互联网，并能安装一定的 App 软件，同时，在网络技术支持下，用户可以通过手机、电脑、手提电脑、平板电脑等移动设备收看电视节目，并将交互电视屏幕上的内容与各类移动设备进行屏幕内容互传。各类移动设备也可将终端设备上存储的图片、视频、音频传递到交互电视上。并且，手机能作为遥控器使用，不但能完成对交互电视的远程操控，还能将 App 软件推送到交互电视上进行安装并控制软件的运行。在基于

WEB2.0 的交互电视的课堂教学环境下，为便于学习者之间和学习共同体之间进行信息的交流、学习的协作与互助，可利用交互电视多屏互动功能，进行各种信息的共享、传递。

(二)构建学习共同体，促进协作学习与信息分享

对于学习共同体目前尚未有统一的界定，研究者一般将其认为是由学习者和助学者组成，学习共同体是为了完成一定学习任务而构建的学习团体。在学习共同体中，学习者之间可以进行学习的沟通、交流与信息分享，学习者之间既相互影响又相互促进。一个学习共同体学习活动的开展主要具备以下特征：一是，任务性。学习共同体主要为学习者提供一个共享、协作、多样化的学习环境，学习者需要围绕某一学习任务开展学习协作。二是，协作性。学习共同体内的学习者之间需要相互影响，共同争论与协商，从而达到对学习知识的多方面了解，需要共同协作，达到学习共同体成员间对知识的理解与构建。三是，分享性。在学习共同体学习过程中，学习者之间强调知识的分享、观点的分享、成果的分享。

(三)以学习者为中心，提供适当的学习资源

传统的教学活动主要"以教师为中心"，忽略了学习者对知识的主动建构。随着建构主义的出现，逐渐由"以教师为中心"转移到"以学习者为中心"上。"以学习者为中心"的模式要求充分重视学习者在与学的活动过程中的积极作用，要求学习者主动、积极参与学习活动，鼓励学习者负责自己的学习，构建自己的知识。这就要求教师要放手让学习者自己学，教师只起到"帮促者""脚手架""学习伙伴"的作用，同时，教师要尊重学习者人格、尊重学习的个体，倾听学习者个人的见解，培养学习者独立学习与协作学习的能力，营造自由的学习环境，加强学习者之间的学习合作与成果分享。这就需要教师根据教学媒体的发展，为学习者创设学习环境，提供大量有效的学习资源，教师提供的学习资源需具有以下体征：一是，形式多样性。数字化环境下，学习资源的表现形式多样，有文本、图像、图形、声音、动画、视频等，除此之外，还需要为学习者设计友好的交互界面，信息内容要便于学习者理解与记忆。二是，信息获取的便捷性。在基于 WEB2.0 交互电视的数字化学习环境下，学习者可以通过多种终端设备进行信息的交互，教师设计与开发的学习资源质量要高，要便于学习者获得与实现信息传

送、接收、共享、存储。

二、基于 WEB2.0 交互式网络电视的高校课堂教学平台的开发

基于 WEB2.0 交互式网络电视的教学平台以多层 B/S(浏览器/服务器)架构为基础，构建自定义通信协议实现客户端和服务器间的交互。三层 B/S 结构凭借自身优点已经逐步成为 WEB 应用系统中的主流。而在 B/S 架构下，客户端与服务器的交互是由 http 协议开展，基于 WEB2.0 交互式网络电视的课堂教学平台主要由客户端和服务器端构成。

基于 WEB2.0 交互式网络电视的课堂教学平台的客户端对象主要由浏览器及浏览器的扩展对象组成。浏览器是客户端用户与服务器进行交互的主要实载体。基于 WEB2.0 交互电视的浏览器产品主要有四大家，分别是 UC 电视浏览器、傲游电视浏览器、飞视浏览器、电视家浏览器，这里开展教学试验时主要安装的是 UC 浏览器和傲游浏览器。电视网页浏览器主要用电视遥控器上的方向键进行上下、前后翻页，还能利用电视遥控器进行语音输入，从而查询网页页面，并能对网页页面进行遥控，以利于下载、收藏、进退、主页、刷新等功能。同时，学习者也可以在自己智能手机上安装"易互动"App、手机上打开该软件后，可以利用该软件对电视网页页面进行导航，还能够利用该软件推送资源、推送其他电视软件。同时，交互式网络电视端需安装"多屏互动"App，以实现与手机的连接。

 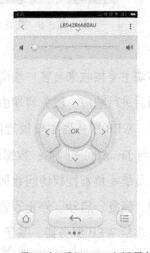

图 3-2 "易互动"手机 App 软件图　　图 3-3 "易互动"手机 App 电视导航界面

图 3-4 "易互动"推送资源界面　图 3-5 "易互动"推送电视软件界面

图 3-6 交互电视端"多屏互动"界面

　　服务器端主要接收来自客户端浏览器的 http 发出的请求，服务器端经过分析和逻辑判断后进行响应。服务器端由三部分组成：WEB 服务器、数据库服务器、网络浏览器。WEB 服务器主要放置网站文件以供网络用户浏览，提供可下载的 HTML 页面与 JavaApplet 脚本；数据库服务器提供监控功能、并发控制工具，由数据库管理员统一负责授权访问数据库及网络管理，数据库服务器还提供统一的数据库备份、恢复、启动、停止等管理工具；网络浏览器主要负责接受用户请求并将请求传递给 WEB 服务器。基于 WEB2.0 交互式网络电视的教学平台总体设计与功能模块如下。

（一）基于 WEB2.0 交互式网络电视的教学平台总体设计

系统总体设计采用 B/S 架构，主要满足以下几个特点：

(1)共享性。实现权限范围内资源共享。

(2)交互性。主要实现师生、生生之间的互动交流。

(3)便利性。要求界面友好，操作方便，功能实用。

(4)安全性。保证数据安全，防止非法攻击。

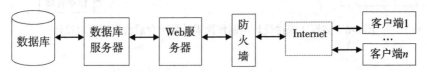

图 3-7　基于 WEB2.0 交互式网络电视的教学平台总体设计

本系统采用浏览器/服务器体系结构，服务器端主要由数据库、数据库服务器、WEB 服务器、防火墙组成。服务器端主要负责管理系统用户、学习资源、学习者信息、学习进度、课程信息等数据；浏览器端主要由学习者通过 WEB 服务器获取课程学习资源、课程教学信息等，WEB 服务接受客户端访问请求，访问数据库信息并将处理结果反馈给客户端。

（二）多媒体课件设计与制作课程教学平台的架构设计与系统实现

1. 后台管理模块设计

由图 3-8 可知，多媒体课件设计与制作课程教学平台后台管理模块主要包括四个部分，分别是网站统计管理模块、用户管理模块、资源管理模块、交互区管理模块。网站统计管理部分主要进行访问量的统计与分析、访问用户信息的统计与分析、对站点资源进行统计与分析；资用户管理部分主要用于审核新用户信息、浏览用户信息、查询用户、删除用户和修改用户权限；资源管理部分主要管理教学视频资源和课程学习资源；交互区管理部分主要管理网站的电子公告牌、论坛、作业。

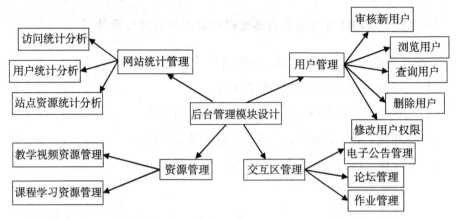

图 3-8　多媒体课件设计与制作课程教学平台后台管理模块设计

2. 客户端功能模块设计与系统实现

（1）客户端功能模块。客户端主要包括五大类信息，分别是：教学视频、教学大纲、课程介绍、实验大纲、作业习题。五大类信息下又分别包含了多媒体课件设计与制作课程的相关学习资源、教学视频资源、学习评价、作业习题等信息。

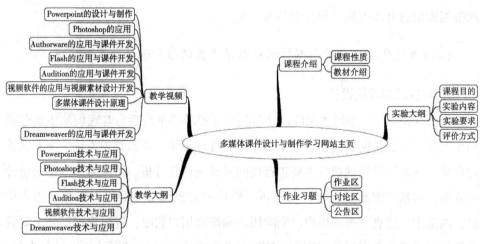

图 3-9　多媒体课件设计与制作课程客户端功能模块

（2）客户端用户界面。多媒体课件设计与制作客户端主界面如图 3-10 所示。

3. 微视频资源

在多媒体课件设计与制作课程学习网站上，笔者为学习者提供了自己制作的各工具软件教学的微视频案例。这类微视频案例的提供是为了便利学习者跟进教师安排的课程学习任务，微视频资源主要包括 Photoshop、Flash、Premiere、Authorware、Audition、Dreamweaver。

图 3-10 多媒体课件设计与制作客户端主界面

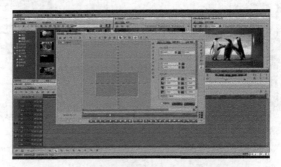

图 3-11 非线性编辑软件的教学微视频

图 3-12 Photoshop 的教学微视频

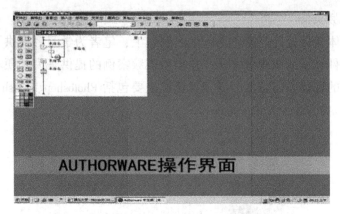

图 3-13　Authorware 的教学微视频

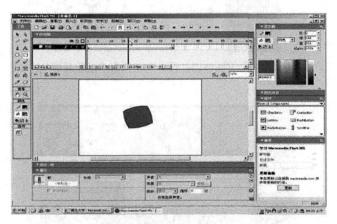

图 3-14　Flash 的教学微视频

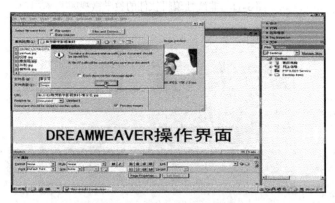

图 3-15　Dreamweaver 的教学微视频

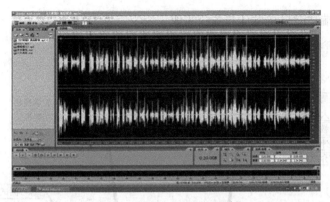

图 3-16　Audition 的教学微视频

(三)现代教育技术概论课程教学平台的架构设计与系统实现

1. 后台管理模块设计

由图 3-17 可知，现代教育技术概论课程教学平台后台管理模块主要包括三部分内容，分别是网站统计管理部分、用户管理部分、学习资源管理部分。网站统计管理部分由用户统计分析、访问统计分析两部分内容组成；学习资源管理部分主要包括在线互动管理、实验指南管理、教学活动管理、联系测试管理、E 课堂管理、资源中心管理六个内容组成；用户管理部分主要包括审核新用户、浏览用户、重置用户密码、查询用户、修改用户、删除用户六个内容。

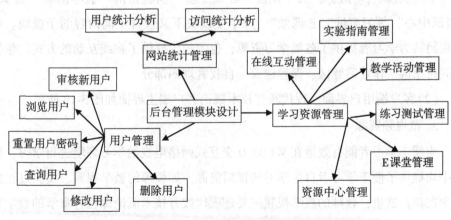

图 3-17　现代教育技术概论课程教学平台后台管理模块设计

2. 客户端功能模块设计与系统实现

现代教育技术概论课程客户端界面如图 3-18 所示。

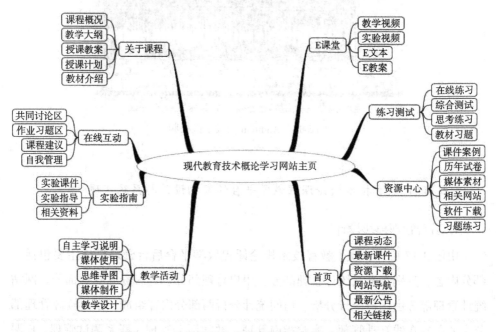

图 3-18　现代教育技术概论课程客户端功能模块

（1）客户端功能模块。由图 3-18 可见，现代教育技术概论课程的客户端主要有八个功能模块，分别是"关于课程""在线互动""实验指南""教学活动""首页""资源中心""练习测试""E 课堂"。八个主模块下又包含不同内容的子模块。本课程网站为学习者提供了各类学习资源，也为师生提供了在线互动的方式，包括共同讨论区、作业习题区、课程建议、自我管理四部分。

（2）客户端用户界面。现代教育技术概论客户端主界面如图 3-19 所示。

3. 微视频资源

为便于学习者能有效地在 WEB2.0 交互式网络电视的学习环境进行学习，网站中均提供了便于学习者自主学习的视频资源，如教师的教学视频、实验过程的教学视频。这里，教师的教学视频主要是现代教育技术概论课程各章节的教学视频、现代教育技术概论课程中实验环节的教学视频，如数码相机的使用、多功能教室的使用、智慧教室的使用、远程实验室的使用、电视节目信号的接收、电子双板的使用、电视白板一体机的使用。微视频资源如图 3-20 至图 3-35 所示。

图 3-19 现代教育技术概论客户端主界面

图 3-20 微视频《摄像机的使用》

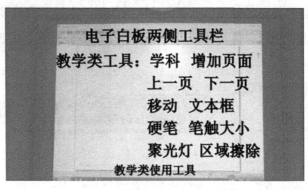

图 3-21 微视频《电子白板的使用》

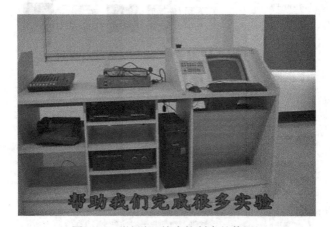

图 3-22 微视频《综合控制台的使用》

图 3-23 微视频《调音台的使用》

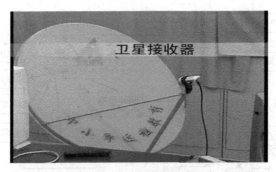

图 3-24 微视频《卫星电视节目的接收与转播》

图 3-25 微视频《智慧教室的使用》

(四)教师教学技能训练课程教学平台的架构设计与系统实现

1. 后台管理模块设计

由图 3-26 可知，教师教学技能训练课程教学平台后台管理模块主要包括三部分内容，分别是用户管理部分、模块管理部分、网站统计管理部分。网站统计管理部分由用户统计分析、访问统计分析、站点资源统计分析三部分内容组成；用户管理部分主要包括审核新用户、浏览用户、重置用户密码、查询用户、删除用户五个内容；模块管理部分主要由在线互动管理组成，包括微视频资源管理、优秀教学视频管理、学习结果管理、课程介绍管理、建议区管理、讨论区管理组成。

2. 客户端功能模块设计

(1)客户端功能模块。教师教学技能训练课程客户端功能如图 3-27 所示。

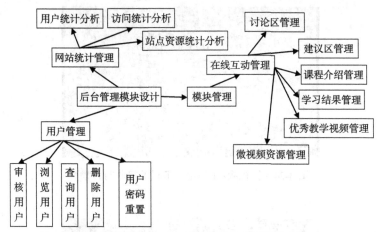

图 3-26　教师教学技能训练课程教学平台后台管理模块设计

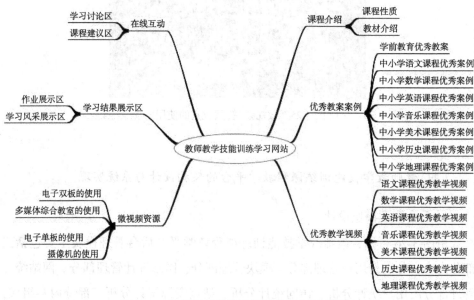

图 3-27　教师教学技能训练课程客户端功能图

由图 3-27 可知，教师教学技能训练课程的客户端主要有六个功能模块，分别是"课程介绍""在线互动""优秀教案案例""优秀教学视频""学习结果展示区""微视频资源"。六个主模块下又包含不同内容的子模块。本课程网站为学习者提供了课程学习资源，同时也为师生提供了在线互动和学习者的学习结果展示区。

（2）客户端用户界面。教师教学技能训练客户端主界面如图 3-28 所示。

图 3-28　教师教学技能训练课程客户端主界面

3. 课程学习视频案例

(1)教学视频案例。在教师教学技能训练课程中，为让学习者了解教学设计的一般过程和了解以"学"为主的教学设计、以"教"为主的教学设计、"双主型"教学设计，笔者精心从湖北省公开课比赛获奖视频中选取了有代表性的一线各科教师的课堂教学视频，并整理了这三类教学设计的教案提供给师范生作为学习资源，如表 3-1 所示。

表 3-1　　　　　　　　　　　　　　教学视频案例资源

类型	课例名称	学校性质	课程类别	单位	教师
以"教"为主	棉花姑娘	小学	语文	汉川市实验小学	李军荣
	锐角和钝角	小学	数学	武汉市汉阳区玫瑰园小学	郭颖
	莲之美	中学	语文	湖北省应城实验初中	田艳霞
	找规律	小学	数学	松滋市八宝小学	黎小艳
	马说	中学	语文	湖北省杨河中学	赵爱萍
	妈妈的账单	小学	语文	宜昌市秭归县归州镇航天希望小学	王为民
	We Love Animals	小学	英语	秭归县茅坪镇九里小学	张玲
	Our Schools	小学	英语	武穴市师范附属小学	周玉萍
	蜗牛与黄鹂鸟	小学	音乐	麻城市第一实验小学	蔡淑芬
	如今家乡山连山	小学	音乐	武穴师范附属小学	徐青
	饮湖上初晴后雨	小学	语文	应城市实验小学	黄娟
以"学"为主	马兰谣	小学	音乐	洪湖市双语实验学校	胡萍
	天上的街市	中学	语文	仙桃市彭场二中	王洁宇
	化学方程式	中学	化学	武汉市二桥中学	黄郁郁
	钓鱼岛是中国的	中学	历史	黄石市第十五中学	朱亮
	Why Do You Like Koalas	中学	英语	武汉市汉阳区二桥中学	陈蓉蓉
	气压带和风带	中学	地理	宜昌市第十八中学	李红诚
	方程的根与函数的零点	中学	数学	襄阳市第四中学	陈辉
	吉祥物的设计	中学	美术	武汉市楚才中学	张文婧

　　(2)学习者个人教学实践录像。教师教学技能训练课程中为了让学习者能在学习完教学设计的理论和观摩中小学及幼儿园老师的课堂教学后能将所学习到的经验进行实践，在该课程中提供了让学习者利用电子白板进行教学实践的机会，并用摄像机记录下每个学习者教学实践的视频，之后，利用交互式网络电视以小组为单位进行视频回放，边回放视频边由教师组织并引导各学习小组进行教学实践的自我评价、组内评价、组间评价，如图 3-29 至图 3-32 所示。

图 3-29　数学专业师范生在教师教学技能训练课上的教学实践截图 1

图 3-30　数学专业师范生在教师教学技能训练课上的教学实践截图 2

图 3-31　体育教育专业师范生在教师教学技能训练课上的教学实践截图 1

图 3-32 体育教育专业师范生在教师教学技能训练课上的教学实践截图 2

三、基于 WEB2.0 交互式网络电视的高校课堂教学平台的互动学习过程设计

基于 WEB2.0 交互电视的课堂教学平台的互动学习过程设计原则是从学习共同体视角出发，建立一个自助式、协作式、学习共同体式的学习模式，其互动学习过程如图 3-33 所示。

由图 3-33 可知，在基于 WEB2.0 交互式网络电视的课堂教学平台下开展教学，主要有以下特点：一是，以学习共同体的模式开展学习。学习共同体的构建详见本书第七章。二是，智能手机与交互式网络电视之间的信息交互。这里的交互表现为学习者利用手机或遥控器与电视进行信息交互，学习者可以将手机信息向交互电视端推送以便开展本学习共同体的学习，同时，对于交互电视上的学习资源，通过"易互动"可以传屏到学习者手机上进行资源的浏览。三是，以交互式网络电视为载体，开展学习共同体之间的学习信息交互。交互电视可以安装电视 QQ 和微信，利用即时通信工具和摄像头，开展学习共同体之间的学习交互。四是，基于交互式网络电视开展课程网站资源环境下的学习互助。学习共同体小组可将小组学习成果利用移动终端设备上传到课程网站进行展示，也可在课程网站的留言板区域进行提问及回答他人提问，提问与回答方式可利用遥控器或键盘输入。五是，基于 WEB2.0 交互式网络电视的课堂教学平台下，学习者可用遥控器点击课程网站中的教学微视频或教学录像案例，并能用交互电视打开安装了的应用程序，用键盘或遥控器进行文字输入，从而完成学习共同体的作业。六是，

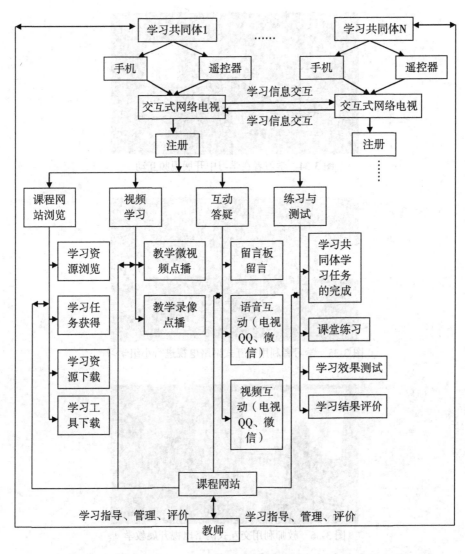

图 3-33　基于 WEB2.0 交互式网络电视的课堂教学平台的互动学习过程

基于 WEB2.0 交互式网络电视可以与学习者的笔记本电脑或平板电脑进行连接，从而进行个人学习内容在交互电视大屏幕上的展示，便于学习共同体内部或之间进行讨论与交流。七是，教师在基于 WEB2.0 交互式网络电视的教学环境下，需要对学习者进行学习网站建设、学习资源提供、学习任务安排、学习过程指导、学习进程管理及学习者学习结果评价，具体参见图 3-34 至图 3-37。

图 3-34   学习者在学习中开展视频互动

图 3-35   学习者利用交互式网络电视进行小组学习

图 3-36   教师利用交互式网络电视开展教学

图 3-37   学习者利用交互式网络电视进行组内学习与讨论

图 3-38　教师利用交互式网络电视进行学习辅导

图 3-39　学习者利用交互式网络电视进行小组学习

图 3-40　学习者利用交互式网络电视进行组间学习成果汇报

图 3-41　学习者开展协作学习与讨论

图 3-42 学习者进行学习协作

图 3-43 学习者利用交互式网络电视进行教学观摩

图 3-44 学习者利用交互式网络电视对教学观摩结果进行评价

图 3-45 教师利用交互式网络电视开展实验教学

图 3-46　学习者开展微视频课例的学习

图 3-47　学习者用交互式网络电视开展学习结果观摩与评价

第四章 基于 WEB2.0 交互式网络电视的
高校课堂教学模式研究

第一节 国内外对教学模式的研究现状

一、国外对教学模式的研究

(一)国外教学模式的初期成果

1. 夸美纽斯的教学模式

系统完整的教学模式是从近代教育学形成独立体系而开始的。17 世纪,随着自然科学内容和直观教学法、班级授课制的出现与实施,夸美纽斯提出把讲解、质疑、问答、练习统一于课堂教学中,并把观察活动纳入教学活动体系,夸美纽斯首次提出了感知、记忆、理解、判断为程序的教学模式。

2. 赫尔巴特的四步教学模式

19 世纪,赫尔巴特从统觉论出发,研究人的心理活动,认为学生在学习过程中,当新经验已构成心理统觉团中的概念,并发生联系时,才算是真正掌握了知识。教师的任务是选择正确的教学材料,用适当的程序展示给学习者,形成学习者的学习背景。之后,赫尔巴特提出了:明了、联合、系统、方法的四阶段教学模式。之后,其学生莱茵将其改为五阶段教学模式,即"预备—提示—联合—总结—应用"。

3. 杜威的实用主义教学模式

20 世纪 20 年代,随着资本主义大工业的发展,以赫尔巴特的四步教学为代表的教学模式因忽视了学生在学习中的主体性，片面强调灌输方式，因而受到挑战。杜威的实用主义教育理论得到推崇。杜威提出了以儿童为中心的"做中学"为基础的教学模式。该教学模式是：创设情境—确定问题—占有资料—提出假设—检验假设。这种教学模式弥补了赫尔巴特教学模式的不足，主要强调了学习者的主体作用，其提倡学习者发现探索技能，获得探究问题和解决问题的能力，开辟了现代教学模式新的发展道路。

(二)20世纪50年代以后的教学模式

20世纪50年代后，科学技术不断发展，教育面临着新的科技革命的挑战，促进人们开始利用新的理论和技术去研究学校教育和教学问题。系统论、控制论、信息加工理论等的产生，对教学实践产生了深刻的影响，也给学校的教学模式提出了许多新的课题。因此这一阶段产生了许多新的教学模式。乔伊斯和威尔曾在1972年的《教学模式》一书中，对当时流行的各种教学模式进行了分析研究，并将之分为四种基本类型：第一类，信息加工教学模式；第二类，个性教学模式；第三类，合作教学模式；第四类，行为控制教学模式。① 同时，乔伊斯和威尔也在1973年所发表的论文 *The Teacher-Innovator：Models of Teaching as the Core of Teacher Education* 中对教学模式进行了分类，并对这些教学模式的适用面、任务或应用目标进行了对比，原文如表4-1所示。

表4-1　　　　　　　　　乔伊斯、威尔对教学模式的分类

类别	理论基础	主要理论提出者	特点	具体教学模式
信息加工教学模式	信息加工理论	皮亚杰、奥苏贝尔、加涅	创造性信息加工，知识获得与智力发展	认知发展模式、有意义言语接受模式、累积学习模式、发现教学模式
个性发展教学模式	个别化教学理论与人本主义	罗杰斯、戈登	强调个人主观能动性，个别化教学，人格发展	非指导性教学模式、创造工学教学模式

① Joyce, B. R., Weil, M., Wald, R. The Teacher Innovator：Models of Teaching as the Core of Teacher Education[J]. Interchange, 1973(04)：27-60.

续表

类别	理论基础	主要理论提出者	特点	具体教学模式
社会交往教学模式	社会互动理论	杜威、西伦、塞林、奥利弗、谢弗、马赛拉斯、考克斯、切思勒、福克斯、泰伦、迈克尔斯	强调师生、生生互动，社会性品格养成	小组探索模式、小组研究模式、法理学探究模式、社会调查模式、角色扮演模式、研究室训练模式、社会探究模式、实验室训练模式、社会模拟模式
行为修正教学模式	行为主义心理学理论	斯金纳、布卢姆、加里培林	把教学看作一种不断修正的过程，着重学习者行为习惯的控制和培养	程序教学模式、掌握学习模式、直接指导模式、模拟训练模式、智力行为多阶段形成理论为基础的教学模式

根据乔伊斯、威尔对教学模式的分类和对各类教学模式中具有代表性教学模式的阐释，本书总结如下：

1. 信息加工教学模式

该模式是依据信息加工理论，认为教学是一种信息加工的过程，根据计算机、人工智能运行程序确定教学程序，着眼知识的获得和智力发展。属于这类教学模式的有以下几种：

(1)皮亚杰的认知发展教学模式。皮亚杰认为儿童的认知发展阶段有四个阶段，分别是：感知运动阶段(0~2岁)、前运算阶段(2~7岁)、具体运算阶段(7~11岁)、形式运算阶段(11~16岁)。认知发展教学模式强调：第一，在教育教学中，要根据不同学生的不同发展阶段的认知特点进行教学；第二，学习是主动建构的过程；第三，教学应强调"活动"的重要性，"活动"即联结主客体的桥梁，认识的形成是活动的内化；第四，教学应引导和促进学生的发展；第五，教育应重视学生的个别差异。

(2)奥苏贝尔的有意义言语接受教学模式。奥苏贝尔是认知结构理论具体化的研究者，他的理论强调认知结构的地位，围绕认知结构提出上位学习、下位学习、相关类属学习、并列结合学习、创造学习等几种学习类型。奥苏贝尔的有意义言语接受教学模式是：①提出先行组织者。②逐步分化。③综合贯通。

（3）加涅的累积学习模式。加涅认为，人类学习的复杂性程度是不一样的，是一个由简单到复杂的过程。他把人类学习的复杂性程度分为八类，从而提出"累积学习模式"，这八类学习包括：①信号学习。②刺激反应学习。③动作链索。④言语联想。⑤辨别学习。⑥概念学习。⑦规则学习。⑧问题解决或高级规则学习。加涅也在《教学设计原理》一书中指出，这八类学习在设计课程的结构中起着关键的作用：一是，因为它们决定了学生将形成哪些能力，从而把学习过程与学习结果紧密联系起来；二是，这八类学习层次呈现累积性质，以一种可预测方式一级级建立起来。

（4）布鲁纳的发现学习教学模式。布鲁纳（Bruner, J.）认为，发现法对学生是一种学习方法，叫发现学习，对教师则是一种教学方法，叫发现教学法。布鲁纳受皮亚杰认知发展阶段论的影响，也对儿童智力发展进行了研究，提出了以下几个阶段：阶段一，动作性模式阶段（Enactive Representation），是人们用动作来表达他对世界的认知经验；阶段二，映象性再现模式阶段（Iconic Representation），该阶段是用意象、图形、表象来再现知识经验的一种方式；阶段三，象征性再现模式阶段（Symbolic Representation），该阶段是儿童能用符号，最重要的是语言再现他们的世界。布鲁纳认为，教学的目的不是让学生记住教师或教材上所陈述的内容，而是要培养学生发现知识的能力，让学生亲自参与所学知识的体系构建。布鲁纳发现教学模式是：①提出和明确使学生感兴趣的问题。②使学生对问题体验到某种程度的不确定性，以激发探究的欲望。③提供解决问题的各种假设。④协助学生收集和组织可用于下结论的资料。⑤组织学生审查有关资料，得出应有的结论。⑥引导学生运用分析思维去验证结论，最终使问题得到解决。

2. 个性教学模式

这类教学模式依据个别化教学理论和人本主义教学思想，强调个人在教学中的主观能动性，坚持个别化教学，着眼于学习者的潜力与人格发展。这类教学模式有以下几种：

（1）罗杰斯的"非指导性教学模式"。"非指导性"教学模式指直接的、命令性的、指示性的教学特征。"非指导性"并非不指导学生，而是对学生进行不明确的指导，要求教师要讲究指导的艺术。教师的教学目标在于创造一种学习环境，以利于激发、考核、评价等过程，帮助学生理解他们自己的需要和价值，从而教师能有效地指导学生制定自己的教育决策。罗杰斯的"非指导性教学模式"强调如下原则：一是，强调人的充分发展，它包括学生需要有洞察力、学生需具有创造力、学生学习需有建设性、学生的学习需有选择性①；二是，强调师生关系的真实性、亲密性；三是，强调教学方法为"生命自由本性的展开"，这里的自由指学生选择的自由、获得的自由。

(2)戈登的"创造工学"教学模式。戈登的"创造工学"教学模式是引入创新激发的理论、策略、方法来解决教学问题，培养学生创新能力，促进创新思维品质发展的教学模式的总称。② 这种教学模式非常强调"创新技法"在教学中的应用。如美国的奥斯本在 1941 年创立的"智力激励法"，也称"头脑风暴法"（Brainstorming）目前为大家所熟知，如今欧洲的许多国家已开发的"创新技法"有数百种之多，如智力激励法、默写式智力激励法、5W1H 法、综摄法等。这种教学模式可以有效培养学生高质量地学会知识，同时也能培养他们的创新思维和创新能力。这类教学模式在我国有台湾的陈龙安创立的"ATDE"创造性思维教学模式，即 Asking、Thinking、Doing、Evaluation。我国的许国泰也首创了"魔球"理论这种创新技法。

3. 社会交往教学模式

这类教学模式依据社会互动理论，强调教师与学生、学生与学生之间的相互影响和社会联系，着眼于学生社会性格的养成。属于这类教学模式的有以下几种：

(1)杜威和塞林的"小组探索模式"。"小组探索模式"是在课堂上采用分小组的方式进行探索式学习，有利于学生体验尝试成功、探索发现快乐。这类教学模式强调小组成员要相互尊重、沟通、信任、互相支持与配合，积极参与小组学习任务。教师在开展此类教学模式前需要掌握以下原则：一是，进行科学的分组，遵循组内异质、组间同质、优势互补原则；二是，在开展小组探索学习前要精心设计好每一个学习任务；三是，重视学生独立思考能力及自主学习能力的培养。

(2)西伦的"小组研究模式"。"小组研究模式"强调学生在学习过程中自我探索、自我发现、自我研究的作用，强调学生学习的自主性、独立性、积极性、个

---

① 吴立岗. 教学的原理、模式与活动[M]. 南宁：广西教育出版社，1998：271.

② 王垒. 人性化探究教学模式的构建——用心理学效应构建物理探究模型[J]. 课程·教材·教法，2021，41(02)：125-131.

人经验及个人体验。在"小组研究模式"中主要让学生参与其中，从而使学生的探索需求和发现并研究的需求得到满足，最终实现让学生学会学习。

(3)奥利弗和谢弗的"法理学教学模式"。奥利弗和谢弗认为，他们的这种教学模式是以社会概念为基础，引导学生对某些有冲突的事件进行基本的价值判断，能明智地进行分析与讨论。这种教学模式比较适合大年龄，即初中以上的学生使用，也可以适用于较优秀的学生，比如自学能力强、语言表达能力较强的学生。"法理学教学模式"比较强调学生的理性思考。

(4)马赛拉斯和考克斯的"社会调查教学模式"。马赛拉斯和考克斯的"社会调查教学模式"强调要引导学生去观察社会、了解社会，通过实践使学生树立社会责任感，以达到认识和行动统一的目的。

4. 行为修正教学模式

这类教学模式以行为主义心理学理论为依据，把教学看作一种不断修正的过程，着重学习者行为习惯的控制与培养。属于这类教学模式的有以下几种：

(1)斯金纳的"程序教学模式"。斯金纳提出的"程序教学模式"是依据新行为主义学习理论提出的。新行为主义学习理论认为学习是通过刺激—反应—强化而形成的一种操作性行为。斯金纳提倡的程序教学模式是：教师将学习内容分解为一个个连续的小项目，在学习过程中，每呈现一项学习内容都要求学生用填充或书写答案的方式进行回答，学生若答错，教学机器会呈现正确的答案并及时矫正错误，之后再进入下一步的学习。斯金纳的程序教学模式的主要特点是能对学生的学习效果给予及时的反馈和强化。

(2)加里培林的以"智力行为多阶段形成理论"为基础的教学模式。加里培林提出的教学模式主要提倡人类学习的过程，主要包括五个阶段，这五个阶段是人的心智技能形成的过程，分别是：活动的定向阶段、物质活动或物质化活动阶段、出声的外部言语活动阶段、无声的外部言语活动阶段、内部言语阶段。其中，"活动的定向阶段"是学生要预先熟悉学习任务，知道即将要做什么和怎么做；"物质活动或物质化活动阶段"是借助实物模型、图片、样本等替代物进行活动，该阶段是引导学生从事物质活动或物质化活动；"出声的外部言语活动阶段"中"外部言语"是让学生表述自己正在进行的心智活动；"无声的外部言语活动阶段"中无声的外部言语是指内部言语，这是学习者对自己发出的言语，是自已思考问题时候的言语，这也是学习者进行心智活动的阶段；"内部言语阶段"是最后一个阶段，该阶段的特点是心智活动完全借助内部言语完成，高度简要和自动化，属于很少发生错误的熟练阶段。

(三)建构主义理论指导下的教学模式

建构主义思想最早的提出者是瑞士的心理学家皮亚杰，他创立了儿童认知发展的学派，他认为"儿童是在与周围环境的相互作用过程中，逐步建构起关于外部世界的知识，从而使自身认知结构得到发展"①。建构主义蕴含的教学思想主要反映在知识观、学习观、学生观、师生角色定位及作用、学习环境、教学原则六个方面。在建构主义理论指导下提出的教学模式主要强调：第一，以学生为中心，教师在整个教学过程中起着组织者、指导者、帮助者、促进者的作用；第二，教材所提供的知识不再是教师传授的内容，而是学生主动建构意义的对象；第三，媒体也不再是帮助教师传授知识的手段和方法，而是用于创设情境，进行协作学习、会话交流。媒体是学生进行自主学习、协作探索的认知工具。在建构主义理论指导下开发出的教学模式主要有以下几种：

1. 支架式(Scaffolding Instruction)教学模式

"支架"指的是一种教学方式，教师需要事先把复杂的学习任务进行分解，以便把学习者的理解逐步引向深入。支架式教学模式为：搭脚手架—进入情境—独立探索—协作学习—效果评价。

2. 抛锚式(Anchored Instruction)教学模式

抛锚式教学模式中的"锚"指的是知识获得过程中遇到的问题或真实事例。这种教学模式要求建立在有感染力的真实事件或问题的基础上开展。"抛锚"是指确定这类真实事件或问题，就是指在教学过程中一旦碰到这类事件或问题后，整个教学内容和教学进程就被确定了。所以其被形象地比喻为"抛锚式教学模式"。抛锚式教学模式为：创设情境—确定问题—自主学习—协作学习—效果评价。抛锚式教学模式能有效地培养学生的创新能力、问题解决能力、独立思考能力、合作能力等。

---

① 陈克梅.GIS 辅助初中乡土地理教学案例设计与实施[D].贵州师范大学，2023：11.

3. 随机进入式（Random Access Instruction）教学模式

所谓随机进入式教学是指学习者能随意通过不同途径、不同方式进入同样教学内容的学习，从而获得对同一事物或同一问题多方面的认识和理解。[①] 随即进入式教学模式不是传统教学中只为巩固一般的知识、技能而实施简单的重复与巩固，而是每次进入学习内容都有不同的学习目的、不同的侧重点。通过多次随机进入学习内容而使学习者获得对知识全貌的理解与认识。

4. 现象分析教学模式

现象分析教学模式非常注意学生利用自己先前经验对问题进行解释。这类教学模式为：出示现象—解释现象形成原因—现象结果分析—解决方法分析。之中的"出示现象"指以材料形式出现，学生能通过该现象急于了解背后的本质。这种教学模式能反映事物的本质规律，发挥学生的主体性，创建民主环境。

5. 探究式教学模式

探究式教学模式是以问题解决为中心，注重学习者的独立学习活动，侧重于对学习者思维能力的培养。探究式教学模式为：问题—假设—推理—验证—总结提高，共五个步骤。在这类教学模式实施中教师需要对打破常规的学习者给予一定的鼓励，不要轻易进行对、错的划分，教师要着重于引导学习者进行学习探究，不要轻易告知结果。

二、国内对教学模式的研究

从 20 世纪 80 年代起，我国引进了国外的教学理论与模式，并结合国情构建了许多自己的教学模式。我国近 40 年来在教学模式的研究上取得了丰富的研究成果，笔者通过 CNKI（中国知网）输入关键词"教学模式"进行文献检索，这里，把国内教学模式研究的时间段分为七个阶段，即教学模式的引进与介绍阶段、探讨教学模式理论为主的研究阶段、以新型教学模式构建为主的研究阶段、21 世纪以来我国对教学模式的研究阶段。主要数据统计结果如图 4-1 所示。

图 4-1 用折线图展示了每个研究时期的研究成果总数量。可以看到，我国在教学模式的研究中，前 7 年的时间里是起步和摸索期，成果最少，总研究成果仅

---

① 刘玥婷. 基于建构主义的海外华裔儿童汉语语音教学研究［D］. 贵州财经大学，2023：11.

13 篇,到了第二个时间段(1989—1994)研究成果在六年里达到 170 篇,增长 1207.69%。到第三个时间段(1995—2000)研究总成果达到 952 项,比上一时间段研究成果增长 460%。21 世纪开始后至现今,研究成果数量激增,从 2001 年至今,总研究成果达 81743 项,比 20 世纪研究总成果增长 7102.03%。

为了解在进行有关教学模式的研究中在不同性质的教育机构开展研究的情况,笔者将教育机构分为高等教育机构(大学)、中等教育机构(中学)、初等教育机构(小学)、学前教育机构(幼儿园)、成人教育与特殊教育机构、职业教育机构六个类型,数据统计结果如图 4-2 所示。

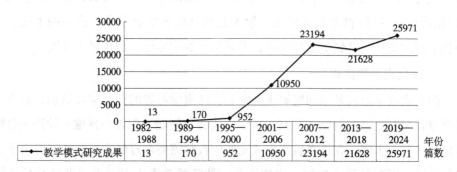

	1982—1988	1989—1994	1995—2000	2001—2006	2007—2012	2013—2018	2019—2024	年份篇数
教学模式研究成果	13	170	952	10950	23194	21628	25971	

图 4-1　我国教学模式研究成果数统计(1982—2024 年)

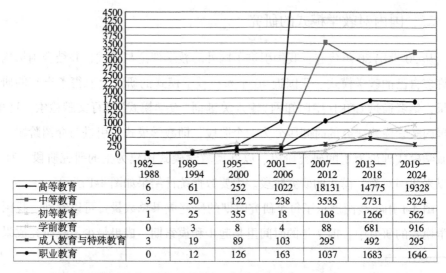

	1982—1988	1989—1994	1995—2000	2001—2006	2007—2012	2013—2018	2019—2024
高等教育	6	61	252	1022	18131	14775	19328
中等教育	3	50	122	238	3535	2731	3224
初等教育	1	25	355	18	108	1266	562
学前教育	0	3	8	4	88	681	916
成人教育与特殊教育	3	19	89	103	295	492	295
职业教育	0	12	126	163	1037	1683	1646

图 4-2　不同教育机构对"教学模式"的研究成果统计(1982—2024)

表 4-2 "教学模式"研究各教育机构成果数及增长率统计表(1982—2000)

领域＼增长率＼年限	1982—1988		1989—1994				1995—2000			
	排序	篇数	排序	篇数	排序	增长率	排序	篇数	排序	增长率
总数	⑦	13	⑥	170	②	1207.69%	⑤	952	③	460%
高等教育	①	6	①	61	③	916.67%	②	252	④	313.11%
中等教育	②	3	②	50	②	1566.67%	④	122	⑥	144%
初等教育	③	1	③	25	①	2400%	①	355	①	1320%
学前教育	④	0	⑥	3	⑤	/	⑥	8	⑤	166.67%
成人教育与特殊教育	②	3	④	19	④	533.33%	⑤	89	③	368.42%
职业教育	④	0	⑤	12	⑤	/	③	126	②	950%

表 4-3 "教学模式"研究各教育机构成果数及增长率统计表(2001—2012)

领域＼增长率＼年限	2001—2006				2007—2012			
	排序	篇数	排序	增长率	排序	篇数	排序	增长率
总数	④	1548	④	62.61%	②	23194	①	1398.32%
高等教育	①	1022	①	305.56%	①	18131	③	1674.07%
中等教育	②	238	②	95.08%	②	3535	④	1385.29%
初等教育	⑤	18	⑥	-94.93%	⑤	108	⑥	500%
学前教育	⑥	4	⑤	-50%	⑥	88	①	2100%
成人教育与特殊教育	④	103	④	15.73%	④	295	②	1864.08%
职业教育	③	163	③	29.37%	③	1037	⑤	536.20%

表 4-4 "教学模式"研究各教育机构成果数及增长率统计表(2013—2024)

领域＼增长率＼年限	2013—2018				2019—2024			
	排序	篇数	排序	增长率	排序	篇数	排序	增长率
总数	③	21628	⑥	-6.75%	①	25971	⑤	20.05%
高等教育	①	14775	⑤	-18.51%	①	19328	②	30.82%
中等教育	②	2731	⑥	-22.74%	②	3224	③	18.05%

续表

领域 \ 年限 \ 增长率	2013—2018				2019—2024			
	排序	篇数	排序	增长率	排序	篇数	排序	增长率
初等教育	④	1266	①	1072.22%	⑤	562	⑥	−55.61%
学前教育	⑤	681	②	673.86%	④	916	①	34.51%
成人教育与特殊教育	⑥	492	③	66.78%	⑥	295	⑤	−40.04%
职业教育	③	1683	④	62.30%	③	1646	④	−2.20%

通过表 4-2 至表 4-3 可见：(1)在 1982 年至 2024 年 42 年的研究中各教育机构的研究成果都处于不断增长的局面。(2)在 1989—1994 年的研究阶段中，第一是初等教育机构(小学)，其对教学模式的研究成果增长率最高，达 2400%，第二是中等教育机构(中学)，其研究成果增长率为 1566.67%，第三是高等教育机构(高校)，第四是成人教育与特殊教育机构，而学前教育和职业教育研究成果在最初的 7 年中没有相关研究成果，这是从增长率上来进行的分析。从研究成果数量上看，在此时间段，高等教育机构的研究成果数量最多，其次是中等教育机构，学前教育研究成果数最少。(3)在 1995—2000 年的研究阶段中，仍然是初等教育(小学)的研究成果数增长率最高，达 1320%，其次是职业教育机构，同比增长 950%，最后是成人教育与特殊教育机构，同比增长 368.42%。学前教育机构研究增长率仍是最缓慢；从研究成果数量上看，初等教育研究成果量排第一，成果量为 355 篇，其次是高等教育机构成果量达 252 篇，成果数量最少的学前教育机构，仅 8 篇。在这一阶段，虽然成人教育与特殊教育机构文献量不多，但其研究成果的增长率位于前三。(4)21 世纪，研究成果量逐渐增长，其中 2019—2024 年总研究成果量在七个研究时间段中位居第一位，为 23194 篇，总成果量位居第二位的是 2007—2012 年，为 23194 篇，2013—2018 年位居第三位，为 21628 篇，2001—2006 年位居第四，总成果量为 1548 篇。(5)21 世纪，研究成果总量排名在四个时间段中"高等教育"领域相关研究成果一直保持第一位，其中 2001—2006 年总文献量为 1022 篇，2007—2012 年总文献量为 18131 篇，2013—2018 年为 14775 篇，2019—2024 为 19328 篇。可见，高校的教育类学科一直非常关注教学模式的研究，并从理论上、实践上、应用上、与国际接轨上不断推陈

出新。"中等教育"领域的相关研究成果持续保持第二位，在四个研究成果时间段中文献量分别为 238 篇、3535 篇、2731 篇、3224 篇。(6)"职业教育"领域相关研究成果与 1982—2000 年相比，研究成果量出现巨大变化，在 2001—2024 年四个时间段中研究成果量一直居于第三位，四个研究阶段成果量分别为 163 篇、1037 篇、1683 篇、1646 篇，可见，"职业教育"领域相关研究成果突飞猛进。(7)"成人教育"和"特殊教育"领域相关研究成果量相对较少，四个时间段相关研究成果量分别为 103 篇、295 篇、492 篇、295 篇。

在这七个阶段的发展过程中，笔者从研究内容的侧重点上对"教学模式"分析如下：

(一)教学模式的引进与介绍阶段

这个时期，课程教学论博士郝志军将其时间划分为 1982 年至 1988 年。笔者通过知网进行文献查阅，发现此时的文献数量有 13 篇，主要是对国外加涅教学模式、布鲁纳、塔巴教学模式进行引进与介绍。但此时的介绍与引进是概念式的、笼统的，同时，对教学模式的中国化问题涉及尚浅。另外，对国外教学模式的一系列理论问题还未达成研究者的共识，研究也未形成规模。

(二)以探讨教学模式理论为主的研究阶段

这个时期为 1989 年至 1994 年。笔者通过知网进行文献查阅，通过文献去重和剔除不相关文献，共有 170 篇文献。该阶段的主要研究内容如下：一是，研究教学模式的特点、功能、演进历史、分类、教学模式的概念与结构；二是，研究教学模式的应用及构建等。在此时间段，我国一些教学一线教师也通过自己的教学实践开展教学模式应用的探索，并着力构建新的教学模式。此阶段从幼儿园至高校都开展了有关教学模式的研究并取得了相关研究成果，主要表现为：一是，高校开展教学模式研究涉及的学科面非常宽广，主要有体育学科、生物学科、教育技术(电化教育)学科、生物学科、信息管理学科、地理学科、外语学科、医学、农学、园艺学、工科等；二是，此阶段提出的教学模式非常丰富，主要有："四字阅读教学模式""创造式教学模式""单元达标教学模式""三循环教学模式""自学讨论教学模式""专题化组合教学模式""三明治教学模式""目标教学模式"

"四位一体教学模式""2+0.5+0.5 教学模式""集体性教学模式""区段教学模式";三是,在教育技术(电化教育)领域,此阶段主要开展了"计算机辅助教学模式""合作型教学模式""微格教学模式""远距离教学模式""电视教学模式"的研究;四是,开展了中外教学模式的对比研究。如《中、美、日、德中小学体育教学模式对比研究》《引进德国双元制教学模式的比较研究》;五是,进行了教学模式的理论探讨。如《幼儿园教学模式的改革》《职业中学教育教学模式的思考》《我国中小学教学模式试探》;六是,将国外教学模式引入并开展中国特色的教学应用研究,如《莫斯顿互惠分组教学模式对学生教学能力的影响》等。该阶段的研究趋向于规范化、科学化,研究者对教学模式的一些基本问题也能达成共识。

(三)以新型教学模式构建为主的研究阶段

1995 年至 2000 年 6 年时间内,共有 952 篇研究成果。其中,在高等教育领域的研究文献有 252 篇、中等教育领域研究成果有 122 篇、初等教育领域研究成果有 355 篇、学前教育领域研究成果有 8 篇、职业教育领域研究成果有 126 篇、成教与特殊教育领域研究成果有 89 篇。此阶段,我国对教学模式的研究主要集中在以下几方面:一是,进行国内外教学模式的对比研究。如《中、日、俄体育教育教学模式比较》。二是,开展教学模式趋于培养学生多元化能力的研究。如《引导-发现培养学生创新能力的教学模式》。三是,继续进行新的教学模式的构建与应用研究。此阶段新兴教学模式有"主体性课堂教学模式""模块一体化教学模式""开放性教学模式""引导-探究教学模式""五阶段周期循环教学模式""四环节作文教学模式""指导—自主式教学模式""滚雪球教学模式""主导+载体教学模式""探究问题教学模式""活动发展教学模式"。四是,对教学模式在教学应用中的反思研究。五是,对国外教学模式的引进与应用,如《BTEC 教学模式》《CBE 教学模式的应用研究》。六是,教育技术对教学模式的研究在此阶段处于飞跃发展阶段,并积极尝试应用现代教育技术手段及方法来构建网络与计算机环境下的新型教学模式。何克抗教授于 1997 年发表了《建构主义的教学模式、教学方法与教学设计》,2000 年何克抗、李克东、谢幼如教授发表了《"主导-主体"教学模式的理论基础》研究成果。教育技术领域开展的教学模式研究有"探究式教学模式"

"网络式教学模式""网络交互式教学模式""CAI 教学模式""合作学习教学模式""基于互联网的教学模式""探讨-讨论-实践双向循环教学模式"。同时，也开展了理论探讨，如《现代远程教育对广播电视大学教学模式的影响》《运用教育技术改革师范教育传统教学模式的研究》《基于 WEB 方式协同远程教学模式和教学环境的实现研究》《现代教育技术对教育教学模式的影响》《远程教育教学模式比较研究》《以计算机为主的多媒体组合教学模式的研究》《远程教育教学模式研究》《CAI 教学模式与 ICAI 课件教学模式的分析比较》《网络教学模式研究与实施》《多媒体教育网络对传统教学模式的影响》等。

（四）21 世纪以来我国对教学模式的研究阶段

1. 2000—2009 年国内教学模式研究情况

从 2001 年至 2010 年 10 年时间内，我国对教学模式的研究成果数量急增，总研究成果达 10950 项。主要为：一是，从学前教育到高等教育都在积极开展教学模式的探索。高等教育领域在此十年内的研究成果达 2551 篇，中等教育的研究成果达 4380 篇，初等教育的研究成果达 1357 篇，学前教育研究成果达 66 篇，职业教育研究成果达 1976 篇，成人教育和特殊教育研究成果为 620 篇。二是，提出了"新型教学模式"。如钟志贤教授认为"'新教学模式'包含六个方面：（1）新在教育、教学思想观念(包括现代学习理论)。（2）新在对教学过程主客体关系的认识。（3）是新在现代教育技术的功能优势。（4）新在教学情景的创设。（5）新在师生主体的角色作用及相互关系。（6）新在教学模式应用的多样化"[①]。三是，各学科开展了"新教学模式"的研究。如"基于网络技术的显隐结合教学新模式探索""校企合作，工学一体教学新模式""三真—模拟教学新模式""多媒体教学的教学模式""自主学练教学新模式""7+3 教学新模式""以案例为中心的教学新模式""分级教学新模式""四角色教学新模式""学案导学教学模式"等。四是，在引入国外新的教育理论和教学模式后，出现了很多将国外教学模式进行国内教育应用的实践研究。如开展"协作式教学模式的实践""情境创设教学模式的实践"

[①]　钟志贤. 信息化教学模式——理论构建与实践例说[M]. 北京：教育科学出版社，2007：29.

"WebQuest 教学模式的实践""探究式教学模式的实践""支架式教学模式的实践""WPBL 教学模式研究""基于 WEB 的抛锚式教学模式研究""任务驱动教学模式的实践""主导—主体教学模式的探索"。五是，在教学模式不断涌现的状况下，学者们对教学模式进行了反思。如北京师范大学教育技术学院的杨开成发表论文《教学模式到底是什么?》、韩龙淑的《当前教学模式研究中面临的问题及其思考》、于守海的《关于讲解接受教学模式的探讨》等。六是，对教学模式的界定各抒己见。如"教学模式是在一定的教学思想或教育理论指导下建立起来的较为稳定的教学活动结构框架和活动程序"①。钟志贤学者指出"教学模式是指对理想教学活动的理论构造，是描述教与学活动结构或过程中各要素间稳定关系的简约化形式。换句话说，教学模式是一种反映或再现教学活动现实的理论性、简约性的形式"②。黄爱华指出"教学模式是教学过程中教学理论和教学实践相互转化的中介和桥梁"③。"教学模式是构成课程、选择教材、指导在教室和其他教学环境中教学活动的一种计划和范畴"④。"教学模式是在一定的教育理念支配下，对教育实践中逐渐行形成的、相对稳定的、较系统而具有典型意义的教育体验"⑤。

2. 2010—2019 年以来国内教学模式研究情况

自 2010 年以来，国内对教学模式的研究中高等教育领域的研究成果有 2487 项、中等教育研究成果有 3030 项、初等教育研究成果 1990 项、学前教育研究成果有 209 项、职业教育研究成果有 2184 项、成人与特殊教育的研究成果有 460 项，总研究成果达 10361 项。主要情况为：一是，对前期开展的教学模式实践进行反思。如"研究 PBL 教学模式下教师的重要性""我国大学教学模式同质化的表征原因与对策研究""PBL 教学模式效果及思考"等。二是，对新型的教学模式进

---

①　王红云，郭希维，何鹏．专业基础课程创新教学模式研究与探索：案例教学与主导——主体精神的培养[J]．教育教学论坛，2017(06)：135-136.

②　钟志贤．大学教学模式革新：教学设计视域[M]．北京：教育科学出版社，2008：49.

③　黄爱华．高等教育教学模式的演进、研究与变革[J]．高校教育管理，2017(01)：92-96.

④　王红云，姚志敏，郝永生等．专业基础课程创新教学模式研究与探索[J]．教育现代化，2016(36)：1621-1624.

⑤　王红云，方丹，李辉等．探寻新的教学模式——在实践中求真知之导引规律教学[J]．中国教育技术装备，2024(03)：52-54.

行应用研究。如"对基于翻转课堂的项目式教学模式进行研究""微课程教学模式研究""MPC-CDIO 教学模式的探索与实践""MOOC 时代的教学模式革新""PACE 教学模式的教学运用""TFU 教学模式的应用研究""MBD 教学模式的构建与应用"等。三是，对国外教学模式的探讨。"美国大学翻转课堂教学模式的启示""泰国汉字教学模式调查研究""德美一体化学课堂教学模式研究""德国自主学习和能力导向教学模式及启示"等。四是，各学科继续开展各类教学模式的教学探索研究。如"数学课中主题探究教学模式的应用""任务驱动教学模式在大学计算机课程教学中的应用""混合式教学模式探究""研究性教学模式在实验教学中的实施""四结合教学模式的探索""立体式教学模式的应用研究""TBL 教学模式的应用""互动式教学模式的探索""行动导向教学模式的应用""案例教学模式的应用""课题式教学模式的探究""支架式教学模式的应用""合作学习教学模式的探索""自主探究教学模式的应用研究""启发-探究教学模式的应用""导学互动教学模式的应用""学案导学教学模式的应用"等。五是，教育技术学领域开展新兴教学媒体与技术在教学中应用的教学模式研究。如以祝智庭教授为代表的"电子书包环境下小学数学复习课教学模式的设计""基于 MODEL 平台的 PBL 教学模式研究""知识分类视角下 WEB2.0 教学模式研究""网络情境教学模式研究""微课程教学模式研究""翻转课堂教学模式研究""协作探究教学模式的创新与实践"。

3. 2020—2024 年国内教学模式研究情况

自 2020 年以来，国内对教学模式的研究中高等教育领域的研究成果有 3369 项、中等教育领域的研究成果有 2232 项、初等教育研究成果 1878 项、学前教育研究成果有 2258 项、职业教育研究成果有 603 项、成人教育中对教学模式的研究成果有 113 篇、特殊教育的研究成果有 47 项，总研究成果达 10500 项。主要情况为：一是，在疫情背景下，高校及中职学校应用 SPOC、MOOC 教学模式成为主流；二是，基于 OBE 理念的教学模式相关研究成果出现较多成果；三是，大、中小学的混合式教学模式层出不穷；四是，大中小学校课程思政与思政课程教学模式的相关研究出现；五是，随着新媒体的出现，智慧教室、VR、AI、大数据环境下的教学模式出现；六是，"五位一体"教学模式出现；七是，微课教学模式、6D 教学模式、BOPPPS 教学模式、RBL 教学模式、场景协同教学模式、多模态协同教学模式成为研究者们的研究热点。

三、国内外教学模式的研究成果对本书的启示

(一)教学模式是教学理论与教学实践相联系的桥梁

何克抗教授说"教学模式按照什么样的教育思想、教学理论和学习理论来组织教学活动进程,它是教育思想、教与学理论的集中体现。……教学模式的改变将要引起教学过程的深刻变革,它比教学手段、教学方法的改革意义要重大得多,当然也困难得多"①。在教育技术的发展过程中,教学理论的引入是指导教育技术发展和教学新媒体应用的灵魂。教育技术从 19 世纪末开始以来,不断引入新的教学理论指导着教育技术的发展与创新,指导着教学模式的变革。在其发展过程中引入过夸美纽斯的大教学论、学校中的视觉教育理论、戴尔的经验之塔理论、新行为主义理论、教育传播理论、皮亚杰的建构主义学习理论、马斯洛和罗杰斯的人本主义学习理论、加涅的信息加工理论、布鲁纳的认知结构学习理论、托尔曼的符号学习理论、奥苏贝尔的有意义学习理论、维果斯基的最近发展区教学理论、香农的信息论、维纳的控制论、贝塔郎菲的系统论等。教学理论的本质是为了揭示教学规律,展现教学系统中各要素及相互关系,教学实践是要依据教学理论所揭示的教学规律和教学要素合理地开展教学活动。但如何将教学理论有效地与教学实践结合,教学模式就起到了中间的枢纽作用。教学模式会根据教学目标来形成其教学组织形式,其中又包括对教学过程中参与的人、资源、环境、评价方式进行详细的规划和安排,以期达到理想的教学效果。而这些又是在一定的教学理论的指导下开展的,教学模式设计的效果又是需要通过教学实践进行检验的,因而,教学模式是教学理论与教学实践相联系的桥梁。

(二)教学媒体的发展推动教学模式的创新

教学媒体的发展促进了教育技术的发展,而教育技术的发展会突破原有教学模式和教学局限性,把新兴教育技术手段与教学结合起来,积极研究如何有效提高教学绩效,因此,教学模式的发展与教学媒体的发展是息息相关的。从国内外

---

① 何克抗. 教学系统设计[M]. 北京:高等教育出版社,2016:72.

教育技术发展过程来看，19 世纪末将幻灯机引入教学领域，从而出现了"直观教学模式"；到 20 世纪 20 年代，无线电播音和无声电影介入教育中，从而出现了视觉教育模式和听觉教育模式；20 世纪 30 年代到 40 年代，有声电影和电视出现并应用于教育领域，从而出现视听觉教学模式；从 20 世纪 50 年代之后，不断涌现新的教学媒体，如彩色电视、程序教学机器、模拟训练机器、卫星电视、激光视唱盘、多媒体计算机、互联网到现在的各类新媒体的出现，教学模式不断推陈出新，涌现出许许多多的类型。而这些新型教学模式的提出与教学媒体的出现密不可分。

(三)教育技术学界对教学模式的研究在借鉴吸收与完善发展的基础上进行

我国教育技术学界的研究者对教学模式的研究是在现代信息技术环境下开展的，有的是对未来教育教学模式的探索。同时，我国教育技术学界对教学模式的研究既积极借鉴和吸收国外的各种新理论新思想，如"以教为主的教学模式""以学为主的教学模式"等。何克抗教授也根据我国国情和实践经验，提出了"主导-主体"的教学模式；李克东教授亦开展了"小学语文四结合"的教学改革实验与实践，并成功探索出了该种教学模式；美国对教育技术逻辑起点上认为应分为"流媒体起点派"(以印第安纳大学学者为代表)和"媒体起点派"，而我国学者桑新民教授不赞成国外的"逻辑起点"分类法，他认为"应以借助媒体的学习作为教育技术学理论体系的逻辑起点"[①]。近几年，随着国外的翻转课堂、微课、MOOC 的兴起，我国教育技术学界也有不少学者对国外引入的这些教学方式进行中国化的教学实践，提出了"MOOC 教学模式""微课教学模式""翻转课堂教学模式"。

(四)教学模式的构建需遵照一定的教学过程要素

一个完整的教学模式的构建包括哪些要素，不同学者有不同说法。钟志贤教授说"新型教学模式研究的出发点和归宿就是追求和实现理想的教学活

① 南国农 . 高校信息化教育课程：教材教法浅析 . [J]. 电化教育研究，2004(11)：37-43.

动效果"①。钟志贤教授认为构建新型教学模式的基本要求包括六个方面：第一，以现代教育教学思想为指导；第二，确立主体性教育教学观念；第三，真正发挥现代教育技术的功能优势；第四，强调教学情景创设；第五，正确认识师生主体的角色作用及相互关系；第六，教学活动模式应用的多样化。② 高琳琳、解月光等提出，在智慧教育环境下，教学模式设计的主要要素包括"表现性教学目标、启发性问题情境、动态化学习路径、开放性学习成果、伴随性教学评价"③。彭小明提出"教学模式具有六方面特征，即整体性、简约性、中间性、程式化、操作性、稳定性"④。李秀萍提出"在师范认证理念下教学模式应包含四要素，分别是课程思政、学生中心、数字转型、过程评价"⑤。在教学岗位的教师有的认为一个完整的教学模式应包括六个基本要素：教学理论或教学思想、教学功能目标、教学结构及活动程序、师生交往系统、反馈方式、支持条件；也有的认为教学模式的基本要素应包括：指导思想、主题、教学程序、目标、策略、内容、评价。

总之，对于设计一个完整的教学模式应包括的要素没有一个统一的说法。笔者结合众多学者对教学模式应包含的要素进行归纳，认为，设计一个完整的教学模式应包括如下要素：要素一，有明确的教学目标；要素二，有教学理论基础的支撑；要素三，要对学习环境进行设计；要素四，要对学习过程进行设计；要素五，要对学习资源进行设计；要素六，要对学习评价方式进行设计。

第二节　基于 WEB2.0 交互式网络电视的高校课堂教学模式的设计

通过上一节内容中对国内外教学模式研究状况的分析与总结，本节将按照上

---

① 杨蕾. 新型教学模式新在哪里？——江西师范大学钟志贤教授访谈[J]. 中国电化教育，2002(06)：5-10.

② 钟志贤. 新型教学模式新在何处(上)[J]. 电化教育研究，2001(03)：8-15.

③ 高琳琳，解月光，张琢. 智能技术支持的智慧型探究教学模式构建研究[J]. 电化教育研究，2021，42(11)：92-99.

④ 彭小明. 语文课程改革与教学新世界[M]. 北京：科学出版社，2019：104.

⑤ 李秀萍. 师范专业认证理念下地方高校一流英语本科专业建设探究[J]. 榆林学院学报，2024，34(01)：118-122.

节对教学模式的建构需遵循的六要素来建构基于 WEB2.0 交互式网络电视的课堂教学模式。

一、基于 WEB2.0 交互式网络电视培养高校师范生教育技术能力相关课程教学目标设计

本书的研究目的是开展基于 WEB2.0 交互式电视这类新型交互式媒体的对高校师范生教育技术能力进行提升的研究。关于师范生教育与技术能力标准的制定，请参见本书第三章，本章着重讨论基于 WEB2.0 交互式电视教学模式的构建。本书中实验对象是高校师范生，其师范生技术能力培养的相关课程如表 4-5 所示。

表 4-5 　　　　　　师范生本科教育阶段师范教育课程一览表

课程性质	课程名称	开设学期	课程性质	课程名称	开设学期
必修	心理学基础	3	选修	教育心理专题	5
	教育学基础	4		教育研究方法专题	5
	班主任工作	5		教育哲学专题	6
	现代教育技术概论	5		多媒体课件设计与制作	6
	教师教学技能训练	5		基础教育改革专题	5
	学科教学论	6		中外教育史专题	6
	普通话测试与训练	4		三笔字训练	5
选修	课程设计与评价	5		中小学生心理辅导	6
	教师专业发展专题	6		学校体育学/竞赛数学	6

表 4-5 显示了师范生本科教育阶段所开设的师范生技术能力培养课程，这些课程主要分为必修类和选修类。必修类共 7 门课程，选修类共 11 门课程，其中，关于师范生教育技术能力培养的课程主要是三门，分别是现代教育技术概论、教师教学技能训练、多媒体课件设计与制作，前两门是必修课程，第三门是选修课程。本书主要选择这三门课程开展基于 WEB2.0 交互式网络电视的课堂教学

研究。

(一)开展教学实验研究的三门课程及其对师范生教育技术能力培养的设计

表 4-6　　　　　　　　　　课程与其对师范生教育技术能力的培养目标

课程名称	开设时间	对教育技术能力的培养目标
现代教育技术概论	大三(上)	①"意识与态度"的培养 ②"理论素养"的培养 ③"教学设计思想与能力"的理论层面的培养 ④"应用与创新能力"思维与方法的培养
多媒体课件设计与制作	大三(下)	①"技术能力"的培养 ②"教学设计思想与能力"技术与理论应用层面的培养 ③"应用与创新能力"动手能力的培养
教师教学技能训练	大三(上)	①"教学设计思想与能力"实践层次的培养 ②"技术与知识能力"实践应用层次的培养 ③"应用与创新能大力"实践层面的培养

(二)开展教学实验研究的三门课程及其教学目标设计

1. 现代教育技术概论课程教学目标设计

本课程是针对高校师范生文、理科专业学生所开设的必修课之一。通过本课程的学习，学习者要能认识现代教育技术在教育教学中的地位和作用，要掌握教育技术的基本概念；了解学习理论、传播理论、视听理论、系统科学理论；了解教育技术在国内外的发展过程及理论变化；了解教学媒体的类型及在教育教学中的作用；了解教学设计的理论与教学设计的方法，能结合自己所学专业进行课程教案的科学编写；了解新形势下新的教学模式与教育观念；了解国内外远程教育的现状；具备利用网络资源获取有效信息的信息素养；具有利用教育技术手段进行教学研究与创新的能力。

2. 多媒体课件设计与制作课程教学目标设计

本课程是高校师范生必修课程之一。通过该课程学习，学习者要综合运用教育学、心理学、教学设计理论、现代教育技术理论进行多媒体课件的教学设计与开发。本课程主要使高校师范生掌握常用的多媒体软件的使用。如 Office 系列软件的使用、网页制作软件、声音制作软件、视频制作软件、二维动画软件、多媒体著作软件 Authorware 的使用。学习者学完该课程要能结合本专业知识，设计一节课程，并结合所学多媒体工具软件，制作出所设计的这节课的教学内容。要求学习者所设计与开发的课件要遵循一定教学设计的原则，有完善的教学过程与策略。

3. 教师教学技能训练课程教学目标设计

本课程是高校师范生文、理科专业学生必修的培养教师教育技术环境下职业技能的必修课。通过该课程的学习，要求学生掌握教学技能的基本概念、教师教学技能训练的方法以及相关的教育教学理论，并对学生进行教育技术环境下教学基本技能、教学新媒体的操作能力、教育技术环境下教学准备技能以及教研技能等的综合能力培养的训练，使高校师范生毕业后能及时适应新课程理念下的中小学课堂教学，为今后的教学工作打下良好的基础。教师教学技能训练课程通过对师范生进行有目的、有计划的、系统的教师教学技能训练，引导学生将文化知识和教育学、心理学的理论与方法转化为具体从师任教的职业行为方式，并使之规范化，促进学生教育教学能力的形成，为师范生毕业后胜任教师工作奠定基础。

二、基于 WEB2.0 交互式网络电视的学习环境设计

(一) 学习环境的界定

对于学习环境的界定，国内外不同学者都有不同见解。如 Wilson、Brush and Saye、Jonassen、祝智庭、何克抗、陈琦、钟志贤都有自己的界定。

Wilson 认为"学习环境是这样一个场所，学习者在这里相互合作、相互支持，并且使用多种工具和信息资源相互支持，参与解决问题的活动，以达到学习目标"。

荷兰学者 Kirschner(1997)认为学习环境是学习者能找到充分的信息资料和教学辅助手段的地方，借助学习环境，学习者能够有机会去根据自身情况及其与他人的关系去构建定向基础，决定他们将介入的目标与活动。

钟志贤教授认为"所谓学习环境，是指促进学习者发展的各种支持性条件

的统合"①。

何克抗教授认为"学习环境是学习资源和人际关系的组合。其中，学习资源包括学习材料(即信息)、帮助学习者学习的认知工具(获取、加工、保存信息的工具)、学习空间(如教室或虚拟网上学校)，等等"②。

武法提教授认为"学习环境是作用于学习者并能够促进其学习的各种因素的综合体"③。

杜威指出：教育，唯一的方法是控制他们(学习者)的环境，让他们在这个环境中行动、思考和感受，通过环境间接地进行教育。④

Wong J，Baars M 认为：学习环境分为广义和狭义两种，广义的指认知性学习环境，狭义的指以学习为中心的课堂教学设计。⑤

由上可见，不同研究者对学习环境的界定都不同，有的强调学习环境的物质条件，有的强调人际关系和交互作用，有的注重学习者的自主性。⑥ 有效的学习环境应该促进学习者之间的社会参与和互动，通过构筑学习共同体促进知识的社会建构，让学生在一定的认知支架帮助下，共同跨越"最近发展区"顺利进入认知发展的新阶段。

(二)基于 WEB2.0 交互式网络电视的学习环境的要素设计

对于学习环境的构成要素，不同研究者有不同的看法，如 1991 年 Perkins(帕金斯)指出学习环境包括五要素⑦：Inforation Banks(信息库)、Symbols Pads

① 钟志贤. 论学习环境设计[J]. 电化教育研究，2005(07)：35-41.

② 何克抗，李文光. 教育技术学[M]. 北京：北京师范大学出版社，2002：187.

③ 武法提. 论目标导向的网络学习环境设计[J]. 电化教育研究，2013(07)：40-46.

④ 杨进中，张剑平. 基于社交网络的个性化学习环境构建研究[J]. 开放教育研究，2015(04)：89-97.

⑤ Wong J, Baars M, Davis D, et al. Supporting Self-regulated Learning in Online Learning Environments and MOOCs: A Systematic Review [J]. International Journal of Human-Computer Interaction, 2019, 35(4-5): 356-373.

⑥ 牛晓杰，郑勤华. 近 20 年在线学习环境研究评述——基于 LDA 和 DTM 的动态分析[J]. 中国远程教育，2021(07)：25-35, 44.

⑦ Perkins, D.N.. Technology Meets Constructivism: Do They Make A Marriage [J]. Educational Technology, 1991, 31(05): 18-23.

（符号簿）、Construction Kits（建构工具）、Phenomena（任务情境）、Task Managers（任务管理者）；戴维·乔纳森在"设计建构性学习环境"中提出学习环境包括六个要素①：问题、相关案例、信息资源、认知工具、会话（或协作工具）、社会背景支持；科恩于 2002 年提出"有意义的学习环境"应包括 8 个维度②：Institutional（机构）、Management（管理）、Technological（技术）、Pedagogical（教学）、Ethical（伦理）、Interface Design（界面设计）、Resource Support（资源支持）、Evaluation（评价）；1999 年 Hannafin、Land、Oliver（汉纳芬、兰德、奥利弗）认为"开放学习环境"包括四要素：Enabling Contexts（开放情境）、Resources（资源）、Tools（工具）、Scaffolds（支架）；国内学者钟志贤认为学习环境包括 7 大要素③：活动、情境、资源、工具、支架、学习共同体、评价；黄荣怀教授于 2012 年提出"智慧学习环境"包含 6 部分④：资源、工具、学习社群、教学社群、学习方式、教学方法。

综合国内外对学习环境构成要素的观点来看，在不同教育理念和不同媒体环境下学习环境构成要素是不同的，但总体看，笔者认为一个学习环境的构成因素主要包括外界"物"的环境和内界"人"的环境。在本书中，外界"物"的环境主要是交互式电视媒体、WEB2.0 网络环境、学习资源；内界"人"的环境是教师、学生、学习伙伴、学习任务、学习组织与管理、学习评价。

1. 网络

网络环境下的教学是集集体性教学和个别化教学二者的优势为一体的教学活动，网络环境下的教与学蕴含着新的教与学的革新，它使教师不再具有知识拥有者和传递者的"权威"地位，也使学生由被动学习变为主动发现学习。网络环境下的教学提倡以学习者为中心，教师在整个教与学的过程中起着帮促者、指导者、学习支架的作用，教师要为学生在网络环境下开展学习创设学习情境，学习

① 李妍. 乔纳森建构主义学习环境设计研究[D]. 上海：华东师范大学，2007：78.

② Badrul Khan，张建伟，等编译，陈琦审校. 电子学习的设计与评价[M]. 北京：北京师范大学出版社，2005：11.

③ 钟志贤. 论学习环境设计[J]. 电化教育研究，2005(07)：35-41.

④ 黄荣怀，杨俊峰，胡永斌. 从数字学习环境到智慧学习环境——学习环境的变革与趋势[J]. 开放教育研究，2012(01)：75-84.

者之间在学习过程中开展学习协作。

　　网络根据其时代发展和具备的功能特点不同，有 WEB 1.0 时代、WEB 2.0 时代、WEB 3.0 时代。

　　（1）WEB 1.0 环境下的教与学特点及模式。WEB 1.0 时代中，用户仅能访问网站，是信息的接收者。基于 WEB 1.0 的学习环境主要是门户网站、网络课程、课程管理系统等。在 WEB1.0 的学习环境下，学习者的学习主要是通过在线异步学习完成的，教师处于"学习支持者"的地位，有的研究者认为 WEB 1.0 的教学环境主要包括两部分：一是，教学人员的教学支持；二是，学习者的认知系统，其模式见图 4-3①。

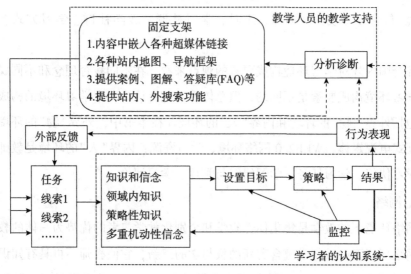

图 4-3　基于 WEB 1.0 的学习模式

　　（2）WEB 2.0 环境下的教与学特点及模式。2004 年，出版社经营者 O'Reilly 和 MediaLive International 在一场"头脑风暴论坛"中提出了"WEB 2.0"的概念。WEB 2.0 注重用户的交互作用，用户既是网站的浏览者也是网站内容的制造者。互联网上的每一个用户不再仅仅是互联网的读者，而是可以参与互联网信息的

---

　　①　张坤颖，张家年，徐影．网络环境下自主学习模型的构建——兼论 web3.0 的理念与引领趋势［J］．远程教育杂志，2012（05）：96-100.

"共同建设"，由被动地接收互联网信息到主动创造互联网信息。WEB 2.0 包含我们常用到的各种服务，如：BBS、博客、RSS、播客、WIKI、社会书签、SNS、社区、微信、电子刊物等。WEB 2.0 构建的学习平台可以以学习者为中心，加强学习者的互动性和参与性，使学习者在学习中能进行互动并共建学习资源，在基于 WEB 2.0 的学习平台上发布与共享学习内容，组建一个网络学习共同体。基于 WEB 2.0 的学习模式也有一些学者做了相关研究，有的研究者认为 WEB 2.0 的学习环境主要包括：Blog、RSS、Wiki、Tag、SNS 等技术，如图 4-4 所示在这个模式图中主要包括知识管理、协作交流、资源共建共享三个部分;① 有的研究者认为 WEB 2.0 的学习环境主要包括博客、RSS、WIKI(百科全书)、网摘、SNS(社会网络)、P2P、IM(即时信息)、视频网站、音频搜索、图片搜索、文库、网盘等。②

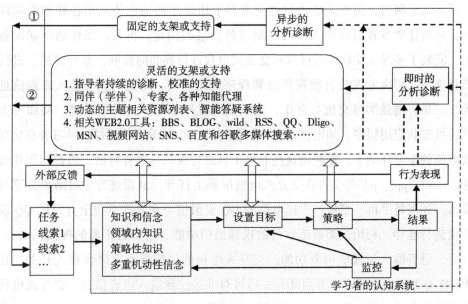

图 4-4　基于 WEB 2.0 的学习模式

①　余燕芳，葛正鹏. 终身学习平台设计与构建——以 web2.0 到 web3.0 的学习理念变迁为视角[J]. 中国远程教育，2014(04)：70-96.

②　张坤颖，张家年，徐影. 网络环境下自主学习模型的构建——兼论 web3.0 的理念与引领趋势[J]. 远程教育杂志，2012(05)：96-100.

2. 交互式网络电视

网络环境下，媒体不再仅仅是帮助教师传授知识的工具，而是着重用于创设情境，进行协作学习和会话交流的工具。基于 WEB2.0 的交互式电视的教学环境主要具有四个特点：一是有针对性地推送学习信息。WEB 2.0 技术支持下的交互式电视会根据学习者的学习兴趣、学习主题、常浏览的网站信息智能推送学习者所需的学习资源。WEB 2.0 环境下的交互式电视能自动进行内容聚合，分析学习者的学习偏好，建立完善的、个性化的引擎，学习者利用交互式电视进行学习信息搜索时会搜索到更精准的、更需要的学习资源。二是，可进行多屏互动。基于WEB 2.0 的交互式电视能与智能手机、平板、手提电脑等终端移动设备进行屏幕互动。通过在移动终端安装"多屏互动"应用程序，就能将移动终端的图片、声音、视频、文档等多媒体信息内容传送到交互式电视屏幕上，并可通过交互式电视屏幕进行所推送的相关信息浏览。同样，只要移动终端设备与交互式电视连接在同一局域网内，交互式电视就能把屏幕上所显示的信息传送给各移动终端设备，从而让学习者通过个人移动终端进行信息的浏览。再者，在移动终端设备上，安装了多屏互动软件后可以对交互式电视进行界面的控制，如开关机、进行节目选择、切换电视节目收视界面和程序应用界面、浏览网页、输入查询信息等。三是，增强学习交流与合作。交互式电视一般都基于安卓系统，从而可上网，可安装应用程序。如电视 QQ、电视微信、Office 等各种软件。学习者在交互式电视的学习环境下，能利用这些通信工具进行视频、语音对话、语音与图片传送、word、ppt、pdf 等文件在交互式电视屏幕上打开，从而进行学习结果分享与交流。还可将手机、平板、手提电脑的 QQ 或微信与交互式电视上登录的 QQ 或微信进行连接，利用这类通信软件的视频通信功能，进行远距离的视频、语音。四是，语音输入与智能引擎功能。交互式电视的遥控器上有语音输入开关，在WEB2.0 的网络环境下，开启此开关后可对准遥控器输入语音信息，交互式电视就能识别语音并执行相关命令。如语音输入信息为打开某网站，交互式电视接收此信息后会自动打开该网站，语音输入信息为查询某视频或某资源，交互式电视会自动按命令进行相关操作。

3. 学习资源

WEB2.0 交互式电视环境下的学习资源包括本书开发的学习网站、针对课程重难点开发的微视频资源、WEB 2.0 交互式电视环境下针对各学习者学习偏好和学习习惯推送的网络学习资源、图书。关于本书对学习资源的设计详见本节后续内容。

4. 教师

1997 年何克抗教授把建构主义学习理论引入了教育技术学界，何克抗教授在《建构主义——革新传统教学的理论基础(上)》中指出"由于多媒体计算机和基于 Internet 的网络通信技术所具有的多种特性特别适合于实现建构主义学习环境。多媒体计算机和网络通信技术可以作为建构主义学习环境下的理想认知工具，能有效地促进学生的认知发展"①。在建构主义理论指导下，在基于 WEB 2.0 交互式网络电视的教学环境下，结合本书的教学活动的开展，教师在本书过程中主要进行以下活动：第一，教师在本书中承担学习者学习过程的帮促者。建构主义思想强调以学习者为中心，但同时提倡是在教师的指导下以学习者为中心开展学习。因而，学习者在基于 WEB 2.0 交互式电视的教学环境下是认知的主体，但教师却是认知主体的指导者、帮助者，教师不是知识的灌输者。第二，教师要为学习者创设"学习情境"。教师须为促进学习者的学习而创设学习情境，从而激发学习者的学习兴趣，产生学习动机。同时，教师也需创设符合教学内容的教学情境，以保持新旧知识之间的联系，帮助学习者完成学习建构。第三，教师要启发和诱导学习者自主学习，完成学习任务。在学习过程中，针对新的学习任务，教师要以建构主义教学思想为宗旨，减少直接传授，对学习者遇到的学习困难要进行启发和引导，充当"脚手架"的作用，并促使他们完成学习任务。第四，教师进行学习资源的设计和开发。在大数据网络环境下，教师一方面要针对交互式网络电视所具有的优势和 WEB 2.0 网络环境特性进行学习者学习资源的设计并进行学习资源的开发，以确保学习过程中资源的针对性、有效性。另一方面，教师要在网络资源中寻找与学习主题相关的多媒体内容提供给学习者，从而完成有意义的知识建构。第五，教师进行学习过程的设计。教师作为课程的指引者，课程内容体系的组织者，需了解学习者的学习风格、学习动机、学习积极性和学习

---

① 何克抗. 建构主义——革新传统教学的理论基础(上)[J]. 电化教育研究，1997 (03)：3-9.

倾向，再对每一次课进行符合学生特点的设计与活动过程安排，这需要教师具备一定的敏锐性和教与学的经验智慧。第六，教师要设计评价量规对学生的学习结果进行多元性评价。为对学习者的学习过程、学习参与性、与他人的协作性、学习成果进行评价以反馈学习者的学习结果，教师需要在本书的研究过程中设计一个全面的评价量规，以客观地评价学习者。

5. 学习伙伴

学习伙伴是指与学习者具有相近或相似的学习兴趣爱好、认知风格和学习风格，并能进行有效协作的学习者。[①] 在基于 WEB 2.0 交互式电视环境下的教与学中，会建立协作学习小组，这些协作学习小组中的成员被称为学习伙伴。关于学习伙伴的形成，根据文献查阅发现常用的学习伙伴组建方式主要有：随机分组方式（Random）、根据喜好程度分组（Preference）、根据学习成绩进行异质或同质分组（Achievement）、根据社交能力分组（Sociability）。国内外的研究中，也有专门对学习伙伴的形成进行模型的建构研究，主要有基于 WEB 环境和 CSCL 环境及MCSCL 环境下的学习伙伴模型的建构，国内外对学习伙伴模型的构建主要如下：

程向荣（2008）提出学习伙伴的建构应从学习者的个性特征、动态协作信息两方面去建构；[②] 马玉慧（2008）提出要基于 IQ、认知水平、学习动力、学习情绪、学习意志五要素构建学习伙伴；Pdero Paredes（2009）提出 E-Learning环境下基于 Felder-Silverman 学习风格建构学习伙伴，其学习风格包括：感悟型、直觉型、视觉型、言语型、活跃型、沉思型、序列型、综合型八类；[③] 唐杰、李浩君（2012）提出在 MCSL 环境下更应关注学习者的移动性、学习者之间的交流协作，学习者的移动性体现在学习主题的转移和技术支持学习者的移动，并构建了 MCSL 环境下的学习伙伴模型，内容包括：学习者个性特征因素（学习者的身份特征、学习风格、知识水平、学习需求、认识能力）、MCSL 中学习者的动态协作信息（注意力限度、技术熟练度、协作贡献率、伙伴认同感、

---

① 李华珍. 基于网络教育学习者特征向量的相似学习者研究[D]. 江南大学，2020：10.

② 程向荣. CSCL 的伙伴模型研究[D]. 重庆：西南大学，2008：21.

③ P. Paredes, A. Ortigosa, P. Rodriguez. TOGETHER：an Authoring Tool for Group Furmation Based on Learning Styles［C］//Proc. A3H：7th International Workshop on authoring of adaptive and adaptable hypermedia at EC-TEL，2009：12-16.

交互频率)。① 李浩君(2014)提出了基于KNN(K-Nearest Neighbor)算法的mCSCL学习伙伴分组策略。该算法进行的学习伙伴分组依照目标近邻分类、异质近邻分类、差异性近邻分类步骤完成;② 周伟、杜静等提出可将同质分组、异质分组、基于收益的分组等方法匹配学习伙伴,构建学习伙伴群;③ 赵宏涛指出可用聚类分析法进行学习伙伴构建。④

国内外对学习伙伴模型的建构对本书构建基于WEB 2.0交互式电视环境的学习伙伴模型拓展了一定的思路。国内外相关研究中可见对于学习伙伴的分组主要是依据异质分组,异质分组主要根据学习者的能力、性别、情感、学习背景的不同进行分组。本书基于社会网络视角采用问卷调查方式利用社会网络分析软件对学习共同体进行构建。

6. 学习任务

目前学界对"学习任务"中的"任务"一词的界定很多,主要有以下几种:Richards,Platt、Weher三位学者于1986年从教育为出发点界定了"任务"一词,他们认为任务是学习者在处理或理解语言的基础上完成的一个活动或行动,一般要求教师明确完成活动的标准;N. S. Prabhu作为任务型教学法的提出者,于1987年指出任务是学习者根据所给信息和经过思考得出某种结论或结果的活动;赵志群认为学习任务是在典型工作任务的基础上设计的,是对典型工作任务进行"教学化"处理的结果。学生通过完成学习任务,经历结构完整的工作过程,可以在与学习情境各要素的交互行动中,主动建构学习的意义。⑤ 伍超辉提出学习任务是素养导向的实践活动。⑥ 安排学习任务时本书会考虑以下因素:一是,教

---

① 唐杰,李浩君,邱飞岳.MCSL环境下协作分组的伙伴模型研究[J].中国远程教育,2012(02):48-51.

② 李浩君,项静,华燕燕.基于KNN算法的mCSCL学习伙伴分组策略研究[J].现代教育技术,2014(03):86-93.

③ 周伟,杜静,汪燕等.面向智慧教育的学习环境计算框架[J].现代远程教育研究,2022,34(05):91-100.

④ 赵宏涛,时满红.基于学习投入指标的学员学习分组量化设计方法[J].空天预警研究学报,2022,36(05):382-384.

⑤ 赵志群.当代职业教育理论与实践探索丛书[M].北京:清华大学出版社,2012:6.

⑥ 伍超辉."学习任务群"视角下语文教学重构的要点——以《驿路梨花》的教学实施为例[J].语文教学之友,2024,43(03):11-14.

学时间；二是教学条件；三是，学习者的学习能力；四是，课程内容与课程目标。

7. 学习组织与管理

交互式电视目前所具有的功能包含了电视的视频点播与大屏幕视频播放功能并聚集了智能手机、PC机、平板、手提电脑的功能，还能进行多终端的屏幕互动功能、语音输入智能引擎功能、多设备互联功能等，为开展小组协作学习提供了非常便利的环境。因而，在此环境下开展教与学的活动，其学习组织形式可采用小组协作方式、小组探究式、集体教学形式、案例研习式、任务驱动式、个别辅导式多种形式组成的混合式教与学。在各种学习组织过程中管理的活动主要包括：一是，教师对学习者学习活动过程的管理。学习者在教师提供的新的学习环境中及新的教与学的组织形式下，需要一个逐渐适应的过程，在此过程中也会因学习资源的多元性而发生学习迷航，教师作为学习过程的组织者和学习支架，需及时纠正和引导学习者进入正确的学习中，完成学习任务，达到教师布置的学习目标；二是，学习小组组长对小组学习过程的管理。组长在小组学习过程中，要进行学习任务分配、小组学习任务主导、组织小组学习讨论、学习意见规整、学习结果展示与反馈、学习效果反思；三是，学习者对自己学习过程的管理。

8. 学习评价

对学习评价的过程是一个对学习对象进行判断的过程，它是一个综合计算、访谈、观察等方法结合使用的分析过程。评价是指通过评价对象的各方面，根据评价标准进行量化和非量化的测量过程，最终得出一个可靠的、逻辑的结论。学习评价是在教学之后进行的一种由教师主导的活动，其目的是检测学习者对知识的掌握情况，以及检测教师的教学效果。

在传统的以教师为主的教学中，根据学习评价功能的不同，可分为诊断性评价、形成性评价、总结性评价；根据其评价形式的不同，可分为：测试、访谈、观察、调查、写学习心得等；根据评价内容不同，可分为：过程评价、成果评价；根据评价分析方法的不同，可分为：定性评价、定量评价；根据评价基准的不同，分为：相对评价、绝对评价、自身评价。随着教育和教育技术的发展，对学习评价的研究越来越多，评价类型也层出不穷，如电子档案袋评价方式、个人学习资料册评价方式、表现性评价、自我评价、概念图评价方式、学习契约评价等。

(三)基于 WEB2.0 交互式网络电视的学习环境的构建框架

根据上述分析，本书构建了基于 WEB2.0 交互式网络电视的学习环境，如图4-5 所示。

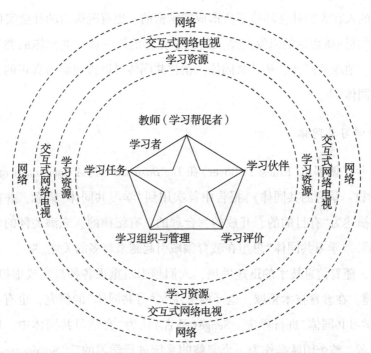

图 4-5 基于 WEB2.0 交互式网络电视的学习环境的构建框架

基于 WEB2.0 交互式网络电视的学习环境中主要强调以学习者为中心，围绕学习者的有五个学习效果影响因素，包括教师、学习伙伴、学习评价方式、学习组织和管理方式、学习任务，他们构成了以学习者为中心的学习共同体。围绕在学习共同体周围的是学习资源、交互式媒体和 WEB2.0 的网络环境，它们属于外在"物"的学习环境。

三、基于 WEB2.0 交互式网络电视教与学中学习共同体的构建

(一)共同体

1881 年，德国社会学家和哲学家斐迪南·滕尼斯(Ferdinand Tönnies)提出了"Community(共同体)"的概念，1887 年滕尼斯在其著作《共同体与社会》中指出"Community is perceived to be a tighter and more cohesive social entity within the context of the larger society, due to the presence of a unity of will."(共同体是由具有一致愿景的人在大的社会环境下所形成的紧密的、更有凝聚力的社会实体。)滕尼斯也指出"共同体理论的出发点是人的意志完善的统一体。共同体的类型包括血缘共同体、地缘共同体、精神共同体。精神共同体可以被理解为真正的人的最高形式的共同体"①。

(二)学习共同体

1995 年，博耶尔(Ernest L. Boyer)在 *The Basic School: A Community of Learning* (《基础学校：学习的共同体》)报告中首次用到"学习共同体"概念，并在其报告中将高校描述为"有目的的、开放的、合理的、有纪律的、充满关怀的学习共同体"。随后，"学习共同体"思想在教育领域引起越来越多的关注。②

现今，随着信息技术的迅速发展，人们越来越重视各种真实或虚拟的"共同体"的构建。在教育技术领域，也开始关注"学习共同体"的研究，也有一些学者尝试对"学习共同体"进行界定。Senge(圣吉)认为"在学习共同体中，所有成员都是学习者，整个团队是作为一个完整的系统进行学习的"。Sergiovanni(萨乔万尼)认为"学习共同体有赖于各成员的共同思考、成长及探究，学习在这里既是态度也是活动，既是生活方式也是过程"③。钟志贤教授认为"学习共同体是为完

① 斐迪南·滕尼斯. 共同体与社会[M]. 林荣远译. 北京：商务印书馆，1999：58-65.
② 张红波，徐福荫. 基于社会网络视角的学习共同体构建及相关因素分析[J]. 电化教育研究，2016(10)：70-76.
③ 詹泽慧，李晓华. 美国高校教师学习共同体的构建——对话美国迈阿密大学教学促进中心主任米尔顿·克斯教授[J]. 中国电化教育，2009(10)：1-6.

成真实任务/问题，学习者与他人相互依赖、探究、交流和协作的一种学习方式。它强调共同信念和愿景，强调学习者分享各自的见解与信息，鼓励学习者探究以达到对学习内容的深层理解。学习者在学习过程中，与同伴开展包括协商、呈现自己的知识、相互依赖、承担责任等多方面的合作性活动"[①]；齐腾达认为，"学习共同体是学习活动中打破班级空间限制，由学习者与助学者(包括教师、专家、家长)等共同构成的团体"[②]。从概念的界定来看，学习共同体的构建主要有个三关键特点：一是相互欣赏，二是有共同愿景，三是相互信赖、分享、协作。

从文献查阅看，对于学习共同体的构建主要有以下研究：一是，基于网络的学习共同体的构建。该研究认为，学习共同体应由个性特质和兴趣爱好相似、生涯发展方向相同的学生共同构建。[③] 二是，基于 mCSCL 学习环境的学习共同体的构建。构建方式主要有三种，第一种是从学习者个性特征因素(学习者身份特征、学习风格、知识水平、学习需求、认识能力)和 mCSCL 中学习者的动态协作信息(注意力限度、技术熟练度、协作贡献率、伙伴认同感、交互频率)进行学习共同体构建；[④] 第二种是教师根据学习者成绩或兴趣随机分组；第三种是基于 KNN 算法构建移动学习共同体。[⑤] 三是，在远程教育环境下构建学习共同体。这类研究构建的学习共同体主要利用"Kolb 学习风格测量量表"诊断学习者学习风格进行异质分组来构建学习共同体。四是，对教师学习共同体的构建，构建方式主要依据资源共享、交互、建立约束机制、社会性联系的原则来构建。五是，从社会性角度构建学习共同体。该观点认为，学习共同体指在学习环境下，学习者和教师、专家等相关人员在尊重和欣赏的氛围中，通过合作、协商和分享的形式

---

①　钟志贤．知识建构、学习共同体与互动概念的理解[J]．电化教育研究，2005(11)：20-29．

②　齐腾达，施林宏．聚焦"学习共同体"，开发"跨媒介阅读与交流"课堂评价工具[J]．中学语文教学参考，2023(21)：3-6．

③　杨青，胡东平．普通高中思政学科金融育苗 TCSO 实践路径例析[J]．中小学课堂教学研究，2024(03)：63-69．

④　唐杰，李浩君，邱飞岳．mCSCL 环境下协作学习的伙伴型研究[J]．中国远程教育，2012(02)：48-51．

⑤　李浩君，项静，华燕燕．基于 KNN 算法的．mCSCL 学习伙伴分组策略研究[J]．现代教育技术，2014(03)：86-93．

构建知识，实现有意义的学习，达到相互促进、相互作用、全面成长的学习型组织。① 六是，主张根据学习内容构建学习共同体。这类构建方式主要依据概念图理论而提出。

综上所述，目前对学习共同体的构建主要是从理论层面、概念层面、借助于Kolb 量表方式、环境层面(网络学习环境、mCSCL 环境、远程教育环境)探讨了学习共同体的构建。但在具体的教学实践中，教师应如何操作，如何构建学习者的学习共同体，从文献资料查阅看，主要有(教师或学生)随机组合方式、根据学习者学习风格混搭、教师根据学习者学习主题偏好组合学习共同体、教师根据学习者学习成绩、性别进行异质或同质构建学习共同体、根据学习者社交能力构建学习共同体。但这些学习共同体构建方式要么过于随意，要么过于主观(仅从教师立场划分)，而"共同体"的理念是"由具有一致愿景的人构成一个更紧密的、更有凝聚力的团体"，鉴于此，笔者认为学习共同体的构建应以学习者个人意愿为中心，将有"共同愿景"的学习者组合在一起。本书主要探讨如何用定量的研究方式，从学习者之间构成的社会关系网络视角出发，本着尊重学习者个人主观愿望的基准，将有"共同愿景"的学习者组成各个学习共同体，并对用定量方式构建的各学习共同体与该学习共同体中组员学习风格的关系进行探析。

(三)基于 WEB2.0 交互式网络电视教与学中的学习共同体的构建方式

本书中构建学习共同体的方式，笔者从两个方面入手进行尝试：一是，从社会网络视角进行学习共同体的构建。这种构建方式主要从定量研究方式入手，通过对数学与应用数学专业学习者和体育教育专业学习者进行问卷调查，再利用Netdraw、SPSS 软件对调查结果进行数据分析，从学习者个人意愿角度和学习者在班级中所形成的人际关系网角度构建具有"共同愿景"的学习共同体；二是，从学习风格角度出发构建学习共同体。笔者将根据 KOLB 的学习风格测量量表，对 108 名被试者进行学习风格测量，之后遵循各学习共同体小组定量、均等、随机、混搭分配学习共同体中学习伙伴方式构建学习共同体小组。

---

① 刘火苟. 编辑继续教育：成人学习的挑战、缺失及效能提升策略[J]. 中国编辑，2024(02)：66-70.

具体实验的开展与问卷调查的开展，Netdraw、SPSS 软件对数据进行统计与分析而构建的学习共同体小组及各组员间的关系，中心度、影响力指数等构建过程与结果请见第七章第三节。

四、基于 WEB2.0 交互式网络电视的学习资源设计

学习资源包括传统学习资源和数字化学习资源。传统学习资源是以印刷类资料为知识载体，从总体上看，信息的表现形式较为单一。数字化学习资源指"能在计算机、平板电脑、智能手机等学习终端及网络环境下运行，经过数字化处理，可供教师和学生进行教学与学习的多媒体资源"①。基于学习资源概念的界定，本书在 WEB2.0 交互式网络电视环境下开展现代教育技术概论、多媒体课件设计与制作、教师教学技能训练三门课程的实验研究，为提高师范生教育技术能力水平，其学习资源的设计根据课程内容、课程性质，学习资源的设计如图 4-6 所示。

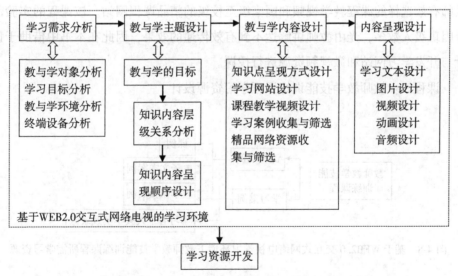

图 4-6 基于 WEB2.0 交互式网络电视环境下学习资源的设计过程图

---

① 刘慧玲，孔晶. 中学信息技术课程数字化学习与创新素养的培养[J]. 中国教育技术装备，2021(13)：50-51，54.

三门课程需设计与开发的学习资源如下：

课程一：现代教育技术概论课程学习资源设计

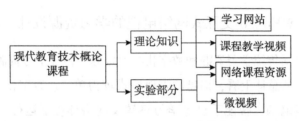

图 4-7 基于 WEB2.0 交互式网络电视学习环境下现代教育技术概论课程所需学习资源

现代教育技术概论课程的学习内容主要包括了理论知识部分和实验内容部分，为利于学习者对理论知识的理解和将理论知识有效地应用在后续的多媒体课件设计与制作、教师教学技能训练课程中，还需要有针对性地应用其他学习资源进行知识的吸收，如要设计与开发该课程的学习网站、观看与理论知识有关的经教师有效选择的课程教学视频和国家级至校级的精品课程网站。该课程的实验部分因班级人数多，光由教师讲解达不到有效传递的效果，因此在本书中借助于设计与开发学习网站和微视频资源进行授课。

课程二：教师教学技能训练课程学习资源设计

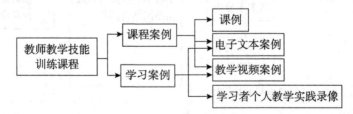

图 4-8 基于 WEB2.0 交互式网络电视学习环境下教师教学技能训练课程所需学习资源

教师教学技能训练课程根据其教学目的，其教学内容所需学习资源主要包括课程案例资源、学习案例资源两大类。根据高校师范生所学学科的不同，笔者会针对其学科教师教学技能训练的目标，有选择性地筛选其学科课程设计的各类教学课例、一线教师设计的优秀电子文本案例（电子教案）、学科课程的教学视频案例，同时，为了让学习者达到对教师教学技能的掌握，需给予学习者教学实践的机会，笔者会安排学习者进行教案编写、根据编写的教案设计与制作教学课件，之后进行教学实践并录制成影像，随后，分小组，对各个学习者教学实践的过程进行影像的回放，并引导学习者进行个人教学实践的学习共同体内部、学习共同体外部、个人，进行评价。

课程三：多媒体课件设计与制作课程学习资源设计

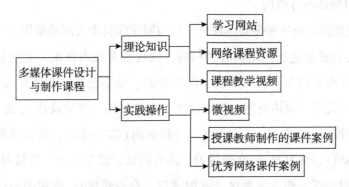

图4-9　基于WEB2.0交互式网络电视学习环境下多媒体课件设计与制作课程所需学习资源

多媒体课件设计与制作课程在对其教与学的内容进行分析后，总结出课程所需学习资源包括两大类，分别是理论知识所需的学习资源和实践操作部分所学的学习资源。多媒体课件设计与制作课程需要学习者具备教学设计的理论思想，并了解多媒体课件在不同类型课堂环境中可设计为何种类型的课件以进行教与学，以及多媒体课件进行设计与开发的流程等。因此，课程的理论知识部分需要的学习资源包括该课程的学习网站、与课程相关的精品课程网站、课程教学视频、课程重难点部分的微视频、授课教师自己根据所讲解知识点而制作的课件案例、授课教师自己搜集与甄别筛选的优秀网络课件案例。

（一）学习网站

为培养师范生的教育技术能力，在针对师范生开设的现代教育技术概论、多媒体课件设计与制作都设计并开发了基于WEB2.0交互式网络电视学习环境的学习网站。对于教师教学技能训练则将学习资源汇集中在移动硬盘中，利用基于

WEB2.0 的交互式网络电视进行点选播放，并利用交互式网络电视上安装的"电视 QQ"和"微信互联"程序及摄像头进行组间交互。

1. 课程学习网站

本书中设计与开发的课程学习网站主要有现代教育技术概论、多媒体课件设计与制作、教师教学技能训练。网站用户界面、后台管理内容、资源详见第四章。

2. 学习网站内容结构

现代教育技术概论和多媒体课件设计与制作课程学习网站都围绕以学习者的"学"为中心的思想进行网站内容的构建。现代教育技术概论主要包括的内容模块有：首页(课程动态、资源下载、网站导航、最新公告、相关链接)、教学活动(自主学习说明、媒体使用、思维导图、媒体制作、教学设计)、E 课堂(教学视频、实验视频、E 文本、E 教案)、实验指南(实验课件、实验指导、相关资源、实验环境)、练习测试(在线练习、综合测试、思考练习、教材习题)、在线互动(公共讨论区、作业习题区、课程建议、自我管理)、资源中心(课件案例、历年试卷、媒体素材、相关网站、习题练习)、关于课程(课程概况、教学大纲、授课教案、授课计划、教材介绍)，共 8 个大模块 37 个小模块。多媒体课件设计与制作课程学习网站主要内容板块有：课程介绍(课程性质、教材介绍)、实验大纲(课程目的、实验内容、实验要求、评价方式)、教学大纲(Powerpoint 技术与应用、Photoshop 技术与应用、Flash 技术与应用、Audition 技术与应用、视频软件的技术与应用、Dreamweaver 的技术与应用)、教学视频(Dreamweaver 的应用与课件开发、视频软件应用与视频素材设计开发、Audition 的应用与课件开发、Flash 的应用与课件开发、Authorware 的应用与课件开发、Photoshop 的应用、Powerpoint 的设计与制作)，共 5 个大模块和 23 个小模块。

(二)课程教学视频

为便于学习者能有效在 WEB2.0 交互式网络电视的学习环境进行学习，网站中均提供了便于学习者自主学习的视频资源，如教师的教学视频、实验过程的教学视频。这里，教师的教学视频主要是现代教育技术概论课程各章节的教学视频、现代教育技术概论课程中实验环节的教学视频，如数码相机的使用、多功能教室的使用、智慧教室的使用、远程实验室的使用、电视节目信号的接收、电子双板的使用、电视白板一体机的使用。

(三)微视频资源

多媒体工具软件中重难点内容的微视频资源、实验环节的教学微视频资源，如电子单板的使用、摄像机的使用、非线性编辑系统的使用。

(四)学习案例

1. 教学视频案例

在教师教学技能训练课程中，为了便于学习者理解教学设计内容中的理论知识，笔者特意从湖北省公开课比赛获奖视频中选取了有代表性的一线各科教师的课堂教学视频，详见第三章。

2. 学习者个人教学实践录像

在教师教学技能训练课程中，为了让学习者能在学习完教学设计的理论和观摩中小学及幼儿园老师的课堂教学后能将所学习到的经验进行实践，在该课程中提供了让学习者利用电子白板进行教学实践的机会，并用摄像机记录下每个学习者教学实践的视频，之后，利用交互式网络电视以小组为单位进行视频回放，边回放视频边由教师组织并引导各学习小组进行教学实践的自我评价、组内评价、组间评价。

3. 课程案例

这里的"课程案例"有两类：一类是掌握各工具软件使用的"课件案例"。在多媒体课件设计与制作课程中，在课程学习网站上笔者为学习者提供了自己制作的各工具软件的案例和教学 PPT。这类课件案例是便于学习者能跟进教师安排的课程学习任务，同时，为了让学习者在课后有目的地去练习各工具软件的操作，笔者也为学习者提供了他人制作的各类工具软件的成品案例，并布置课后学习任务以督促学习者课后进行巩固练习，并在下次课进行学习任务完成情况的检查；第二类是电子文本案例。在现代教育技术概论课程中的教学系统设计教学内容环节中，为让学习者了解教学设计的一般过程和了解以"学"为主的教学设计、以"教"为主的教学设计、"双主型"教学设计，笔者精心搜集并整理了这三类教学设计的教案和教案设计者们绘制的教学流程图提供给师范生作为学习资源。

(五)各类网络课程资源

在基于 WEB2.0 交互式网络电视环境下开展教学实验过程中除了上述自己设计与开发的学习资源外，也借用了如下课程资源：

表 4-7　　　　　　**基于 WEB2.0 交互式网络电视环境下开展教学**
实验过程中应用的网络课程资源

网站名称	网址	网站名称	网址
1. 精品课程资源网	http：//www. jingpinke. com/	6. 中国大学MOOC	http：//www. icourses. cn/imooc/
2. 精品资源共享课	http：//www. icourses. cn/mooc/	7. 视频公开课	http：//www. icourses. cn/cuoc/
3. 中国微课网	http：//dasai. cnweike. cn/	8. 全国高校微课教学比赛	http：//weike. enetedu. com/
4. 中国大学视频公开课	http：//open. 163. com/cuvocw/	9. 可汗学院	http：//open. 163. com/khan/
5. 国际名校公开课	http：//open. 163. com/ocw/	10. 网易云课堂	http：//study. 163. com/

各类网络公开资源中丰富的学习资源和中外顶级学校教师的教学资源为学习者进行课程的学习提供了好的学习资源和学习兴趣。

五、基于 WEB2.0 交互式网络电视的学习过程设计

建构主义思想来源于皮亚杰、维果斯基和布鲁纳等人的思想，何克抗教授在1998 年的《建构主义——革新传统教学的理论基础》一文中将建构主义思想引入我国的教育技术学领域，并在该文中介绍了建构主义视角下"学习的含义""学习的方法"。建构主义倡导学习应在教师的指导下，以学习者为中心，但又不能忽视教师的指导作用。学生是信息加工的主体，是学习的主动建构者，教师是学生学习的帮促者，而不是知识的传授者与灌输者。2002 年何克抗教授在《教学系统

设计》一书中讲述了以"学"为主的教学设计和提出了"主导—主体"教学设计方法。在建构主义理论的指导下基于 WEB2.0 交互式网络电视的学习过程包括：学习者的"自主学习过程"、学习者之间的"协作学习过程"、学习者之间围绕教师布置的学习主题开展的基于"任务驱动的探究性学习过程"。

（一）自主学习过程的设计

自主学习（Autonomous Learning），属于教育哲学范畴，对于自主学习的界定复杂而多样。Henri Holec 认为"自主学习是学习者在学习过程中能够为自己学习负责任，并就学习各方面问题进行决策，尤其是制定学习目标、确定学习内容和进度，选择学习方法，监控学习过程，评估学习效果等五个方面"[①]。Little 认为"自主学习是一种独立的、进行批判性思考，做出决定并能实施独立行为的能力"[②]。Littlewood 认为"自主学习是一种态度，学习者不依靠老师而使用所学知识，学习者应对自己的学习负责，包括确定学习目标、选择学习方法和评价态度，而这些在传统教学中属于教师的责任和权利，如制定教学目标、选择学习方法及评估学习进程等"[③]。Benson 和 Voller 认为"自主学习是一种潜在的自我学习行为，应包括五个方面：第一，学习者完全依赖自己的学习环境；第二，能被学习者运用于自主学习的一系列学习策略；第三，一种与生俱来却被传统教育扼杀了的能力；第四，对自己学习的责任心的锻炼；第五，学习者对自己学习方向的决策权利"[④]。我国的《现代汉语词典》（第六版）中对自主学习界定为"自主学习是与传统的接受学习相对应的一种现代化学习方式，以学生作为学习的主体，学生自己作主，不受别人支配，不受外界干扰，通过阅读、听讲、研究、观察、实践等手段，使个体可以持续变化（知识与技能，方法与过程，情感与价值的改善

① Holec, H. Actonomy and Foreign Language Learning[M]. Oxford：Pergamon, 1981：3.

② Little, D. Learner Autonomy：Definitions, Issues and Problems[M]. Dublin：Authentic, 1991：4.

③ Littlewood, W. Defining and Developing Autonomy in East Asian Contexts [J]. AppliedLinguists, 1999, 20(01)：71.

④ Benson, P., P. Voller. Introduction：Autonomy and Independence in Language Learning [A]//Beason, P., P. Voller. Autonomy and Independence in Language Learning [C]. London：Addison Wesley Longman, 1997：1.

和升华)的行为方式"。

　　基于 WEB2.0 交互式网络电视的自主学习为学习者提供了网络视听媒体,学习者能主动运用和调控自己的元认知、动机、行为进行课程学习,基于 WEB2.0 交互式网络电视也为学习者提供了互联网丰富的视听资源、先进的视听交互软件、语音输入功能、多屏互传功能、微视频资源播放、手机遥控功能可激发学生学习动机。基于 WEB2.0 交互式网络电视的自主学习过程具有以下特点:一是,交互性。交互式网络电视能利用其多屏互传功能、语音输入功能、视听交互软件、手机遥控特点进行人机、师生、生生交互,将教与学的过程予以动态化的活动过程中,发挥学生的主体作用,提高其学习兴趣和学习积极性。二是,趣味性。在教学中,教师最大限度地发挥交互式网络电视的网络教学优势和视听信息呈现优势,为学习者带来喜闻乐见的学习信息,让学生体验学习带来的乐趣。三是,主动性。交互式网络电视能最大限度地激发学生的求知欲,提高学习效果。基于 WEB2.0 交互式网络电视的自主学习过程见图 4-10。

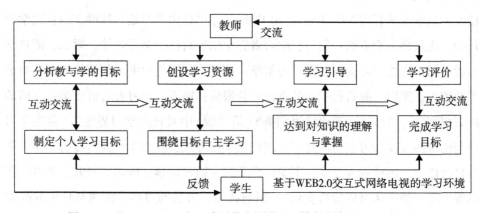

图 4-10　基于 WEB2.0 交互式网络电视学习环境的自主学习过程设计

　　图 4-10 所示的基于 WEB2.0 交互式网络电视学习环境的自主学习过程中,教师的主要任务是承担学习者的学习指导者、学习支架。在自主学习过程中,教师要根据课程设定课程教与学的总目标,之后,根据课程总学时数确定各学时中教与学的目标和评价方式,再为学习者设计与开发学习资源,在学习者进行自主学习时围绕该学时的教与学目标进行学习引导,最后对学习者的学习结果进行评

价。对于学习者而言，在自主学习过程中需根据教师所指定的教与学的目标来设定个人学习目标，之后围绕个人指定的学习目标在教师提供的学习资源中开展自主学习，在学习过程中通过教师或其他学习者的帮助达到对知识的理解与掌握，最后完成学习目标。在整个学习过程中，教师应及时了解学习者的学习动态并提供有效的引导和学习反馈。

(二)协作学习过程的设计

协作学习(Collabrative Learning)是 20 世纪 60 年代初美国明尼苏达大学的 Johnson, D. W. 和 Johnson, R. T 兄弟提出的，1994 年王坦学者出版《协作学习导论》填补了我国关于协作学习理论研究的空白。教育技术领域的黄荣怀教授从 1997 年开始研究协作学习与计算机支持的协作学习，为教育技术领域开创了协作学习研究的理论支持与方法指导。关于协作学习的界定，Johnson, D. W. 和 Johnson, R. T 兄弟认为"协作学习是在教学中通过小组，使学生共同活动，以最大限度地促进他们自己和他人的学习"①，并认为协作学习是两个或两个以上的人学习或尝试共同学习某些内容的情境。其中，"两个或两个以上"可以解释为一对、一个小组、一个班、一个社区、一个社会及其所有中间层次；"学习某些内容"可以解释为"跟课""学习课程材料""完成诸如问题解决之类的学习活动""从终身工作实践中学习"等；"共同"可以理解为面对面的或以计算机为媒介的、同步的或异步的、经常的或偶然的交互形式，而不论是否有真正的连接努力以及劳动是否以一种系统化的方式进行分工。② 我国也有不少学者对协作学习提出了个人界定，比如黄荣怀教授指出"协作学习是学生以小组形式参与、为达到共同的学习目标、在一定的激励机制下最大化个人和他人习得成果而合作互助的一切相关行为"③。何克抗教授提出"协作学习是指学习者以小组形式参与的，为达到

---

① Johnson D. W, Johnson, R. T. Learning Together and Alone: Cooperative, Competitive, and Individualistic Learning[M]. Boston: Alyn and Bacon, 1975: 119.

② Dillenbourg, P. What Do You Mean by "Collaborative Learning"? [A]//P. Dillenbourg (Ed.), Ollaborative Learning: Cognitive and Computational Approaches[C]. Amsterdam, NL: Pergamon, Elsevier Science, 1999: 1-16.

③ 黄荣怀. 关于协作学习的结构化模型研究[D]. 北京: 北京师范大学, 2000: 22.

共同学习目标和获得最大化个人和小组学习成果而在一定激励机制下协作互助的一切相关行为"[①]。郑思慧认为,"协作学习是一种将小组协作作为核心学习形式的活动,教师充分利用各自动态学习因素的相互合作来激发学习,实现共同的学习目标"[②]。笔者认为协作学习活动的构建需具备以下要素:一是,需构建学习共同体;二是,教师需根据各学习共同体对知识的掌握情况合理安排学习内容和学习目标;三是,在协作学习过程中要培养学习者的协作能力,培养团队意识,并促进其情感交流;四是,开展协作学习活动的目的是要提高学习者的学习绩效;五是,协作学习的成果要进行全班同学共享。基于 WEB2.0 交互式网络电视的协作学习过程见图 4-11。

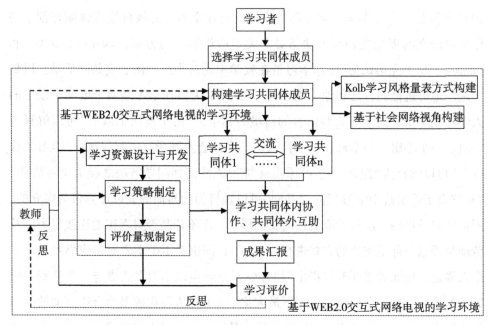

图 4-11 基于 WEB2.0 交互式网络电视学习环境下协作学习过程设计

图 4-11 展现了教师为辅,学生为主的基于 WEB2.0 交互式网络电视学习环

---

① 何克抗. 教学系统设计[M]. 北京:高等教育出版社,2016:134.

② 郑思慧. 小学生合作式问题解决能力现状分析及提升策略研究[D]. 杭州:浙江师范大学,2023.

境的协作学习过程的设计。在这个协作学习过程中，学习者主要进行以下活动：第一，根据自己的意愿选择学习共同体成员；第二，开展学习共同体内的协作学习，同时，共同体之间也可以开展协作；第三，对共同体协作学习成果在教师引导下进行汇报；第四，教师引导学习共同体之间、共同体内部、学习者个人对学习结果进行评价。教师主要进行以下活动：一是，根据学习者自主选择的学习共同体伙伴进行学习共同体群组的构建。这里的构建方式采用两种方式：根据 Kolb 学习风格测量量表测量结果进行组合；基于社会网络视角进行数据分析并完成构建。二是，对协作学习资源进行设计与开发。三是，针对学习共同体之间开展的协作学习策略进行制定。四是，制定协作学习的评价量规。在评价结束后，教师需要对教与学过程中采用的协作学习活动过程进行反思，以便在后续开展协作学习时能进行改进和对学习效果进行提升。

（三）探究性学习过程的设计

探究性学习（Inquiry based science education）是 20 世纪 50 年代美国教授施瓦布（J. J. Schwab）提出的。探究性学习指通过学生主动参与和自主探索，培养他们的探究精神和问题解决能力的学习方法，强调学生思维过程和自主学习。[1] 探究性学习主要以问题为出发点，以学生为中心，在教师的启发和引导下学生自我学习和合作探讨的"教"与"学"的过程。[2] 基于 WEB2.0 交互式网络电视学习环境下对探究性学习过程的设计主要遵循以下要素：一是，以学习者为主体，教师为主导的原则；二是，在遵循学习者自主愿望的前提下建立学习共同体小组（即以 Kolb 学习风格测试结果进行异质学习共同体构建或以社会网络视角进行学习共同体构建），开展以学习共同体内部为主，外部为辅的学习探究；三是，教师组织开展并引导学习者完成以发现问题、调查研究、动手实践、实验、讨论、资料查询等方式解决问题，并在学习共同体内部和外部进行交流与表达的学习活动；四是，整个学习共同体的学习过程以开放性、自主性、过程性、实践性为主。基于

①　刘婷婷，张伟."双减"视域下基于 5E 教学法的高中数学探究式教学策略研究[J].课程·教材·教法，2020(06)：161-163.

②　刘姗，张红.研究生思想政治理论课探究性学习的实践路径[J].西北成人教育学院学报，2023(06)：72-78.

WEB2.0 交互式网络电视的探究性学习过程如图 4-12 所示。

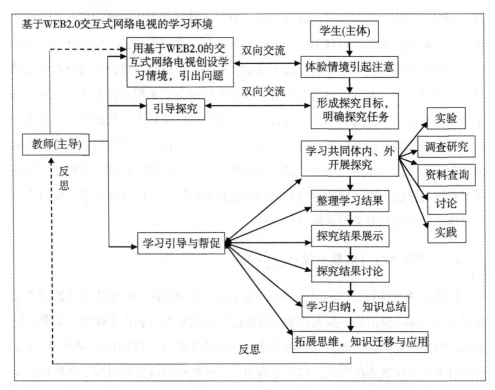

图 4-12 基于 WEB2.0 交互式网络电视学习环境的探究性学习过程设计

如图 4-12 所示，在此学习过程中，教师主要进行基于 WEB2.0 交互式网络电视探究性学习情境的设计，并在创设的学习情境中引入学习问题，之后根据学习者的学习风格或个人意愿形成学习共同体群组，再引导这些学习共同体群组开展探究性学习，在学习共同体学习过程中进行学习引导与帮促。学习者在此学习过程中主要发挥的作用为：根据教师创设的学习情境引起学习内容的关注和思考；在教师的引导下形成探究目标并明确探究任务；以学习共同体为主进行共同体内部学习探究活动，同时也能与共同体外的学习者进行学习交流；对学习结果进行整理、在全班展示学习共同体内部的探究成果；共同体内部和外部在老师指导下进行学习结果的讨论；对讨论结果进行归纳总结；对学习结果进行知识的迁移与应用。在探究性学习活动结束后，教师应及时对自己主导与设计的基于

WEB2.0 交互式网络电视环境下的探究性学习活动结果进行反思，并在后期的教与学活动中进行改进与提高。

（四）案例性学习过程的设计

案例性学习（Case-based Learning）在 1870 年由哈佛大学法学院院长兰德尔首位引入法学教育中，随后，在 19 世纪 90 年代在法学和医学教育领域中得以广泛应用，1908 年案例性学习又被引入商业教育领域。案例性学习经过 100 多年的发展，现在已经成为哈佛大学独具特色的教学方式，其教学组织和管理都围绕案例教学展开。关于案例性教学的界定比较多，如科瓦斯基（Kowalski）认为"案例性学习是一种以案例为基础，进行研讨的教学方法"[1]。舒尔曼（Shulman）认为"案例性学习使利用案例作为教学媒介的一种教学方法"[2]。曼莎斯（Merseth）认为"案例性学习可以包括大班级及小团体的讨论、案例里的角色扮演或案例撰写"[3]。哈佛工商学院对案例性学习的定义为"一种教师与学生直接参与共同对工商管理案例或疑难问题进行讨论的教学方法。这些案例常以书面的形式展示出来，它来源于实际的工商管理情景"；国内《教育大辞典》对其的界定为"高等学校社会科学某些科类的专业教学中的一种教学方法。通过组织学生讨论一系列案例，提出解决问题的方案，使学生掌握有关专业技能、知识和理论"。笔者认为，案例性学习是学习者和教师进行分析与反思的活动，案例性学习过程主要培养学习者对所学理论知识进行经验化的过程，并通过开展案例性学习活动来促进学习共同体内部的讨论与经验交流和分享意识与能力，从而促进师范生教学技能的发展。

在开展案例性学习的过程中，主要遵循以下原则：一是，教师对案例的选取要有针对性、时效性、典型性；二是，开展案例性学习时教师要引导学生完成学习共同体群组内部、外部的讨论，在此过程中教师要扮演导演、教练、支架的作

① Kowalski T. J. Case Studies of Educational Administration [M]. New York：Longman，1991：116.

② Shulman J. H. Teacher-written Cases with Commentaries：A Teacher-researcher Collaboration [C]//Shulman. Case Methods in Teacher Education，NY：Teacher College，Columbia University，1992：131-152.

③ Merseth K. K. Cases and Case Methods in Teacher Education [C]//Sikula J. Handbook of Research on Teacher Education(2nd). New York：Macmillan，1996：722-744.

用，帮助学习者顺利进行案例经验的有效获得；三是，案例性学习过程的开展要能提高学习者对理论知识的理解与实践应用，同时也需通过案例性学习提高与培养学习者的评论能力、分析能力、推理能力、概括能力、辩论能力、自信心；四是，通过案例性学习使学习者能够分享学习经验，扩大对社会的认知面，激发学习者解决社会问题的愿望，提高其自主思维能力。基于 WEB2.0 交互式网络电视的案例性学习过程如图 4-13 所示。

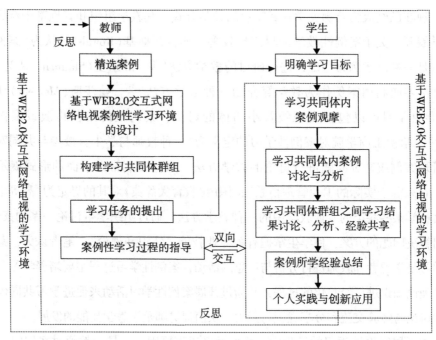

图 4-13　基于 WEB2.0 交互式网络电视学习环境的案例性学习过程设计

　　图 4-13 显示了在基于 WEB2.0 环境下交互式网络电视学习环境下开展案例性学习的过程。在整个学习活动过程中，教师在学习活动过程中要根据教与学的内容精选案例、对基于 WEB2.0 的交互式网络电视的案例性学习环境进行设计、构建学习共同体群组、提出学习任务、对案例性学习过程进行指导。教师在学习活动开展前期和开展过程中都需要花精力进行学习准备，为学习者提供好的学习环境和学习资源。学习者在学习过程中主要是根据教师的指导明确学习目标、在学习共同体内部进行案例观摩、在学习共同体内进行案例讨论与分析、开展学习共同体群组间的

学习结果讨论分析与经验分享、对通过案例学习到的经验进行自我总结、将所学经验应用到自己的社会实践中并能在原经验基础上进行创新性应用。

（五）任务驱动式学习过程的设计

建构主义学习理论强调，学生的学习活动必须与任务或问题相结合，从而引导并维持学习者的学习兴趣与学习动机。任务驱动式教与学的思想就是在建构主义理论思想指导下产生的教与学的方式。任务驱动（TBL, Task Based Learning）是给学生下达一个具体任务，新知识隐含在任务之中，学生通过对所提出的任务进行分析、讨论，在教师的指导和帮助下找出解决问题的方法，最后通过任务的完成而实现对所学知识的构建。① 任务驱动式学习过程的设计主要遵循以下原则：一是，教师要为学习任务的开展精心设计问题情境；二是，为学习者精心设计学习任务；三是，从社会网络视角或学习风格视角构建学习共同体；四是，教师引导学习共同体之间与内部进行学习任务的执行与完成。基于 WEB2.0 交互式网络电视的任务驱动式学习过程如图 4-14 所示。

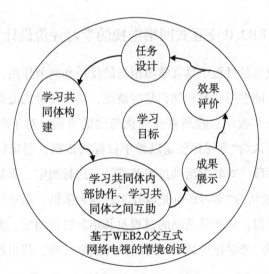

图 4-14　基于 WEB2.0 交互式网络电视学习环境的任务驱动式学习过程设计

① 张红波. 基于任务驱动的协作学习活动的研究与实践[J]. 中国电化教育，2009(12)：18-22.

基于 WEB2.0 交互式网络电视学习环境的任务驱动式学习过程主要包括六个环节：学习情境的创设，任务设计，学习共同体构建，学习共同体内部协作、学习共同体之间互助，成果展示，效果评价六个环节，这六个环节都需围绕学习目标来设计。基于 WEB2.0 交互式网络电视学习情境的创设主要围绕教学内容和教学目标来设定，如通过交互式网络电视呈现视频案例、呈现问题情境、开展远程视频对话、语音互传、视频交互等，创设能激发学习者学习动力的情感反应，构建学习背景和景象；任务设计需要针对学习主题进行选择，可以是教师提出的学习任务，也可以是学习者围绕主题选择自己感兴趣的某一方面进行学习开展；学习共同体的构建主要依据学习者的"共同愿景"进行选择，再由教师从社会网络视角或从学习风格视角进行划分；学习共同体内部协作、学习共同体之间互助是以学习共同体为单位开展问题探究，同时也可进行组际间的探讨、商量、互助；成果展示环节主要让学习共同体之间进行学习结果的汇报和提出建设性意见，并能检测以共同体为单位的学习效果；效果评价环节主要由教师进行评价、学习者自评、学习共同体内部进行评价、学习共同体之间进行评价，之后各占相同权重，算出总得分。

六、基于 WEB2.0 交互式网络电视的学习评价设计

学习评价在教与学过程中具有学习信息的反馈和调节作用，通过学习评价能使教师了解学习者的学习状况和知识掌握情况，学习评价也能促使教师反思自己所采用的教学方法与教学过程所存在的优与劣的方面。对于学习评价的界定很多，如何克抗教授认为"学习评价是以教学目标为依据，制定科学的标准，运用一切有效的技术手段，对教学活动过程及其结果进行测定、衡量，并给以价值判断"[1]。乌美娜教授认为"学习评价是以教学目标为依据，制定科学的标准，运用一切有效的技术手段，对教学活动的过程及其结果进行测定、衡量，并给以价值判断"[2]。王新认为"教学评价是一项判断教师教学过程、找出问题，寻找有效的

---

① 何克抗，林君芬，张文兰. 教学系统设计[M]. 北京：高等教育出版社，2016：91.
② 乌美娜. 教学设计[M]. 北京：高等教育出版社，1995：119.

解决措施，发现并解决问题的活动，以达到预期的教育目标"①。《义务教育课程标准(2022 年版)》指出："教学评价是指以教学目标为依据，通过一定的标准和手段，对教学活动及其结果给予价值判断，即对教学活动及其结果进行测量、分析和评定的过程。"②

目前，对学习评价的分类也有多种，从评价的阶段不同分为诊断性评价、形成性评价、总结性评价；从评价的参照体系不同分为绝对评价、相对评价、个体内差异评价；从评价方式的不同分为定量评价、定性评价；从评价主客体视角划分为自我评价、他人评价；从评价的多元化视角分为档案袋评价、表现性评价、行为观察法评价、研讨法评价。

从以上对学习评价的界定和学习评价的分类来看，基于 WEB2.0 交互式网络电视的学习评价的标准需要遵循三个原则：一是，学习评价的标准要参照教学目标来制定；二是，学习评价的标准要根据教学中所采用的教学手段和教学方式来制定；三是，学习评价的标准要从多维的角度制定。因此，本书中制定的教学评价主要从教师视角、学习者视角、学习共同体内部视角、学习共同体之间视角来分别制定评价细则。同时，本书所实施的教学中主要采用教师讲授、根据学习者个人选择构建学习共同体进行协作学习。基于以上分析，本书对基于 WEB2.0 交互式网络电视的学习评价过程的设计如图 4-14 所示。

(一)基于 WEB2.0 交互式网络电视的学习评价过程设计

图 4-15 显示了本书进行学习评价所需经历的过程，主要有四个阶段，分别是：评价的组织准备阶段、评价的实施阶段、评价结果的分析与处理阶段、总结评价阶段。在评价的组织准备阶段中，需要明确评价目标、确定评价内容、设计评价标准、明确如何处理与运用评价结果；评价的实施阶段中需要根据自己制定的评价标准或制定的评价问卷实施评价，之后收集学习者填答的评价信息和教师自己作出的评价信息，并对评价信息进行整理；结果分析与处理阶段是对收集的

①　王新．高校体育教学评价探析[J]．湖南医科大学学报(社会科学版)，2010，12(02)：252-253.

②　教育部印发《义务教育课程方案和课程标准(2022 年版)》[EB/OL]．(2022-04-22)[2023-10-12]．http://www.moe.gov.cn/jyb_xwfb/gzdt_gzdt/s5987/20220421_620068.html.

评价信息进行定性和定量的结果分析，并根据计算数据结果进行评价结果的价值判断；总结评价阶段是对前方实施的评价过程及评价的结果进行反思，并针对评价工作的不足之处进行完善。

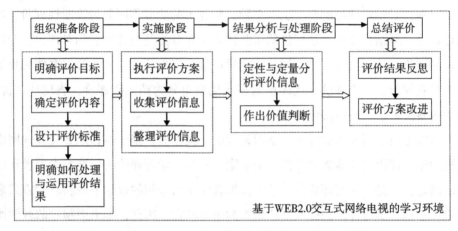

图 4-15　基于 WEB2.0 交互式网络电视的学习评价过程设计

在确定了基于 WEB2.0 交互式网络电视的学习评价过程方案后，本书制定的具体的评价体系如下。

(二)基于 WEB2.0 交互式网络电视的学习评价体系的设计

基于 WEB2.0 交互式网络电视的学习评价体系主要包括四个部分，分别是：教师评价、学习者自评、学习共同体内部评价、学习共同体之间互评。基于 WEB2.0 交互式网络电视的学习评价体系的设计如图 4-16 所示。

1. 教师评价

教师评价是根据教师自己设定的教与学的目标及创设的学习环境与预期结果来检测学习者是否完成学习目标和达成目标设定的学习效果。教师评价主要包括两种形式：一是，传统教授环境下对学习者进行的评价，本书采取的评价方式有课堂行为观察、平时作业、考勤、测试；二是，组建了学习共同体情况下对学习者在学习共同体内进行的学习状况进行评价，主要从态度、行为、效果三方面进行评价。

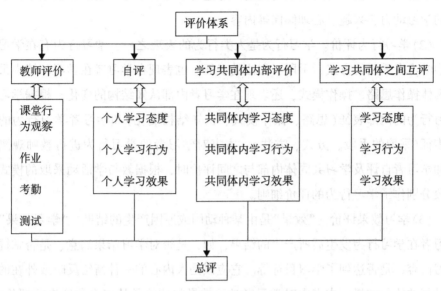

图 4-16　基于 WEB2.0 交互式网络电视的学习评价体系的设计

（1）学习态度评价。学习态度的界定不同学者有不同观点，车文博认为"学习态度是学习者对学习有选择性的反应倾向，它是一种在学习活动中获得内部心理状态，由认知、情感、意志三因素组成，教师可以从学习者对学习目标的认识态度、对学习活动的坚持程度、对学习对象的喜爱程度等方面判断这个学习者的学习态度"①。孙维胜认为"学习态度是学生对待自己在学校所学文化课的态度以及学生在学习上的行动"②。陶德清认为"学习态度是学习者在学习过程中表现出的比较抽象、综合、宏观的精神现象，它包括认知水平、行为倾向、情感体验，共含有学习中的情感体验、学习主动性表现、学习计划性的表现、学习中排除困难的行为表现等十个方面"③。王旅、余杨奎认为"学习态度由知识观、学习观和教师观组成"④。通过上述学者对学习态度的界定，本书中制定的学习态度评价量表主要从学习者对课程学习的兴趣程度、学习中的个人意向、主动性表现、学

---

① 车文博．心理咨询大百科全书［M］．杭州：浙江科学技术出版社，2001：74.

② 孙维胜．论学生正确的学习态度及其培养［J］．当代教育科学，2003，10（06）：3-9.

③ 陶德清．学习态度的理论与研究［M］．广州：广东人民出版社，2001：93.

④ 王旅，余扬奎．建构主义学习理论剖析［J］．当代教育论坛，2010（04）：13-15.

习计划的执行状况进行观察点的设定。通过对学习者学习态度的评价来了解学习者的学习动力、兴趣、心理倾向等内容。

（2）学习行为评价。学习行为是人类行为的表现之一，学习行为有在学习环境中学习者采用的方式、手段、方法的表征，也表现在学习者在学习环境中采用的具体操作思路、操作模式，还表现在学习者内部认知结构的变化。根据学习者学习行为的内部表征（思路、操作模式、认知结构变化）和学习者学习行为的外在表征（采取的手段、方式、方法），本书对学习者的学习行为进行教师观测评价和学习者自评及学习共同体内部与之间评价时，根据教与学活动采取的模式与手段分别作了学习行为的评价细则。

（3）学习效果评价。"效果"是由某种动因或原因产生的结果。"学习效果"是学习者在学习行为发生后所产生的结果，如，是否对学习结果满意、是否掌握了学习内容、是否达到了学习目标等。它应该是人内心的一种情绪反映或外在的学习计划的执行结果。本书中对学习者学习效果的评价是从多个角度进行评价的，有从教师角度对学习者进行学习效果的评价。教师是教学计划和教学目标及教与学环境的组织者，教师会依据自己制定的学习标准对学习者的学习结果进行评价；学习者是学习的个体，通过他们对自我学习效果的评价主要是让学习者自己了解并管理自己的学习状态，并根据学习目标进行主观的结果判断；学习共同体内部对学习效果的评价，主要从学习群体的角度出发，通过教师制定的标准进行共同体小组、组内成员个体学习结果的检验；学习共同体之间互评，主要从组际角度来观察自己共同体小组与其他共同体小组之间学习结果的差别和学习方式、协作方式、沟通的优劣，从而培养学习者的观察能力、协调能力、组织能力、目标控制能力、学习计划实施能力。

2. 自评

自评是学习者进行的自我评价，其目的是让学习者能按照既定目标与教师制定的标准对自己的学习状况进行自我检测并作出主观的评价。通过自评使学习者进行自我反省并调整自己的学习状况，完善自己的学习行为，提高自己的学习效果和效率。自评细则与学习共同体内部评价细则在一起。

3. 学习共同体内部评价

人本主义理论认为，人社会化的根源在于自己，与他人友善交往、互帮互助能使学习者之间建立一种共同承担责任、共同解决问题的动力，在这种动力的驱动下，学习者之间能建立一种友好的合作关系，而学习者之间建立的这种良好的合作关系与互相需要的关系能促进他们互相尊重，促进其提升解决问题的效率和质量。在基于WEB2.0交互式网络电视的学习环境下，为学习者提供了协作学习与交流的环境与手段，在这种学习环境下为了促进学习者之间根据其共同意愿构建的学习共同体群能有效开展学习协作和提高学习效果，需在学习活动结束后在学习共同体内部进行学习评价，学习共同体内部评价主要任务是：学习共同体成员对自己所在学习共同体的学习状态、学习效果、学习效率进行评价，以便在后续的学习过程中提高学习协作性和学习积极性、增强学习者之间的交流、学会与他人进行合作、学会倾听、学会交流、学会自我管理、提高团队合作意识和合作精神、培养群体集体荣誉感和增强自我学习及学习共同体学习的能力。本书中制定的学习共同体内部的评价标准主要包含三方面：学习态度、学习行为、学习效果。在三个大方面下，根据学习共同体需达成的学习任务又分成28个评价细则。

4. 学习共同体之间互评

学习共同体之间的互评能让学习共同体获得同伴给出的建议和意见，以便组内进行学习方式、学习方法、交流方式的改善。麦克利兰认为"人本身具有向好的、强的方向发展的愿望，这种愿望是人在学习与工作中的成就需要"，因而，异组之间的评价能使学习者获得被赞赏、被钦佩、被鼓励、受激发的学习热情和学习动力，能使学习共同体获得团体的荣誉感、成就感，从而激发他们在后续的学习中更努力。本书从态度、行为、效果三方面对学习共同体之间的互评标准进行了制定，详见表4-7所示。

(三)评价体系中"态度""行为""效果"观测点

在基于WEB2.0交互式网络电视的学习评价体系中，学习者的自评、学习共同体内部评价、学习共同体之间互评都从学习态度、学习行为、学习效果三个大方面对学习者进行了评价，对于这三个评价方面的具体评价量表如表4-8至表4-11所示。

表4-8　　　　在以教师的"教"为主的过程中对学习者学习行为的观察量表

观测点		学 生 等 级 A. 优　　B. 良　　C. 中　　D. 较差　　E. 很差					
		S_1	S_2	S_3	S_4	……	S_n
态度	1. 课堂听讲状态						
	2. 课堂学习参与状况						
	3. 学习积极性状况						
	4. 对课程是否有兴趣						
	5. 课后布置的作业能否按时完成						
行为	1. 课堂回答问题状况						
	2. 课堂参与讨论状况						
	3. 回答的问题是否有亮点和新意						
	4. 能否跟上老师的讲课节奏						
	5. 是否乐意帮助他人解答问题						
效果	1. 课堂讲授的案例能否按时完成						
	2. 课后作业能否按时完成						
	3. 课后作业完成质量状况						
	4. 课堂中作业完成质量状况						

表4-9　　　　学习共同体学习形式下学习者自评、学习共同体内部评价量表

观测点		评价等级
态度	1. 当学习中遇到困难时你倾向于找谁帮助	A. 教师　B. 本组同学　C. 他组同学　D. 自己　E. 其他
	2. 对开展小组协作学习的态度	A. 很喜欢　B. 比较喜欢　C. 一般　D. 不太喜欢　E. 很不喜欢
	3. 小组协作中你的学习积极性	A. 很高　B. 比较高　C. 一般　D. 不太高　E 很不高
	4. 你是否愿意领导他人完成学习任务	A. 很愿意　B. 比较愿意　C. 一般　D. 不太愿意　E. 很不愿意
	5. 你是否愿意被他人领导完成学习任务	A. 很愿意　B. 比较愿意　C. 一般　D. 不太愿意　E. 很不愿意
	6. 你参加小组讨论时的热情度	A. 很热情　B. 比较热情　C. 一般　D. 不太热情　E. 很不热情
	7. 你喜欢本组的其他学习伙伴吗	A. 很喜欢　B. 比较喜欢　C. 一般　D. 不太喜欢　E. 很不喜欢
	8. 你愿意选谁做本组的领导者	名字+编号：
	9. 小组协作学习比仅仅听老师讲更能激发你的学习的积极性和学习效果	A. 很同意　B. 比较同意　C. 一般　D. 不太同意　E. 很不同意

续表

观　测　点	评　价　等　级
1. 你是否能团结同学	A. 很团结　B. 比较团结　C. 一般　D. 不太团结　E. 很不团结
2. 你参与小组讨论发言情况	A. 很多　B. 比较多　C. 一般　D. 不太多　E. 很不多
3. 你与同组同学相处的情况	A. 很好　B. 比较好　C. 一般　D. 不太好　E. 很不好
4. 你为本组人提供学习帮助情况	A. 很多　B. 比较多　C. 一般　D. 不太多　E. 很不多
5. 你获得他人帮助的情况	A. 很多　B. 比较多　C. 一般　D. 不太多　E. 很不多
6. 你赞同你所在学习共同体中其他学习成员观点的情况	A. 很多　B. 比较多　C. 一般　D. 不太多　E. 很不多
7. 你在小组中的贡献力度	A. 很大　B. 比较大　C. 一般　D. 不太大　E. 无贡献
8. 小组协作学习时你是与本组同学间交流多还是与他组同学交流多	A. 本组内部交流多　B. 与他组组员交流多　C. 各一半
9. 你认为本组中谁最不积极	名字+编号：
10. 你认为本组中谁提供的帮助最有用	名字+编号：
11. 你和本组中谁的合作最多	名字+编号：
12. 谁是小组的中心人物吗	名字+编号：
13. 你认为本组中谁最积极	名字+编号：
14. 你更倾向于哪种方式构建的学习共同体	A. 按社会网络视角分组　B. 按学习风格随机分组
1. 你对本次小组的协作效果是否满意	A. 很满意　B. 比较满意　C. 一般　D. 不太满意　E. 很不满意
2 个人是否能按时完成学习任务	A. 很按时　B. 比较按时　C. 一般　D. 不太按时　E. 很不按时
3. 小组是否能按时完成学习任务	A. 很按时　B. 比较按时　C. 一般　D. 不太按时　E. 很不按时
4. 对你所在的小组协作学习成果进行评价	A. 90 分以上　B. 80~89 分　C. 70~79 分　D. 60~69 分　E. 没学会
5. 对本小组协作学习成果进行评价	A. 90 分以上　B. 80~89 分　C. 70~79 分　D. 60~69 分　E. 没学会

（行为：1-14；效果：1-5）

表 4-10　　　　　　　　　　**学习共同体学习形式下教师观察量表**

学生编号	态度观测点与评价等级								
	观测 1	观测 2	观测 3	观测 4	观测 5	观测 6	观测 7	观测 8	观测 9
S_1									
S_2									
……									
S_n									

学生编号	行为观测点与评价等级													
	观测 1	观测 2	观测 3	观测 4	观测 5	观测 6	观测 7	观测 8	观测 9	观测 10	观测 11	观测 12	观测 13	观测 14
S_1														
S_2														
……														
S_n														

学生编号	学习效果观测点与成绩				
	共同体协作状况	共同体完成任务状况	个人作品成绩	共同体作品成绩	个体知识掌握状况
S_1					
S_2					
S_3					
……					
S_n					

　　在教师观测学习共同群体学习中，教师也主要从学习者的学习态度、学习行为、学习效果三大方面进行观测，在表 4-9 中"态度观测点与等级"的观测点 1 至观测点 9，与表 9"态度"中的 9 个观测点与"行为"中的 14 个观测点一致。教师在学习共同群体的学习中，评价学习效果时，主要从学习共同体的协作学习状况、共同体完成任务状况、学习者个人作品成绩、共同体作品成绩、个体知识掌握状况五个方面进行评价。

表 4-11　　　　　　学习共同体学习形式下学习共同体之间评价量表

	观测点	评价等级
态 度	1. 在各学习共同体中学习时求助对象侧重于	A. 教师 B. 本组同学 C. 他组同学 D. 自己 E. 其他
	2. 哪个学习共同体小组学习态度最好	组名：
	3. 哪个学习共同体小组协作性最强	组名：
	4. 哪个学习共同体小组积极性最高	组名：
行 为	1. 哪个学习共同体小组最团结	组名：
	2. 哪个学习共同体小组沟通最多	组名：
	3. 哪个同学为他人提供帮助最多	名字+编号：
	4. 你为他组同学提供学习帮助的情况	A. 非常多 B. 比较多 C. 一般 D. 不太多 E. 没有
	5. 你获得他组同学的帮助情况	A. 非常多 B 比较多 C. 一般 D. 不太多 E. 没有
效 果	1. 你认为哪个学习共同体的学习任务完成得最快	组名：
	2. 你认为哪个学习共同体小组学习任务完成得最好	组名：
	3. 你认为哪个学习共同体内部协作性最强	
	4. 对其他共同体小组学习成果分别进行评价	组别+等级：

七、基于 WEB2.0 交互式网络电视的课堂教学模式构建

将上述研究结果集于一体，构成了基于 WEB2.0 交互式网络电视的课堂教学模式，其教学模式如图 4-17 所示。该教学模式包括八个环节：第一环节，对实施基于 WEB2.0 交互式网络电视的课堂教学模式的课程的选择，本书主要目的是培养高校师范生教育技术能力，本校主要开展了针对师范生教育技术能力培养的三门课程，笔者选择它们作为实验开展的对象，为便于基于 WEB2.0 交互式网络电视课堂教学模式的制定与实施，需要先制定三门课程教与学的目标，该目标详见本章第二节第一点的内容阐述。第二环节，确立指导基于 WEB2.0 交互式网络电视课堂教学模式制定的理论思想。本书主要吸收了教学系统设计理论、传播理论、学习理论、视听理论、影视美学理论来指导本书中资源的建设、教学模式的

设计及教学研究的开展。第三环节，针对基于 WEB2.0 交互式网络电视课堂教学模式中教学环境的设计。教学环境主要包括人、物两大类，人的因素要设计教师和学生在该环境下如何进行教与学，学习伙伴如何选择，学习共同体如何建立。物的因素主要考虑网络环境的设计、交互式网络电视的有效使用方法、学习资源的开发与设计、学习的组织与管理形式、学习评价如何开展。第四环节，对学习过程的设计。基于 WEB2.0 交互式网络电视环境下如何开展、如何有效开展基于 WEB2.0 交互式网络电视的学习活动是本书的重点。本书设计了五种基于 WEB2.0 交互式网络电视环境下开展学习的活动过程，分别是自主学习过程的设计、协作学习过程的设计、探究性学习过程的设计、案例性学习过程的设计、任务驱动式学习过程的设计。五种学习过程根据课程中学习内容的不同而有选择地进行。第五环节，学习共同体的构建。这个环节本书主要采用两种方式构建学习共同体，第一种方式是通过问卷形式，让学习者选出自己最想合作的学习伙伴，并按顺序填写，之后，笔者利用社会网络软件进行数据统计与分析，划分出"有共同愿景"的学习共同体群。第二种方式是通过发放 Kolb 量表让学习者测试自己的学习风格，之后，将不同学习风格的人均匀分配在各学习小组。第六个环节，进行学习资源的设计。基于 WEB2.0 交互式网络电视环境下开展教与学的活动要充分发挥交互式网络电视媒体的优势，即能提供视听觉信息、能点放网络资源、能利用 App 软件进行信息交互、能利用语音功能进行搜索和传输等优势。因而，本书中设计的学习资源主要包括学习网站、课程教学视频、微视频、各类网络课程资源，即开发了适合本课程进行的学习资源，又能利用各类优秀的网络课程资源推动学习者进行学习。第七个环节，进行学习评价的设计。学习评价环节中本书采用了多元化评价方式，有教师评价、自评、学习共同体内部评价、学习共同体之间互评。通过多元化评价主要能让学习者进行自我学习效果的反思，既能从教师角度了解自己的学习效果，又能从自己所属学习共同体的学习伙伴处获得自己的学习结果，还能从其他组的同学处获得自己的学习表现，从而让评价更客观、更立体、更多元。第八个环节，反思与修改。在应用了本教学模式开展三门课程的教学实验中和实验完成后，反思与修改能促进本模式的优化。

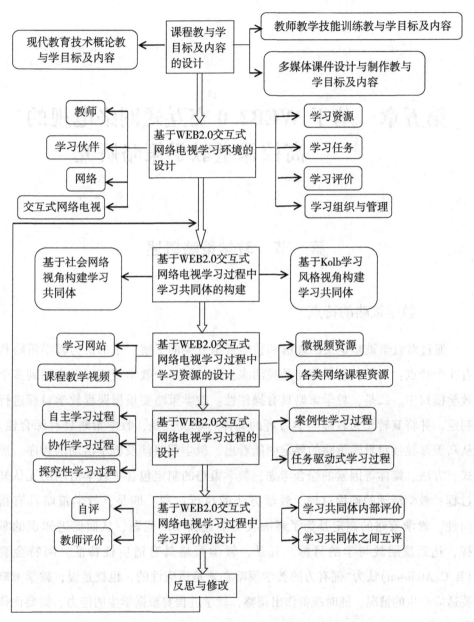

图 4-17 基于 WEB2.0 交互式网络电视的课堂教学模式

第五章　基于 WEB2.0 交互式网络电视的高校课堂教学策略研究

第一节　教学策略概述

一、教学策略的特点

通过对教学策略定义的理解和教学策略分类的了解，本书认为教学策略具有 5 个特点：一是，教学策略是灵活多变的，同一个教学策略可以应用到多个教学模式中。二是，教学策略具有操作性。教学策略要根据课程教学目标进行制定，并将其转化为教师与学习者的具体行动。三是，教学策略具有综合性。从乌美娜教授对教学策略的界定中能看出，教学策略涉及教学活动的程序、形式、方法、媒体等因素的综合考虑，教学策略的制定包含了教学活动的元认知过程、教学活动的调控过程、教学方法的执行过程。四是，教学策略具有指向性。教学策略的制定是为了解决教与学过程中的问题，从而促进知识的掌握，达到预期教与学的目标。五是，教学策略具有适应性特征。阿特金森（R. C. Atkinson）认为"强有力的教学策略必须是适应性的，也就是说，教学策略要适应学生的情况，随时准备作出调整，教学进程要根据学生的能力、需要而作调整"①。

---

① G. J. Groen, R. C. Atkinson. Models for Optimizing the Learning Process[J]. Psychological Bulletin, 1966, 66(04): 1.

二、教学策略的分类

(一)国外对教学策略的分类

美国学者梅瑞尔曾提出教学策略的类型问题，认为不同类型的教学策略能促进不同类型知识的学习，但没有进一步提出教学策略的分类标准。1976年，美国学者史密斯提出教学策略分两类：第一类，内容限制性教学策略。即注重师生与教学内容的关系。第二类，非内容限制性教学策略。即强调师生之间的关系，它包括课堂教学策略、课堂管理策略、师生间、生生间合作策略。C. M. Reigeluth(瑞奇鲁斯)在1983年主编的《教学系统设计理论和模式：这个领域的状况》和1987年的《发展中的教学理论》中，把教学理论变量分为：教学条件、教学策略、教学结果，并将讲授型教学策略变量细分为：组织策略、传递策略、管理策略；加涅把教学策略分为：管理策略、指导策略。

(二)国内对教学策略的分类

国内对教学策略的分类也有多种观点。袁振国将教学策略分为：内容型教学策略、形式型教学策略、综合型教学策略；何克抗教授认为，以"教"为主的教学策略包括：先行组织者策略、五段教学策略、九段教学策略、假设-推理策略、示范-模仿策略;[1]黄高庆将教学策略分为：一般性教学策略和特殊性教学策略(按其是否具有特殊性和个性化特点来划分)、问题指向型教学策略和自我指向型教学策略(按教学策略活动的指向来划分);[2]施良方认为，教学策略贯穿在教学过程的三个阶段，分别为：教学前的准备策略、主要教学行为策略、辅助教学行为策略、课堂管理行为策略、课堂教学评价策略；李康认为，教学策略分为：方法型教学策略、内容型教学策略、方式型教学策略、任务型教学策略；申继亮、辛涛从解决问题的普遍性和特殊性角度分，教学策略分为：一般性教学策略、特殊性教学策略；周军从解决教学问题的普通型和特殊性角度出发，将教学

---

[1]　何克抗，李文光. 教育技术学[M]. 北京：北京师范大学出版社，2002：172.
[2]　黄高庆. 关于教学策略的思考[J]. 教育研究，1998(01)：50-54.

策略分为两类：第一类是基本教学策略（教学准备策略、教学行为策略、教学管理策略、教学评价策略、教学监控策略）；第二类是特殊教学策略。国内也有其他学者分别从教学信息处理角度、认知心理学角度、信息处理方式角度、教学活动实施角度对教学策略进行了分类，如表 5-1 所示。

表 5-1   **教学策略的分类**

分类角度	类型
①从师、生角度进行分类	内容限制性教学策略、非内容限制性教学策略
②从教学理论变量角度进行分类	组织策略、管理策略、传递策略
③从教师角度进行分类	管理型教学策略、指导型教学策略
④从综合性角度分类	内容型教学策略、形式型教学策略、综合型教学策略
⑤从以"教"为主的角度进行的分类	先行组织者教学策略、五段教学策略、九段教学策略、假设—推理策略、示范—模仿策略
⑥按是否有特殊性和个性化特点分类	一般性教学策略、特殊性教学策略、问题指向型教学策略、自我指向型教学策略
⑦从教学过程的不同阶段进行分类	教学前的准备策略、教学中的实施策略、教学后的评价策略
⑧从教学活动的中心因素进行分类	方法型教学策略、内容型教学策略、方式型教学策略、任务型教学策略
⑨从解决问题的普遍性和特殊性角度分类	一般性教学策略、特殊性教学策略
⑩从教学信息处理角度分类	产生式教学策略、替代式教学策略
⑪从认知心理学角度分类	激发认知动机的策略、呈现认知内容的策略、渗透认知方法的策略、评价认知结果的策略
⑫从对信息处理方式角度分类	信息加工类策略、个性发展类策略、社会交往策略、行为系统类策略
⑬从教学活动实施角度分类	教学内容的组织策略、教学信息的传递策略、教学活动的管理策略

三、教学策略设计的过程

通过对"策略"和"教学策略"定义的解读，本书领悟到"教学策略"是一个计划，在实施这个计划过程中需要教师和学生根据计划采用一定的付诸教与学实践的手段、方法，从而保证该计划的有效实施。因此，为保证基于 WEB2.0 交互式网络电视教学模式的有效实施，本书需采取一定的教与学的策略，从而促使该教学活动有效付诸行动。

本书制定教学策略遵循的原则：第一，从教学目标出发，制定符合学习者学习特点的教学策略；第二，根据实验研究中条件的情况，制定相应的教学策略；第三，根据课程教学内容特点和课程总体教学目标，制定相应的教学策略；第四，教师在制定和实施教学策略时要根据实际教与学的情况，融会贯通与综合运用多种教学策略，创造性地组织教与学的过程。

在基于 WEB2.0 交互式网络电视的教学研究中，教学策略从选择到推行到反思经过四个阶段，如图 5-1 所示。

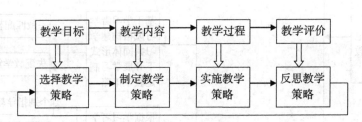

图 5-1　教学策略的设计过程

教学策略的确定是根据教学目标而选择，这是教学策略衍生的第一阶段；第二阶段是在确定教学目标后，教师要围绕目标安排学习进度和每次课的学习内容，在此阶段需要根据每次课的教学内容制定相应的教学策略；第三阶段是教师按照计划实施教学过程，在此阶段需要实施之前制定的教学策略，并根据学习者的学习状况进行灵活运用和调整；第四阶段是对实施的教学过程进行教学评价，在此阶段，教师也需要对自己制定的教学策略和实施的教学策略进行反思，以便在后续课堂教学实践中进行修改和完善。

第二节　基于 WEB2.0 交互式网络电视的
高校课堂教学策略的设计

本书制定教学策略主要从两方面入手，一是，以教师的"教"为主导角度制定教学策略；二是，以学习者的"学"为主体角度制定相应教学策略。基于 WEB2.0 交互式网络电视的课堂教学策略共选择并制定了 12 种教学策略，如图 5-2 所示。

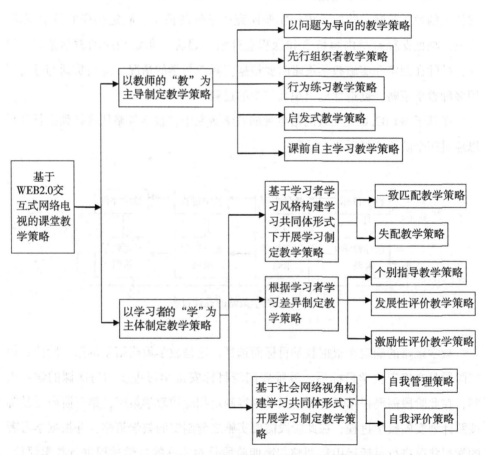

图 5-2　基于 WEB2.0 交互式网络电视的课堂教学策略

基于 WEB2.0 交互式网络电视的课堂教学策略主要包括两大部分策略：一

是，以教师的"教"为主导角度制定教学策略。这里，根据本书选择的课程内容和教学目标，又考虑了WEB2.0交互式网络电视的课堂教学环境，因此选择使用的教学策略有"以问题为导向的教学策略""先行组织者教学策略""行为练习教学策略""启发式教学策略""课前自主学习教学策略"；二是，从以学习者的"学"为主体的角度制定教学策略。这里根据教学环境选择的策略主要从三方面进行着手：一是，根据学习者的学习风格制定教学策略；二是，根据学习者的学习差异制定教学策略；三是，针对学习共同体下有效开展学习制定教学策略。这三方面共选择了7类教学策略。

一、以教师的"教"为主导的教学策略设计

(一)以问题为导向的教学策略

问题导向式教学策略(Teaching through problem solving)由医学界Barrows首先提出，他对问题导向式教学策略的界定是"问题导向式教学将问题作为学习的诱因，促使学习者运用各种方法和技能搜集和研究信息，进而解决问题的教学过程"[1]。国内对问题导向式教学策略也有多种界定，笔者这里引用的定义为"问题导向式教学策略是一种通过小组合作、在探究问题，分析问题，最终解决问题的过程中，学习隐含于问题背后的科学知识，形成解决问题的技能，并发展学习能力的新的教学策略"[2]。

综合国外学者Taplin、Barrows、Stepien等各研究者对问题导入式教学策略特征的观点，本书认为"问题导向式教学策略"有五个特征：一是，以学习者为中心；二是，学生以学习共同体的形式开展学习；三是，教师是问题的提出者和问题解决的帮助者与引导者；四是，问题激发学习者的学习动力；五是，问题使学习者获得问题解决的技能。

以问题为导向的教学策略主要以教师提出学习问题，让学习者围绕问题进行

---

[1]　Barrows. H. S，Tamblyn. R. M. Problem-based Learning：An Approach to Medical Education. Series on Medical Education[M]. New York：Spinger Verlag，1980：141.

[2]　刘文芳. 信息技术支持下的小学数学问题导向式教学策略研究[D]. 济南：山东师范大学，2015：20.

学习的一种教学策略。其教学策略实施过程为：一是，教师将"问题"置于一个问题情境中；二是，教师呈现问题；三是，构建学习共同体，探究问题；四是，以学习共同体为核心，解决问题；五是，学习成果展示；六是，学习结果评价与反馈。教师对问题的提出要遵循的原则：一是，问题设置的难易度要适度。问题太简单则无法引起学习者学习探究的欲望，问题太难则学习者无法解答，学习积极性易受挫；二是，以问题为导向，深化学习者对知识的理解；三是，用问题培养学习者的协作能力和创新能力。

（二）先行组织者教学策略

美国现代认知心理学家奥苏贝尔认为，"能促进有意义学习发生和保持的最有效策略是利用适当的引导性材料对当前所学的新内容加以引导，这种引导性材料与当前所学新内容之间在包容性、概括性和抽象性等方面应符合认知同化理论要求，便于建立新、旧知识之间的联系，从而能对所学新内容起固定、吸收作用，这种引导新材料就是'组织者'。由于这种组织者通常是在介绍当前学习内容之前，用语言文字表述或用适当媒体呈现出来，目的是通过它们的先行表述或呈现帮助学习者确立有意义的学习的心向，因此，又被称为'先行组织者'"[1]。

通过奥苏贝尔对"先行组织者教学策略"的界定，可见，先行组织者具有三个特点：第一，组织者必须从一开始就呈现，不能放在后面；第二，组织者是新的学习材料的上位知识，要具有更高的概括、抽象和包容水平；第三，设计组织者的目的是获得合理的知识结构。[2]

对于先行组织者的教学实施策略，West、Mayer、Joyce 等学者都提出了不同看法，综合而言，笔者在本书中采用先行组织者教学策略实施的步骤为：第一步，了解学习者已经具有的知识基础。教师对课堂教学目标的确定是需要考虑学习者的知识背景，而对学习者已有知识背景的了解可以通过多种方式开展。如测验、作业、访谈、提问等。第二步，设计教学内容和教学组织策略。先行组织者

---

[1] Ausbel D. P. Educational Psychology：A Cognitive View[M]. New York：Holt, Rinehart and Winstion, 1968：147-150.

[2] 徐艳娟. 先行组织者教学策略在初中数学教学中的实验研究[D]. 南京：南京师范大学, 2013：11.

的形式是多种多样的，可以是语言和提问、图表、多媒体课件、音乐、图片、视频等信息，先行组织者形式采取的目的是激发学习者有意义学习的注意，之后对教学内容的组织采取不同的策略，如"渐进分化"策略、"逐级归纳"策略、"整合协调"策略。"渐进分化"策略是强调知识讲授时先讲最一般的、包容性最广的、抽象程度最高的知识，然后再将知识点按照逻辑关系一步步分化，使之逐渐具体化、深入化。"逐级归纳"策略强调知识传授时先讲最具体的知识，再逐级把内容一步步归纳，逐渐过渡到抽象性高的知识。"整合协调"策略是对于知识点间不存在包含与被包含的关系，教师需要对新旧知识之间进行分析比较，确定两者之间的共性和相异性，从而帮促学习者的认知结构进行重整。

(三)行为练习教学策略

行为练习教学策略主要是教师建立一系列模式化的行为过程，并布置学习任务让学习者在规定时间内完成任务。行为练习策略实施过程是：第一步，教师确立课程教学目标、教学环节、教学内容；第二步，教师呈现学习的新信息；第三步，教师对新学习内容的知识点进行讲解与操作演示；第四步，教师给予学习者案例练习时间，并控制时间和教学进展；第五步，教师进行个别指导，通过语言引导学习者掌握新知识；第六步，教师对学习者的操练结果进行归纳与总结，并对学习者学习过程中普遍存在的问题进行集中讲解；第七步，对课堂练习中存在的问题布置课后练习作业，以便知识的巩固和印象的加深。

(四)启发式教学策略

启发式教学策略在中国源于教育家孔子的"不愤不启，不悱不发"。在欧洲出现了稍晚于孔子的希腊思想家苏格拉底，苏格拉底主要善于采用问答法启发学习者独立思考以探求真理的本领，在西方将苏格拉底的问答法称为"苏格拉底法"，也叫"产婆术"。瑞士教育家亚美路认为"教育最伟大的技巧是：知所启发"；瑞士哲学家阿米埃尔说"懂得如何启发是教育人的一大艺术"；[①] 我国古代教学文献《学记》中有"教学相长""和易以思，可谓善喻""道而弗牵，强而弗抑，

---

① 张春生．人生智慧宝典[M].北京：中国文联出版社，2002：19，15.

开而弗达"首次提出了启发式教学的标准和启发式的教学思想。

启发式教学强调教师对学习者进行学习行为的诱导、点拨，促使学习者产生积极思考的教学策略。启发式教学策略主要特点为：一是，强调学习者的学习主体地位；二是，教师大教学手段上采用情境创设方式，以激发学习者的学习兴趣；三是，启发式教学策略没有具体的教学格式和环节；① 四是，运用启发式教学策略需要教师先引导学习者进行主动探究，在探究过程中遇到疑难问题时要引导学习者解决学习中的问题；五是，在运用启发式教学策略时教师要善于提出有思考性的问题，对学习者学习中不能解决的问题，教师贵在点拨，知所启发，举一反三，解疑释疑，因疑启发；六是，采用启发式教学策略时，教师需坚持以人为本的原则，因人利导，启发需具有针对性和实效性；七是，教师在进行启发教学时要掌握时机，"不愤不启，不悱不发"，教师需在恰当时机及时引导，举一反三，点拨后若仍无法解开疑惑，就无须牵强附会；八是，启发式教学策略的核心在于培养学习者的独立思考能力，让学习者主动发现问题和解决问题。

(五)课前自主学习教学策略

对自主学习的研究，国外发展较早，如苏格拉底、柏拉图、亚里士多德、卢梭、杜威、第斯多惠等西方著名学者都是自主学习思想的拥护者与倡导者。对自主学习的界定很多，国外比较受理论界赞同的观点是 Pintrich (宾特里奇)教授进行的界定"自主学习是一种主动的、构建性的学习过程，在这个主动知识构建过程中，学生首先要以学习目标这个内在需求为牵引，然后紧密围绕这个目标，并不断监视、调节、控制由这一学习目标引导和约束的动机和认知，从而不断重构学习个体思想意识上的知识体系架构"②。国内对自主学习的研究始于 20 世纪 70年代末期，国内学者对自主学习的界定也很多，如余文森学者认为"自主学习是指学生主宰自己的学习，是与他主学习相对立的一种学习方式"；胡春根教授认为"自主学习是一种学习模式，即学习者在总体教学目标的宏观调控下，在教师

---

① 王瑞珍. 促进师范生掌握启发式教学的策略[J]. 华南师范大学学报，2010(04)：27-29.

② 庞维国. 自主学习——学与教的原理与策略[M]. 上海：华东师范大学出版社，2003：453.

的指导下，根据自身条件和需要制定并完成具体学习目标的学习方式，是由学习者的态度、能力和学习策略等因素综合而成的一种主导学习的内在机制"。

课前自主学习可以让学习者了解学习内容的重难点、提高教师课堂教学效率。开展课前自主学习可以提高学习者的能动性。课前自主学习需要学习者管理自己的学习过程，因而对学习者的自觉学习过程、自我调控能力要求比较高；课前自主学习把学习建立在学习者独立性的一面上，由学习者自己作出选择和控制，独立开展学习；课前自主学习需要学习者采取各种调控措施，使自己的学习效果达到最优化，因而，学习者的自主水平越高，学习效果就越好。对于课前自主学习，笔者认为是在进行课程学习前，通过教师指导，学生在非课堂环境下，处于对即将学习知识的自主发现、探究、归纳总结的一种活动，从而对即将学习的知识进行信息处理，在进行信息处理的过程中可以与其他学习伙伴进行交流与共同探讨，从而获得新的知识与技能。

课前自主学习的实施过程：第一步，教师确定学习者课前学习的内容与学习目标；第二步，设计并制作学习者课前自主学习所需的学习资源；第三步，布置学习任务；第四步，指导学习者开展课前自主学习的实施方法、步骤；第五步，课堂中对学习者课前自主学习效果进行检测。

二、以学习者的"学"为主体的教学策略设计

在学习活动中，学习者是学习的主体，教学策略的运用应以学习者为本，通过采用各种有效的方式调动学习者的学习主动性，成为自我发展的主体，从而掌握知识、完善自己、发展能力。

(一)基于学习者学习风格构建学习共同体形式下教学策略设计

利用 Kolb 的"学习风格测量量表"测量学习者的学习风格，之后，根据学习者的学习风格制定教学策略主要有两类：一是，"一致匹配教学策略"，即，根据学习风格的偏向制定相应的学习策略；二是，"失配教学策略"，即根据学习风格的不同进行优劣互补的学习策略制定。

1. 一致匹配教学策略

(1)结伴学习与小组教学策略。对偏爱结伴或小组学习的学生，采取小组教

学策略。根据教师和学生小组成员相互作用的不同目的，学习小组分别采取：苏格拉底式、合作学习式、头脑风暴式、自由漫谈式等多种形式，以实现不同功能。对喜爱结伴或小组学习的学生，教师要设法培养他们进行独立学习的能力与习惯，使他们日后在独处环境下照样能有效学习和工作(学习风格不是制定教学策略的唯一依据，但是它是一个不可忽视的依据)。

(2)独立学习与个别教学策略。偏爱独立学习的学习者，希望有个安静的、不受他人干扰的学习环境，认为同伴在一起不易集中注意力，相互讨论或交流不如自己读书效果好。对于这类学习者，在集体教学的同时辅以"个别教学策略"，如"教学合同""教学包"等。

"教学合同"(Teaching Contract)是师生双方基于学习者特征共同签订的教学协议，它规定了学习者在一段时间内必须从事哪些学习活动、掌握哪些学习内容、教师给予什么帮助与指导等，并列出各项活动内容所用时间与完成期限；"学习包"(Learning Package)是教师根据各学生实际情况给他们制定学习计划及所需各类学习资料，如学习应达到的目标、学习前的诊断性测验、学习者学完后的形成性测验、学习内容与步骤安排表、学习结果自测题、参考文献目录，教师将这些材料交给这类学习者，由学习者根据教师提供的"学习包"内容自行完成学习并检验学习结果，教师对学习过程进行指导与帮助。对于这种学习风格的学习者，也会有意识地让他们参与学习共同体小组进行集体学习，培养他们与同伴团结协作的能力与增强他们的人际交往、情感交流、知识分享能力与意识。

在基于 WEB2.0 交互式网络电视的教与学的过程中，笔者会采用"一致匹配"教学策略，将相同学习风格的学习者组合到同一个学习共同体中，并让各学习者了解到自己通过 Kolb 量表测量的学习风格的结果，让他们了解自己的学习特点与学习方式，并根据各种学习风格的特点，在同一学习主题下，对不同学习风格的学习者构建的学习共同体学习小组布置不同的学习任务和要求。

2. 失配教学策略

失配教学策略是针对学习风格中的短处或劣势采取有意识的失配策略。[①] 有意识的失配教学策略在学习活动开始时会对知识的获得有一定程度的影响，如学

---

① 谭顶良. 学习风格与教学策略[J]. 教育研究，1995(05)：72-75.

习速度慢、学得少，但它能调和学习者心理机能的均衡发展。

在基于 WEB2.0 交互式网络电视的教与学的过程中，笔者会通过问卷调查方式，利用 Kolb 学习风格量表测量出每个学习者的学习风格，并根据总人数来确定分组个数与各组中的人数，并将不同学习风格的学习者通过抽签的形式随机组合在一起。目的是通过将不同学习风格的学习者组合在同一学习共同体中，从而进行学习方式、性格、学习习惯的优劣互补。

(二)基于学习者学习差异状况下教学策略的设计

1. 个别指导教学策略

个别指导教学策略是为了适合不同学习者的需要、兴趣、能力和学习进度而设计的教学策略。当同一教材、教法不能针对班级教学中学生的程度差异时，为顾及个别能力、兴趣、需要及可能遭遇的困难，教师须在教学过程中特别设计不同的教学计划。①

个别指导教学策略在基于 WEB2.0 的交互式网络电视教学中实施时需要遵循以下原则：一是，要针对学习者的质疑而发。个别指导不能成为单独讲课或补课，应由学习者先向教师提出自主学习过程中遇到的问题，教师应把握问题的状况，有的问题可直接回答，有的问题应重在启发、引导、指点迷津，引导学习者自己思考，自己掌握。二是，针对学习中的困难学习者，要耐心、细致，在进行个别指导时需培养这类学习者的自信心和成就感，多启发、引导，少做"保姆式"辅导。三是，多辅助学习者掌握分析问题和解决问题的方法，少进行教条式的理论灌输。

个别指导教学策略实施步骤：第一步，教师要在新知识学习前了解学习者的知识基础、理解能力、思维能力、学习风格。第二步，针对不同专业的学习者进行不同方式的个别指导。如数学教育专业的学习者，逻辑思维能力和知识接受能力较强，但由于他们对新知识的学习基础不同而产生掌握进度快慢的不同，教师要针对他们的学习特点进行多引导，多启发，将知识点按照先后逻辑顺序进行学习任务的布置或讲授。而体育教育专业的学习者课堂行为较松散，不偏爱理论知

---

① 陈琦，刘儒德. 当代教育心理学[M]. 北京：北京师范大学出版社，2007：149.

识，动手操作能力和新知识接受能力及理解能力相对较弱，但他们比较热情开朗，爱与老师交流，学习者彼此之间交流也较多，在进行个别指导时也要先启发引导，激发他们的学习兴趣，学习目标要布置得低一些，学习任务要安排得简单一些，鼓励他们与其所在学习共同体成员间多讨论交流，共同完成学习任务，同时也要及时给予肯定和鼓励。第三步，及时针对普遍存在的疑惑问题进行集中讲解。在进行个别指导中会发现，同一个问题会被多个学习者问道，教师应将这些普遍存在的疑惑问题进行细致的、带启发性质的集中讲解。第四步，课后对个别指导活动进行反思，了解每个学习共同体小组的思维方式、学习行为习惯、学习进度、合作交流情况，及时采取相应的促进措施。

2. 发展性评价教学策略

发展性评价最初由英国开放大学 Latoner、Clift(纳托尔、克利夫特)等率先倡导的评价方式，发展性评价产生于 20 世纪 80 年代初。对于发展性评价的界定，国内学者刘川、黄甫全、钟启泉、郑金洲、李吉会等学者均提出了不同说法。综合各位学者对发展性评价的界定，笔者总结了发展性评价主要具备以下特点：一是，发展性评价尊重个别差异，基于学习者的实际表现进行评价；① 二是，运用发展性的评价技术和方法，对学生素质发展进程进行评价；② 三是，以评价对象为主体，促进评价对象的发展；③ 四是，发展性评价是一种理念，不是一种具体的评价方法，以促进教师和学校发展为目的。④

发展性评价策略在基于 WEB2.0 交互式网络电视教学环境下实施应遵循以下原则：一是，着重于评价的发展功能。在学习者学习过程中评价者要及时给予学习者学习结果的反馈和引导，使学习者了解自己学习中存在的问题，并在教师的帮助下及时调整学习方式，培养学习的自信心，而不是对学习结果进行一次性评价，要对整个学习过程进行观察与评价。二是，关注个体差异。在学与教的过程中，学习者之间存在学习基础的差异、学习风格的差异、心理特点的差异、兴趣爱好的差异，这使得学习者学习同一内容时存在不同的学习结果。对教师而言，

---

① 钟启泉. 研究性学习："课程文化"的革命[J]. 教育研究, 2003(05)：71-76.

② 刘川. 发展性评价的实践与思考[J]. 教育研究, 1999(03)：23-27.

③ 李吉会. 发展性教育评价思想[J]. 教育评价, 2000(02)：23-35.

④ 黄牧航. 中学历史教学与学业评价[M]. 广州：广东教育出版社, 2005：104.

要正确判断每位学习者的学习特点、发展潜力、学习方法，从而对他们的学习活动提出不同的学习建议和采取不同的指导方法，则评价其学习结果时，也要从不同学习者的学习过程发展状况进行评价。三是，注重自评、互评的开展。发展性评价要充分尊重学习者与保护学习者的个人权利，学习者既是学习活动的主体，也是学习结果评价的主体。通过自评和互评，主要培养学习者自由表达思想，积极参与学习活动，成为学习的主宰者。同时，通过自评和互评，能发挥学习者的学习主观能动性，并能对自己、学习共同体小组、他人的学习结果进行思考和积极发表个人看法，又能对自己的学习结果进行同组、异组的学习比较和客观分析。四是，发展性评价策略的目的是促使学习者完成学习目标，不是对学习结果进行评比和检测，评价方法要采取多元化。

在基于 WEB2.0 交互式网络电视的教与学过程中，发展性评价实施的方法主要有：课堂学习行为的观察、学习者的作品、上机操作、实验操作、自评、互评、师评、上课提问、考勤、平时作业的完成情况等。

发展性评价实施的步骤：一是，了解学习者对课程的兴趣、学习动机、知识背景，之后进行相应的教学过程设计和制定评价量规；二是，在教与学的过程中，了解学习者的学习进度，预设学习者学习中将遇到的困难，调整教学进度和方法，及时对学习者的学习结果进行反馈，激发学习者的学习动机；三是，对每一阶段的学习结果开展自评、互评、师评，分析评价信息，为后续教与学的活动进行准备；四是，针对学习者的不足和优势进行分析，帮促其开展学习和进行发展性评价；五是，对发展性评价过程的开展和评价结果进行反思和总结。

3. 激励性评价教学策略

德国教育家第斯多惠认为"教育的奥妙不在教授，而在于激励、唤起、鼓舞"。激励性评价策略是通过教师语言和行为的鼓励与肯定，激发学生的学习兴趣和欲望的一种有效评价方式。[①] 激励性评价包含两方面的内容：一是，激励性语言。激励性语言是教师对学习者学习中的进步与自身优点进行赞许与肯定。二是，激励性行为。激励性行为包括对学习者学习过程中的作品进行展示并给予优秀的作品分数或等级。

---

① 黄猜. 激励性评价策略在大学英语写作教学中的应用[J]. 学园，2015(08)：41-47.

　　激励性评价教学策略在实施时需要遵循以下原则：一是，对学习者的学习行为以肯定、鼓励为主。在学习者的学习过程中要多给予正面的言语和行为评价，肯定其优点，对学习者正面的行为进行充分的肯定。二是，以促进学习者的学习发展为目的。学习的过程不是为了甄别或选拔，而是为了促进学习者的发展，激励性评价策略的使用正是为了激励学习者，增加学习者学习过程中的自信心和学习者之间、师生之间的交流与协作。三是，对学习者尊重的原则。在学习者学习过程中，教师要以客观、公正的态度对他们进行引导与评价。同时，在评价时要有一定的针对性，具体指出学习者哪里做得不错，哪里仍需改进，其评价语言要出自感性与理性的思考，要有诚挚的感情，使学习者明确方向。四是，激励性评价可采用多元标准。在运用激励性评价教学策略时，教师可采用绝对标准、相对标准、个体内差异标准进行多元评价。多元评价方式主要将学习者的个体素质视为一个整体，根据其组成要素(思想品德素质、科学文化素质、身体心理素质、劳动技能素质等)设计出多因素、多层次、多指标的评价标准体系。[1] 采用多元评价的目的是从多角度客观评价学习者。而个体内差异性评价是以学习者自身为参照点，将学习者每一学习阶段的成效与前面的学习状况进行比较，尊重学习者的个体差异性，注重因差异性制定的学习目标，采取激励性方式激发学习者的学习热情，培养学习者在学习中的自信心。绝对评价的开展是预设一个学习结果应达到的参照点，对学习者的学习结果与预设的参照点进行对比，从而评价学习者所达到参照点的程度。在运用绝对评价时要允许学习者学习结果的差异性，但教师应采取激励方式对滞后达到学习参照点的学习者进行帮促，矫正其学习过程中认知的偏离性。相对评价的开展是在被评价对象学习平均水平的基础之上，设定一个评价基准，将各学习者在学习过程中的表现与该基准进行比较，判断学习者中学习的优劣状况。但需要对学习处于劣势的学习者进行学习激励，帮促其达到评价的基准水平，而对学习者中处于优势的学习者也需采取相应的激励方式，促使其达到更高的学习水平。

　　基于 WEB2.0 交互式网络电视的教学应用研究中，实施激励性评价教学策略的步骤如下：第一步，了解学习者的学习起始水平、学习能力、学习风格。第二

---

　　① 赵学勤. 激励性评价的标准与策略[J]. 中小学管理，2002(11)：53-54.

步，在每一个教与学的阶段，根据学习内容的难易程度和学习者的平均学习水平设定相应的评价标准。第三步，对达到评价标准的优秀学习者进行语言激励和行为激励，促使他们达到更高的学习水平。对异步达到学习标准的学习者也需采取激励方式，肯定他们的优点，帮助其达到学习标准。第四步，对学习者的最终学习结果进行评价时，应用多元性评价方式。

(三)基于社会网络视角构建学习共同体形式下教学策略的设计

基于社会网络视角构建学习共同体是为了帮助学习者根据学习风格特征和"意向"来构建自己的学习群组，从而在协作学习氛围中探讨学习内容，发现教师所设学习问题的答案，同时也能加强学习者之间的学习交流。因而，在学习共同体构建后，如何有效地开展学习并完成学习任务，这对教与学活动过程的安排者——教师而言，是需要考虑的问题。为保证在学习共同体形式下能顺利、有效地完成学习任务，笔者主要制定了两大策略：一是，自我管理策略；二是，自我评价策略，详细如下：

1. 自我管理策略

自我管理策略的制定是教给学习者监控、掌管自己学习行为的策略。自我管理策略从教学组织者角度而言，主要实施步骤如下：一是，呈现给学习者学习共同体开展学习合作的原则、技巧；二是，呈现学习目标与要求；三是，呈现学习者进行学习结果自我评估的方式和量规；四是，在学习过程中，教师采取督促、示范、强化、引导的方式促进学习者完成学习。自我管理策略从学习者角度而言，主要包括：一是，元认知策略；二是，学习时间管理策略；三是，学习环境管理策略。

(1)元认知策略。元认知策略(metacognitive strategies)，美国心理学家 John Flavell 率先提出了"元认知"，他指出元认知通常指关于认知的知识。这个知识可以发生于认知过程中，也可以发生在认知结束后，其核心意义简单地说就是认知的认知。O'Malley 和 Chamot 在 Flavell 提出元认知的基础上提出了元认知策略，并将其界定为"高阶的管理技能，需要计划、监控或评估学习活动的过程"①。元

---

① 周莉. 从"授之以鱼"到"授之以渔"元认知策略与自主学习能力培养[J]. 当代教育实践与教学研究，2015(08)：50-51.

认知策略是关于如何学会学习的高级认知策略，学习者具备元认知策略，能很好地控制自己的思维过程与学习过程。元认知策略的实施过程：第一，制订学习计划。学习者在教师布置学习任务后，或提供了学习情境后要计划自己和小组的学习结果，并选择适当的学习策略、设想各种能解决学习过程中遇到的问题的办法并预估其有效性；第二，学习者需在认知过程中根据自己设定的目标及时评价和检测自己的学习状态，正确估计自己已掌握的知识、已达到的水平；第三，学习者需要及时调节自己的学习方法，采取相应的修正措施，并对自己和小组认知策略的效果进行检查与修正，调整认知策略。

学习者元认知策略的掌控需要长期培养，元认知策略是以学习者的"学"为主体的重要组成部分，教师需要帮助学习者确立学习目标，制订现实、明确的学习计划，帮助学习者总结学习中遇到的问题，分析产生错误的原因，引导学习者评价自己的学习过程，从而逐步提高学习者自主学习的能力。

(2)学习时间管理策略。学习时间管理策略对学习者而言是一种重要的辅助性学习策略，学习者对学习时间管理策略水平体现了学习者自主学习能力的高低，学习者对时间管理策略的制定并严格按照时间管理策略来学习能提高学习者的学习成就感、自我效能感、主观幸福感、提高自我学习的满意度。时间管理策略有多种，如日程表时间管理方式、ABC 象限时间管理方式、2/8 时间管理方式、帕金森定律法管理时间、生理节奏法管理时间等。时间管理策略的实施过程为：第一，明确自己和小组的学习任务和学习目标；第二，安排学习任务实施的步骤，分清主次；第三，围绕目标实施学习安排，保证学习进度的有效进行；第四，对学习成效进行反思并进行经验总结。

(3)学习环境管理策略。学习环境管理是学习者寻找并营造适合自己和充分发挥学习共同体群组集体智慧达成学习目标的一种学习管理方式。学习环境管理包括对学习资源的管理、对学习共同体中合作伙伴的管理、寻求教师帮助的管理、获得教师个别指导的管理。在自主学习中，学习管理的策略如下：第一，对冲突的管理。在学习共同体学习形式下，学习者要学会与其他学习伙伴共同学习，共同解决学习问题，遇到观点不一致时要学会化解矛盾，形成小组统一意见。对教师而言，教师需引导学习者认识到学习者争论的是学习问题，同时，要求学习者暂停个人主观思维，让对方讲述自己的观点，彼此用心聆听，换位思考，尝试用他人的方式解决问题。第二，对噪音的管理。学习共同体群组由多人组成，同时，在学习过程中选择使用的学习资源也会产生噪声，噪声过大会影响学习者的学习和小组的协作交流，对学习者而言，需要感受并顾及噪声对其他人的干扰，可通过示意动作引起小组内成员的注意并降低噪音。第三，对不良学习行为的控制与管理。在学习共同体学习中，允许学习者进行组间和组内自由交流与讨论，组内有学习积极性高的同学，也有学习积极性低的同学，对教师而言，需要规划各时间段的学习任务，并及时进行进度检查，同时也要引导和提醒参与性低的学习者融入群组中，鼓励以组内为主积极开展学习问题探究并在组内完成学习协作，同时也要监管组间的讨论时间和学习进展、讨论的有效性。

2. 自我评价策略

在以教师为主导的教学过程中，学习者都是接受自己学习评价结果的对象，他们获得的学习结果是教师根据自己制定的评价标准而给出的。但在建构主义思想下，提倡以学习者主动学习为主的知识建构过程，在这个过程中，学习者的学习结果和学习行为要放手给学习者，让他们对自己的学习行为和效果进行反思，并记录与展示自己的学习成果，对自己的学习行为进行分析，自我评价方式为学习者培养自主学习能力、协作学习能力、终身学习能力奠定了基础。

国内外对学习者进行自我评价策略都做过一些研究，如 Fitzgerald、Mayer、Hillocks、Englert，国内的姚梅林、徐守森、杨永宁等。学习者进行自我评价的策略多种多样，如可采用写学习反思、读书笔记，同学间互评后自我总结与评价，根据老师课前呈现的学习任务进行自我检查，填答老师发放的自评问卷并进行自我评价等方式。

对教师而言，开展学习者进行自我评价时需要应用以下策略：第一，教师要在学习者开展自我评价前帮助学习者弄清通过本次学习活动需要达到何种目标，最好能提供一个清晰的、立体的任务完成标准。第二，在学习者开展自评的过程中，要倡导学习者采用二次评价方法。苏霍姆林斯基说："你在任何时候也不要急于给学习者打不及格的分数。成功的欢乐是一种巨大的情绪力量，它可以促进学习者好好学习的愿望，缺少这种力量，教育上任何巧妙措施都是无济于事的。"①教师在组织

---

① 苏霍姆林斯基. 给教师的建议[M]. 杜殿坤译. 北京：教育科学出版社，2006：39.

学习者进行自我评价时要尽量多给他们机会，让学习者就自己的同一问题进行多次自我评价，并在评价的过程中给予修改的机会，让学习者体会成功的感受，可使学习者沿着自评—调整—再自评—再调整这种方式进行学习的良性循环。第三，让学习者正确认识自己。在学习者开展自我评价时，教师要指导学习者了解自己学习中的长板与短板，要能客观、全面地看待自己的学习结果，学会对自己的学习结果进行反思，鼓励学习者多与同一共同体内的学习伙伴沟通，了解自己。

第六章 高校师范生教育技术能力
指标体系的构建

为研究基于 WEB2.0 交互电视的课堂教学模式与策略是否能提高课程教学效果，本书实验部分选取的实验对象是高校本科师范生。湖北大学为提高师范生教育技术能力水平，开设了教育技术概论、多媒体课件设计与制作和教师教学技能训练三门课程，本书将从自己所授课的班级中随机选择实验班级开展三门培养湖北大学师范生教育技术能力的师范生公共课程教学。在实验开展前，如何评价试验对象(我校师范生)在开展基于 WEB2.0 交互电视的课堂教学模式与策略试验研究前与实验研究后的教育技术能力水平，是本章着手解决的问题。

第一节 国外教师教育技术能力标准

一、美国 AECT2012 标准

美国 AECT(教育传播与技术)协会，在 1982 年、1994 年、2000 年、2005年、2012 年分别颁布了《AECT 标准》。由于 2012 标准与我国颁布的《中小学教师信息技术应用能力标准(试行)》时间较接近，因而这里探讨《AECT 标准(2012)》。2012 年 7 月 16 日，AECT 理事会通过了《AECT 标准(2012)》。

(一)美国 AECT2012 标准内容概述①

美国 AECT2012 标准由 5 大维度 11 个具体能力标准构成，每个维度与部分

---

① AECT. AECT Standards 2012 Vesion [DB/OL]. http://c.ymcdn.com/sites/aect.site-ym.com/resource/resmgr/AECT_D ocuments/AECTstandards2012.pdf. July 16, 2012.

能力标准之间有具体的、可行的规范细则。5 大维度为：Content Knowledge（知识内容）、Content Pedagogy（教学法内容）、Learning Environments（学习环境）、Professional Knowledge and Skills（专业知识与技能）、Research（研究）；11 个具体能力指标为：Creating（创造）、Using（使用）、Assessing/Evaluating（评价）、Managing（管理）、Ethics（师德素养）、DiversityofLearners（学习者多样性）、Collaborative Practice（合作实践）、Leadership（领导力）、Reflection on Practice（实践反思）、Thererical Foundations（理论基础）、Method（方法）。

（二）美国 AECT2012 标准的特点

（1）《AECT 标准（2012 版）》是美国的教育传播与技术协会在 1982 年标准的基础上，经过多次修改而形成，其标准的制定较成熟，契合美国教育现状。

（2）《AECT 标准（2012 版）》主要面向职前教师而制定，标准中指出了美国职前教师要取得教师资格，必须达到知识内容、教学法内容、学习环境、专业知识与技能、教学研究五方面标准能力。

（3）《AECT 标准（2012 版）》提出的指标指向性强，特别强调教师对教学材料的自主创造以及对学习环境的创新性研究。学习环境不再仅依赖多媒体教学环境或网络资源。

（4）《AECT 标准（2012 版）》标准注重教师对教学资源与教学设施的合理使用与管理，同时注重对教学过程与教学效果的评价，注重教师在多样化评价方式的基础上提出新的教学策略与教学方法。

（5）《AECT 标准（2012 版）》标准强调对学习者的关注。标准中指出教师要能包容不同背景、特点与能力的学习者，尊重学习者的多样性。要求教师要以人为本。

（6）标准中明确了，教师要掌握教育传播与技术的新旧理论，并在新旧理论研究成果基础上再进行教学实践研究。

二、美国 ISTE 的 NETS2007 标准

美国是教育技术发源地，长期以来引领教育技术的研究与发展，美国将对师范生教育技术能力要求作为教师资格认证的一部分，并建立了较为完善的认证体

系。同时，在行政组织上，有 ISTE(美国国际教育技术协会)负责制定教育技术运用方面的标准与监督实施情况。从教师教育资格认证到教师资格认证都有联合运行的组织，在执行政策上，美国教师资格认证制度已被写入各州法律。教师资格证书成为从事教育工作者不可或缺的证件。教师获得教师资格证书必须达到多项标准，而教育技术标准便是其中之一。

美国 ISTE(美国国际教育技术协会)在 2002 年和 2007 年曾颁布 *National Educational Technology Standards*(《美国教师教育技术标准》)，简称 NETS。ISTE 协会在 2007 年 6 月 24 日在美国佐治亚州首府亚特兰大主办的第 28 届 National Education Computing Conference(全美教育信息化年会)中，以"创新与变革"为主题，正式颁布了 *National Educational Technology Standards for Students*, *NETS * S* (《面向学生的国家教育技术标准(第二版)》)，之后相继出台了 *National Education Technology Standards for Teacher*, *NETS * T*(《面向教师的教育技术标准》)、*National Education Technology Standards for Administrator*, *NETS * A*(《面向管理者的国家教育技术标准》)。

(一)*NETS * S*(《面向学生的国家教育技术标准(第二版)》)内容概述①

面向学生的标准包括 6 个一级指标，分别是：Creativity and innovation(创新与变革)、Communication and collaboration(交流与协作)、Research and information fluency(熟练运用信息开展研究)、Critical thinking, problem solving, and decision making(批判性思维、解决问题与策略)、Digital citizenship (数字化时代公民的意识与素养)、Technology operations and concepts(技术操作与概念)。

二级指标有 24 个，主要涉及内容包括：学生需具有创新思维能力，并能使用技术工具构建知识、开发新产品；学生能使用多种媒体与数字化环境，通过与他人交流协作，促进相互学习；学生应具备使用数字化工具搜集、评价和使用信息的能力；学生能运用批判性思维与恰当的数字化工具与资源，进行设计与开展研究、管理项目、解决问题，并作出合理的决策，学生能理解与技术有关的人文

---

① ISTE. ISTE Standards for Students［DB/OL］. (2007-10-12)［2023-11-14］. http：//www. iste. org/standards/iste-standards/stadndards-for-students.

与社会问题，其行为要合乎法律和伦理道德规范；学生能表现出对技术的概念、系统和操作的充分理解。

(二)NETS * T(《面向教师的国家教育技术标准》)内容概述①

2007 年 ISTE 对 *NETS * T* 做了再次更新，于 2008 年 6 月 30 日在 NECC (National Educational Computing Conference)大会上正式公布 *NETS * T* 最新标准，该标准包括 5 个一级指标，分别为：Facilitate and inspire student learning and creativity(促进与激发学生学习和创造性)；Design and develop digital age learning experiences and assessments (设计和推动数字时代的学习体验和评估)、Modeldigital age work and learning (示范数字时代的工作和学习)、Promote and model digital citizenship and responsibility(促进和示范数字化公民与责任)、Engage in professional growth and leadership(参与专业发展和领导力建设)。

二级指标有 20 个，主要涉及内容为：教师应利用自身学科知识与实践经验，促进与提升学习者学习经验、创造力与创新能力；教师应利用现代化工具和资源进行学习内容的设计、开发与对学习结果进行评价，发展学习者的知识、技能、态度；作为在全球化和数字化社会中的一种创新职业代表，教师应能展示自己具备的知识、技能；在不断发展的数字文化氛围中，教师应能理解区域性和全球性社会问题，并在专业应用与实践中遵循道德的、合法的行为规范。

(三)ISTE 的 *NETS * S* 及 *NETS * T* 标准的特点

(1)从总体框架看，*NETS * S* 及 *NETS * T* 都采用了主能力维度+能力指标的结构。针对教师制定的教育技术能力主维度有 5 个，能力指标共 20 个。针对学生制定的教育技术能力主维度有 6 个，能力指标有 24 个。

(2)这些标准与主维度的制定都是根据当前社会科技进步为背景提出的。

---

① ISTE. ISTE Standards for Teachers[DB/OL]. (2007-10-12)[2023-11-14]. http：//www. iste. org/standards/iste-standards/standards-for-teachers.

（3）主维度和各能力指标在设置上遵循层层递进，环环相扣的关系。其完整性、规范性、可操作性较强。在 NETS＊S 中，ISTE 对学生的教育技术能力的提出依次为"创新与变革、交流与写作、熟练运用信息开展研究、批判性思维和问题解决与决策、数字化时代公民的职责与权利、技术操作与概念"。可见，ISTE 对学生教育技术能力中的"创新与变革"能力重视度排行第一。同时也是 ISTE 协会第一次针对学生提出的全新能力维度。NETS＊T 中，对教师提出的教育技术能力标准依次为："促进和激发学生的学习和创造性、设计和推动数字时代的学习体验和评估、示范数字时代的工作和学习、促进和示范数字化公民和职责。"从这6 个维度可以看出，ISTE 协会在对教师制定的标准中，把提高学生的创造力和创新放在了首位。这与美国学者提出的在信息时代所需求的七大基本技能中，创新技能便是其中之一的观点不谋而合。[①]

（4）标准的制定突出了对学生各项能力的总体要求，而不局限于对技术的使用。在针对学生提出的标准中，"技术"与"能力"二词出现频率高，体现出它们在学生具备教育技术能力中的核心位置。同时，在内容上，NETS＊S 与以往的版本相比，实现了从"技术为核心"向"以学生能力为本"的实质性转变，同时，也能从标准中体会到美国教育界的全球化视野和战略性眼光。他们对学生教育技术能力的要求已不仅仅局限于学习本身，还拓展到了学生学习、生活乃至未来工作的各个方面。

（5）ISTE 标准的提出顺应了美国教育发展的国际趋势。2006 年 1 月 31 日，布什总统公布了 *American Competitiveness Initiative*，*ACI*（《美国竞争力计划》）[②]。在此背景下，对学生提出的首要标准是"创新与变革"，相应地对教师提出的标准是"促进和激发学生的学习和创造力"，这要求教师与学生一起参与对学习方式的变革。另外，标准中对教师提出的主旨在于如何促进学生灵活且有创造性地解决问题，而学生则在教师的培养下成为有个性的、主动的、有效的学习者。再者，在教师和学生的标准中均涉及数字化工具和资源的使用、数字公民与相应的

① 钟志贤 . 信息化教学模式［M］. 北京：北京教育出版社，2005：71.
② 全球化时代美国教育的 STEM 战略［DB/OL］.（2006-01-31）［2023-10-19］. http：//chinwee. bokee. com/6582440. html.

责任等。这些说明在数字化时代，学习不再仅仅强调工具与技能单方面的因素，而是强调这两样因素已形成一种无形的氛围，在此氛围中开展师生的教与学。最后，标准中要求师生都应具有全球化视野，能够在全世界范围内与不同群体合作、交流、协作。

三、澳大利亚教师信息技术整合教学能力标准

2002 年，澳大利亚颁布了《教师专业化标准》(*Professional Standards for Teachers*)，之后又于 2011 年颁布新标准。该标准有 7 项。2014 年，澳大利亚教师专业标准被昆士兰学院(QCT)采用，主要用于注册的目的。他们采用该标准告知教师专业学习目标的发展，教师能在昆士兰州公立学校认清他们当前具备的教师能力和需要开发的教师潜能、专业愿望及成就。该标准也与昆士兰州立学校教师的年度绩效评估流程相结合。2011 年 10 月 14 日，《教师专业化标准》在澳大利亚被教育部长拟为合法化。该举指将提高教师质量并增加澳大利亚教师的流动性。该标准也给出了教师应知道并需要做到的四个职业阶段，即刚毕业阶段、熟练 精通阶段、高质量完成阶段、引领阶段。这些阶段体现了教师发展专业知识的连续性，注册是对教师职业发展和专业学习更广泛的框架结构的一部分。四个教师职业发展阶段也各自有其标准。

(一)澳大利亚教师专业化标准内容概述

2011 年 10 月 14 日，《教师专业化标准》①制定了 7 个一级指标，分别为：Know students and how they learn(了解学生及其如何学习)、Know the content and how to teach it(了解教学内容与教学方法)、Plan for and implement effective teaching and learning(计划并实施有效的教与学的过程)、Create and maintain supportive and safe learning environments(创建并支持维护安全的学习环境)、Assess, provide feedback and report on student learning(评价并对学生学习结果进行反馈报告)、Engage in professional learning(致力于专业知识的学习)、Engage professionally with colleagues, Parents. carers and the community(与同事、家长、社

---

① http：//www. aitsl. edu. au/australian-professional-standards-for-teachers/standards/list.

区建立专业化联合)。7个一级指标下包含37个二级指标。

同时,澳大利亚《教师专业化标准》中将教师专业化发展分四个阶段,分别是:Graduate(初级阶段)、Proficient(精通阶段)、Highly accomplished(高级完成阶段)、Lead(引领阶段),并在37个二级指标下根据四个阶段供制定了148个三级指标。

(二)澳大利亚教师专业化标准中与教师信息技术能力标准有关的内容

澳大利亚对教师信息技术能力的要求制定在"教师专业化标准"中,主要有以下几个方面:

1. 标准二:了解教学内容与方法

澳大利亚教师专业化标准中教师信息技术能力标准之"信息传播与技术"标准,如表6-1所示。

表6-1 澳大利亚教师专业化标准中教师信息技术能力标准之"信息传播与技术"标准

2.6 信息传播与技术	毕业阶段	实施信息与传播技术环境下的教学策略,为学习者提供扩大课程学习内容的机会
	熟练阶段	应用有效的教学策略,将信息传播技术与教与学的活动过程进行整合,以便选择相关的、有意义的学习内容
	高效完成阶段	与同事一起工作,与同事一同利用当前的信息传播技术,提高大家的教学实践并使所选择的现代化的高水平的教学知识与技能与课程内容更相关和更有意义
	引领阶段	领导并支持同事在学校范围内选择并使用信息传播技术,采用有效的教学策略扩大学习者的学习机会和内容

2. 标准三:计划并实施有效的教与学的过程

澳大利亚教师专业化标准中教师信息技术能力标准之"选择与使用资源"标准,如表6-2所示。

表6-2　澳大利亚教师专业化标准中教师信息技术能力标准之"选择与使用资源"标准

3.4 选择与使用资源	毕业阶段	展示一系列资源，包括信息传播技术，并将信息传播技术应用于学生的学习过程中
	熟练阶段	选择或创建及使用各种资源，包括信息传播技术，并应用于学生的学习过程中
	高效完成阶段	协助同事创建、选择、使用各种广泛的资源，包括信息传播技术，并将信息传播技术应用于学生的学习过程中
	引领阶段	能起到模范示范作用，并引领同事选择、创建和评价资源，包括信息传播技术资源，同时，教师应在学校内外有效应用信息传播技术

3. 标准四：创建并支持维护安全的学习环境

澳大利亚教师专业化标准中教师信息技术能力标准之"学习环境"标准，如表6-3所示。

表6-3　澳大利亚教师专业化标准中教师信息技术能力标准之"学习环境"标准

4.5 安全、负责并符合道德规范德地使用信息传播技术	毕业阶段	展示对有关问题的理解和可用的策略来支持在学与教的过程中安全、负责、充满伦理道德地使用信息技术
	熟练阶段	合并策略以促进安全、负责任地、遵守伦理道德地在学与教的过程中使用信息技术
	高效完成阶段	模式化并支持同事发展策略，促进在学与教的过程中安全、负责地、遵守伦理道德地使用信息技术
	引领阶段	审查或实施新的政策以确保安全、负责并遵守伦理道德地在学与教的过程中使用信息技术

(三) 澳大利亚教师信息技术整合教学能力标准特点

一是，该标准中明确指出要针对不同国家、不同教育背景、不同地域、不同宗教背景、不同经济背景的学习者开展差异化教学。尊重各个区域、各种教育背景、各种宗教环境下受教育人的学习风格的不同，人文环境的不同，体现了"以人为本"的实质。

二是，该标准将教师能力发展分为四个阶段。分别是毕业阶段、熟练阶段、高效完成阶段、引领阶段，并在教师能力发展的四个阶段中分别提出了7大类标准。可见，其对教师能力发展的能力标准制定是非常详细且可行性较强的。

三是，对教师信息技术相关能力的标准制定在"教师专业化标准"中。与教师信息技术能力相关的标准在标准二、标准三、标准四中都有提出。

四是，该标准着力强调以人为本，以学生为中心的理念。澳大利亚教师专业化发展标准的制定中多处指出"适应学生的能力，以及满足来自不同语言、文化、宗教和社会经济背景的学生的需求"，强调对残疾学生积极参与学习过程中制定相关政策与法规，制定学习策略和教学计划。

五是，标准中强调与同事合作，引导、配合同事制定教学计划、实施有效的教学策略、反思教学过程、促进课堂有效管理、与同事分享灵活的管理策略，支持同事开发有效的教学策略。

六是，强调与家长、监护人合作，并给予其指导，为其制定广泛的受教育策略，帮促他们在孩子受教育过程中进行有效的家庭监管。

七是，强调利用多媒体资源进行定期的教与学过程的检查，重视学生的评价数据，强调对孩子创新能力的培养。

八是，强调在学校制定安全、符合伦理道德的使用信息技术的策略，支持教与学的过程。

四、联合国教科文组织制定的《教师信息与通信技术能力框架》

2007 年，UNESCO(联合国教科文组织)与微软、英特尔、思科等跨国公司及 ISTE(美国国际教育技术协会)合作，开展了 *The Next Generation of Teachers Project* (《面向下一代的教师计划》)的研讨。之后，2008 年 1 月，在伦敦召开的青年人才交流会上，联合国教科文组织向一百多个国家的教育部长和媒体发布了 *UNESCO ICT Competency Standards for Teachers*，简称 ICT-CFT。①

---

① USESCO. UNESCO ICT Competence Framework for Teachers[EB/OL]. (2013-04-14)[2023-12-22]. http：//www. unesco. org/new/en/commun ication-and-information/access-to-knowledge/unesco-ict-competency-framework-for-teachers/.

通过三年的试用与完善，2011 年 11 月，联合国教科文组织发布了 *UNESCO ICT Competency Framework for Teachers*（《教师信息与通信技术能力框架》）。

（一）*UNESCO ICT Competency Standards for Teachers* 标准内容概述

UNESCO ICT Competency Standards for Teachers 标准如表 6-4 所示。

表 6-4　　　　　　　　《教师信息与通信技术能力框架》①

	Technology Literacy 技术素养	Knowledge Deepening 知识深化	Knowledge Creation 知识创造
Understanding ICT in Education 理解教育中的 ICT	Policy awareness 政策意识	Policy understanding 政策理解	Policy innovation 政策创新
Curriculum and Assessment 课程与评估	Basic Knowledge 基础知识	Knowledge application 知识应用	21st Century skills 知识社会技能
Pedagogy 教学法	Intergrate technology 整合技术	Complex Problem Solving 复杂问题解决	Self management 自我管理
ICT	Basic tools 基本工具	Complex tools 复杂工具	Pervasive Tools 普适工具
Organization and Administration 组织与管理	Standard Classroom 标准课堂	Collaborative Groups 协作小组	Learning Organizations 学习型组织
Teacher Professional Development 教师专业学习	Digital Literacy 数字素养	Manage and Guide 管理与指导	Teacher as Model Learner 教师作为模型学习者

该标准制定了教师发展的三个阶段、六个焦点领域下的课程目标与教师能力要求，构建了 18 个模块的教师能力体系。

---

① 马宁，崔京菁，余胜泉．UNESCO《教师信息与通信技术能力框架》[J]．中国电化教育，2013(07)：57-64.

（二）*UNESCO ICT Competency Standards for Teachers* 的特点

一是，该标准设计了教师发展的三个阶段。第一个阶段是技术素养阶段；第二个阶段是知识深化阶段；第三个阶段是知识创造阶段。第一个阶段是使学生利用 ICT 进行有效的学习，第二个阶段使学生能深入理解学校课程中的知识，并将该知识应用于解决复杂而真实的世界问题中，第三个阶段使将来会成为公民及员工的现任学生能创造出和谐、充实、繁荣的社会所需新知识。同时，该标准中设计的教师发展的三个阶段构成了教师教育技术能力标准的三个一级指标。

二是，该标准提出了教育中的六个焦点领域，分别是理解教育中的 ICT、课程与评估、教学法、ICT、组织与管理、教师专业学习。

三是，该标准针对技术素养、知识深化、知识创造三大方式分别构建了 22 项、21 项、18 项教师能力目标体系。

四是，该标准强调，仅让教师具备教育信息技术传播能力是不够的，教师应能在学生使用教育信息传播能力的基础上帮助学生发展其协作能力、问题解决能力以及培养学生的创造力。

五是，该标准在基于三大教学方式（技术素养、知识深化、知识创造）和六个教育焦点领域（理解教育中的 ICT、课程与评估、教学法、ICT、组织与管理、教师专业学习）的基础上，构建了 18 个教师能力体系，分别是：政策意识、政策理解、政策创新、基础知识、知识应用、知识社会技能、整合技术、复杂问题解决、自我管理、基本工具、复杂工具、普适工具、标准课堂、协作小组、学习型组织、数字素养、管理与指导、教师作为模型学习者。

六是，该标准对不同地区、不同社会背景、不同经济形态的国家和地区的教师 ICT 发展与学生的教育发展有一定的指导性作用，但该标准若要作为一个国际规范和标准，则在方针政策的针对性上存在一定的不足。

第二节　国内教师教育技术能力标准

为推动我国教育信息化发展，在学校实现信息技术与教学过程的有效结合，优化课程设置，丰富教学内容，改善教学效果，全面推进素质教育，自 1978 年邓小平在国务院召开全国教育工作会议上发表讲话，提出"教育部和各地教育行政部门要采取切实有效的措施，比如充分利用广播、电视，举办各种训练班、进修班，比如充分利用广播、电视，举办各种训练班、进修班，编印教学参考资料等，大力培训师资"①。至如今，我国教育部、中共中央办公厅、国务院办公厅、国家发展改革委、财政部等机构，不断提出各种政策，提供各种资源对幼儿园、中小学、特殊教育领域的教师开展教育技术相关能力培训。同时，也针对我国中小学教师应具备的教育技术能力、信息技术能力，制定了相关标准，其能力标准主要有：教育部教师〔2004〕9 号颁布的《中小学教师教育技术能力标准(试行)》和教育部办公厅印发的〔2014〕3 号文件《中小学教师信息技术应用能力标准(试行)》，两次颁布的"标准"主要内容如下。

一、中小学教师教育技术能力标准(试行)核心内容

2004 年 12 月 15 日，教育部《中小学教师教育技术能力标准(试行)》(教师〔2004〕9 号)指出，对中小学教育机构中教学人员、管理人员、技术人员制定了不同的能力标准，包括意识与态度(信息需求意识、信息应用与创新意识、对信息的敏感性与洞察力、对信息的兴趣与态度等)、教育技术的技能与知识(教育技术的基本理论与方法、基本操作技能、信息检索加工与表达、信息安全与评价等)、教育技术的应用与创新(包括教学设计、教学实践、信息技术与课程整合、自主学习与协作学习等)、应用教育技术的社会责任(包括与信息利用与传播有关的道德、法律、人文关怀等)②。2004"标准"中针对中小学教育机构中教学人员、管理人员、技术人员所制定的教育技术能力标准为：

(一)教学人员教育技术能力标准

在教学人员教育技术能力标准中，有 4 个一级指标，14 个二级指标，42 个三级指标。

4 个一级指标为：意识与态度、知识与技能、应用与创新、社会责任；"意

---

① 邓小平文选(第 2 卷)[M]. 北京：人民出版社，1994：109-110.
② 教育部. 中小学教师教育技术能力标准(试行)[J]. 中国电化教育，2005(02)：5-9.

识与态度"指标包含 4 个二级指标，分别为"重要性的认识""应用意识""评价与反思""终身学习"，4 个二级指标下包含 12 个三级指标；"知识与技能"包含 2 个二级指标，分别为"基本知识""基本技能"，2 个二级指标下包含 9 个三级指标；"应用与创新"包含 4 个二级指标，分别为"教学设计与实施""教学支持与管理""科研与发展""合作与交流""公平利用"，4 个二级指标下包含 17 个三级指标；"社会责任"指标包含 4 个二级指标，分别为"有效应用""健康使用""规范行为""公平利用"，4 个二级指标下包含 4 个三级指标。

(二)管理人员教育技术能力标准

在管理人员应具备的教育技术能力标准中，一级指标有 4 个，二级指标有 14 个，三级指标有 46 个。

管理人员的一级能力指标与教学人员相同，一级指标中的"意识与态度"包含 4 个二级指标，分别为"重要性认识""应用意识""评价与反思""终身学习"，其后包含 14 个三级指标；"知识与技能"包含 2 个二级指标，分别为"基本知识""基本技能"，2 个二级指标中包含 8 个三级指标；"应用与创新"能力后包含 4 个二级指标，分别为"决策与规划""组织与运用""评估与发展""合作与交流"，4 个二级指标中包含 16 个三级指标；"社会责任"指标中包含 4 个二级指标，分别为"公平利用""有效应用""安全使用""规范行为"，4 个二级指标中包含 8 个三级指标。

(三)技术人员教育技术能力标准

在标准中指出技术人员应具备的教育技术能力一级指标有 4 个，二级指标有 14 个，三级指标有 43 个。

技术人员的教育技术一级能力指标与管理人员和教学人员一级指标相同，一级指标"意识与态度"中包含"重要性的认识""应用意识""评价与反思""终身学习"4 个二级指标，4 个二级指标后包含 13 个三级指标；"知识与技能"包含 2 个二级指标"基本知识""基本技能"，2 个二级指标包含 9 个三级指标；"应用与创新"包含 4 个二级指标，分别为"设计与开发""应用与管理""评估与发展""合作与交流"，4 个二级指标包含 14 个三级指标；"社会责任"包含"公平利用""有效应用"安全使用""规范行为"4 个二级指标，4 个二级指标包含 7 个三级指标。

(四)《中小学教师教育技术能力标准(试行)》特点分析

第一，《中小学教师教育技术能力标准(试行)》中针对学校各类人员，制定了不同要求的教育技术能力标准。有针对学校教学人员制定的标准，有针对学校管理人员制定的教育技术能力标准，也有针对学校技术人员制定的教育技术能力标准。标准的制定分类明确，要求细则详尽。

第二，该标准对教学人员、管理人员、技术人员所制定的能力标准，其总体目标都是一致的，都希望三类人员具备教育技术的"意识与态度""知识与技能""应用与创新""社会与责任"四个方面的能力。

第三，在二级指标中，针对三类人员所制定的标准有一定的不同。如针对教学人员在"应用与创新"一级能力指标中主要提出要具备"政策与规划""组织与运用""评估与发展""合作与交流"四个能力，而技术人员在"应用与创新"一级能力指标下的二级指标包括四个方面，分别是"设计与开发""应用与管理""评估与发展""合作与交流"。

第四，根据三类人员工作性质的不同，制定了适合各岗位的三级能力指标。管理人员在"应用与创新"能力下的二级指标内容与教学人员绝大部分一致，只在极小部分有所不同，即管理人员要具备"决策与规划"能力，教学人员需具备"政策与规划"能力；从三类人员的 14 个二级指标下所制定的三级能力指标来看，其所制定的能力指标根能据其分工不同，制定的总内容是一致的，在三级指标中，针对不同类别人员制定了主旨一致而细节稍显不同的能力标准。

第五，何克抗教授认为教育技术能力培训中完全以学习、掌握如何进行教学设计和有效实施教学活动为目的。其对实施中小学教师教育技术能力标准的观点有"中小学教师教育技术能力标准是从如何教的角度对中小学教师的专业技能提出了规范要求""教育技术能力培训教材是围绕教学设计和教学实施的各环节而展开"。[①]

---

① 何克抗. 教育技术能力等同于信息技术能力吗？[N]. 中国教育报, 2006-06-19 (005).

二、中小学教师信息技术应用能力标准(试行)

2013 年 10 月 25 日，教育部以教师〔2013〕13 号印发了《关于实施全国中小学教师信息技术应用能力提升工程的意见》，2014 年 5 月 27 日，教育部办公厅以教师〔2014〕3 号印发了《中小学教师信息技术应用能力标准(试行)》的通知。随后，2014 年 5 月 30 日，教育部办公厅发布教师〔2014〕7 号《中小学教师信息技术应用能力培训课程标准(试行)》。接着，2014 年 7 月 30 日，教师司函〔2014〕55 号印发《中小学教师信息技术应用能力测评指南》，这一工程主要是到 2017 年年底完成全国 1000 多万中小学(含幼儿园)教师新一轮提升培训，提升教师信息技术应用能力、学科教学能力、专业自主发展能力；开展信息技术应用能力测评，激发教师持续学习动力，建立教师主动应用机制，推动每个教师在课堂教学和日常工作中有效应用信息技术，促进信息技术与教育教学融合取得突破的效果。

《中小学教师信息技术应用能力标准(试行)》是我国颁布的第一个有关教师信息技术应用能力的标准，其标准与 2004 年的《中小学教师教育技术能力标准(试行)》相关度不大，二者之间也缺乏相应承接关系，但该标准涵盖了我国教育技术专家、学科专家、培训专员、教研员、校长等众多一线教师意见。[①]

(一)中小学教师信息技术应用能力标准(试行)内容

《中小学教师信息技术应用能力标准(试行)》(以下简称《能力标准》)分四个部分：一是，总则；二是，基本内容；三是，实施要求；四是，附录(术语表)。《能力标准》根据我国中小学信息技术实际条件不同、师生信息技术应用情境的不同，对教师在教育教学和专业发展中应用信息技术从五个维度提出了标准：技术素养、计划与准备、组织与管理、评估与诊断、学习与发展。《能力标准》以教师教育教学工作与专业发展为主线，同时也提出了两个要求：一是，应用信息技术优化课堂教学的能力为基本要求(教师利用信息技术进行讲解、启发、示范、指导、评价等教学活动应具备的能力)；二是，应用信息技术转变学习方式的能

力为发展性要求(教师利用信息技术支持学生开展自主、合作、探究等学习活动所应具有的能力)。①

(二)中小学教师信息技术应用能力标准(试行)特点分析

第一,该标准的制定是基于为全面提升中小学教师的信息技术应用能力,促进信息技术与教育教学的深度融合以及贯彻落实《教育部关于实施全国中小学教师信息技术应用能力提升工程的意见》而提出的。

第二,该标准提出了中小学教师应具备的信息技术能力有 5 个维度,该 5 个维度相互贯穿,并非独立存在。其中"技术素养"是对中小学教师在日新月异发展的信息技术环境下,应具备与时俱进的媒体技术能力的要求,也是对教师最基本的应具备的信息素养的要求;"计划与准备""组织与管理""评估与诊断"三个能力是要求教师在具备了一定"技术素养"的前提下,应与自己的学科教学结合起来,在自己所从事的课程教学中有效利用各信息技术手段、信息技术环境开展教学活动,其中特别要强调"技术素养",即教师能够在多媒体教学环境中,合理利用通用软件、学科软件、数字教育资源等技术资源,有效开展讲解、启发、示范、指导、评价等教学活动,优化课堂教学、提升教育教学能力,提升自己的教学效果。

第三,标准注重教师的专业发展和终身学习能力。在"学习与发展"能力中指出,通过培训,教师树立主动运用信息技术促进专业发展的意识,掌握专业发展所需的技术手段和方法,学会利用教师网络研修社区,有效参与信息技术支持下的校本及区域研修,养成网络学习习惯,促进终身学习,实现专业自主发展。

第四,该标准的可操作性强,在"应用信息技术优化课堂教学"和"应用信息技术转变学习方式"2 个要求下的 25 个细则中,均采用了明晰准确的培训目标词语,如"掌握""了解""尝试利用""鼓励学生""引导""利用""综合利用""理解""有效参与""有效使用""灵活处置"等可操作性极强的词语。

第五,两个要求紧紧贯穿在五个维度中。在标准中"应用信息技术优化课堂教学"和"应用信息技术转变学习方式"两个要求是五个维度的核心,即中小学教

①　徐福荫.教师信息技术能力提升与实施[R].PPT,2015-07-21.

师信息技术应用能力的培训需围绕两个要求，并基于教师教育教学工作与专业发展这一条主线开展。

第六，何克抗教授认为，信息技术能力中的"信息技术"属于技术学科，教育技术能力中的"教育技术"属于教育学科，培养中小学教师的信息技术能力主要是培养其"对信息的获取、存储、分析、加工、变换、传输与评价信息的能力"、"信息技术培训教材是围绕各种信息处理技术而展开"、中小学教师的"信息技术培训完全以学习、掌握信息处理技术为目的"、"信息技术培训中也会涉及不少教学资源的开发、教学软件利用和教学自动测评等教学应用的内容，但其目的是通过这类教学应用作案例去验证相关的信息处理技术的实用性与有效性"。①

三、国内颁布的教师教育信息化政策中的主要政策

根据中国教师教育信息化政策发展过程和政策颁布时间，中国教师教育信息化政策可分为三个阶段，分别为：1978—1997 年的初步探索阶段；1998—2005 年的发展形成阶段；2006 年至今的发展完善阶段。② 2006 年以来，我国教师教育信息化政策更加务实，从宏观指导转向实施一些项目，自 2006 年以来国内颁布的关于教师教育信息化政策中主要政策如下：

（一）《2006—2020 年国家信息化发展战略》（中办发〔2006〕11 号）

2006 年 5 月 8 日，中共中央办公厅、国务院办公厅颁布了《2006—2020 年国家信息化发展战略》（中办发〔2006〕11 号）。其与教师教育信息化有关的内容有：第一，"国民信息技术教育培训计划"中指出在全国中小学普及信息技术教育，建立完善的信息技术基础课程体系，优化课程设置，丰富教学内容，提高师资水平，改善教学效果。推广新型教学模式，实现信息技术与教学过程的有机结合，全面推进素质教育。第二，普及中小学信息技术教育。开展形式多样的信息化知

---

① 何克抗. 教育技术能力等同于信息技术能力吗？[J]. 中国教育报, 2006-06-19.
② 杜玉霞. 中国教师教育信息化政策的演进与特点[J]. 电化教育研究, 2013(08)：34-41.

识和技能普及活动，提高国民受教育水平和信息能力。第三，加快教育科研信息化步伐。提升基础教育、高等教育和职业教育信息化水平，持续推进农村现代远程教育，实现优质教育资源共享，促进教育均衡发展。构建终身教育体系，发展多层次、交互式网络教育培训体系，方便公民自主学习。①

（二）《关于实施中小学教师新课程国家级远程培训项目的通知》（教师司〔2006〕33号）

2006年7月5日，教育部师范教育司颁布了《关于实施中小学教师新课程国家级远程培训项目的通知》（教师司〔2006〕33号），该项目于8月5日正式启动。这次培训由教育部师范教育司负责统筹协调，基础教育司配合进行业务指导。第一，培训内容：本次培训将聚焦新课程实施过程中的疑点、难点与重点，针对基层中小学教师教学过程中遇到的困惑和实际问题，以课堂教学、学生学习、教师成长三个专题为主线展开。培训内容以案例为主体，贴近实际、贴近课堂、贴近学科；培训采用基于网络的视频直播或文本阅读、经验交流、问题研讨、学员互动、专家点评等形式。第二，培训组织形式：各相关省级师资培训主管部门负责指导和监督本省（区、市）相关县级教师培训机构组织开展远程培训活动。各相关县级教师培训机构负责组织本县（市、区）域内教师参加培训。第三，培新技术支持：国家教育资源服务平台（www.cersp.com）和全国教师网联全国中小学教师继续教育网（www.teacher.com.cn）为本次培训提供网络平台服务，培训所有内容在两个平台上同时发布。有关培训的全部技术支持由中国教育资源服务平台承担。第四，培新课程：本次培训共设置"学生学习""教师成长""课堂教学"三个专题。第五，学员学习过程的评价和记录：学员在线学习过程中的各类相关数据（文章数、评论数、点击数、简报引用数、提出问题和回答问题数等）由后台自动统计、实时呈现，各班班主任要依据学员学习状态和提出问题、参与研讨、作业完成、学习总结等全部在线记录，形成本班学员学习状况的过程与结果

---

① 中共中央办公厅，国务院办公厅. 关于印发《2006—2020年国家信息化发展战略》的通知［DB/OL］. （2006-03-19）〔2023-05-17〕. http：//www.gov.cn/gongbao/content/2006/content_315999.htm.

评估。①

（三）《教育部办公厅关于组织实施2007年暑期西部农村教师国家级远程培训的通知》（教师厅函〔2007〕1号）

2007年7月1日教育部办公厅颁发《关于组织实施2007年暑期西部农村教师国家级远程培训的通知》（教师厅函〔2007〕1号），并于8月15日启动该计划。这次培训由教育部师范教育司、基础教育司组织实施，中央电教馆承办，在中西部100个县的教师在县级教师进修学校和具备条件的乡镇设立2149个培训点开展。② 时任教育部部长周济在启动仪式上发表了讲话，主要如下：第一，要高度重视中小学教师培训工作，特别要进一步重视和加强对农村教师的培训。第二，要把教师培训纳入教育发展总体规划，提供政策支持和条件保障，将教师培训工作纳入教育督导。第三，把集中培训和远程培训结合起来，"人网""天网""地网"相结合，"农远工程"三种模式相结合，努力提高教师培训的质量和效益。第四，提高广大教师应用信息技术的积极性和能力，努力使远程教育"班班通""堂堂通"，促进农村教育跨越式发展。

（四）《教育部办公厅关于印发〈2008年中小学教师国家级培训计划〉的通知》（教师厅〔2008〕1号）

2008年4月2日，教育部办公厅颁布《〈关于印发2008年中小学教师国家级培训计划〉的通知》（教师厅〔2008〕1号）文，指出：第一，支持西部边远地区骨干教师培训专项计划。在2007年暑期教育部援助西藏、新疆教师培训和西部农村教师国家级远程培训"三项计划"基础上，教育部委托上海等东部省市和陕西师范大学等高师院校分别对云南等西部省区中小学骨干教师进行有针对性的培训。第二，教育部专项支持，委托上海市对口云南省、江苏省对口西藏自治区、浙江省对口新疆、广东省对口广西壮族自治区、陕西师大对青海省、西北师大对

---

① http：//baedu2. baoan. edu. cn/content. aspx? newsid＝378894.
② 李玉兰. 教育部2007年暑期西部农村教师远程培训计划启动［N］. 人民日报，2007-08-16.

甘肃省，送培到省、送教上门。第三，对 2008 年新进入高中课程改革的江西、河南、湖北、新疆、陕西 5 个省区及新疆生产建设兵团等近 10 万名高中学科教师进行 50 学时的专题培训。第四，对中西部农村义务教育学校教师进行远程培训。主要依托"农远工程"采取卫星电视课程播放与在线辅导答疑结合，对中西部 22 省、新疆生产建设兵团的 150 个县的农村义务教育阶段的学科教师进行 40 学时专项培训。第五，对中小学班主任进行专项培训。突出对班主任日常工作的指导，探索班主任培训新形式。第六，采取"送培下省"的集中培训方式，组织实施西部地区中小学专职体育教师及中小学传统项目学校体育教师进行培训。①

(五)《教育部办公厅关于印发〈2009 年中小学教师国家级培训计划〉的通知》(教师厅〔2009〕3 号)

2009 年 7 月 7 日，教育部办公厅颁布《关于印发〈2009 年中小学教师国家级培训计划〉的通知》(教师厅〔2009〕3 号)文，指出：第一，培训重点为：实施素质教育的理论与实践，有效教学方式方法，现代教育技术的应用，师德教育和教师专业发展。第二，对"普通高中课改实验省教师远程培训项目"中提到，培训学科为信息技术、通用技术等学科。②

(六)教育部　财政部《关于实施"中小学教师国家级培训计划"的通知》(教师〔2010〕4 号)

2010 年 6 月 11 日，教育部、财政部颁发《关于实施"中小学教师国家级培训计划"的通知》(教师〔2010〕4 号)文，指出：第一，"国培计划"包括"中小学教师示范性培训项目"和"中西部农村骨干教师培训项目"两项。第二，"中小学教师示范性培训项目"主要包括中小学骨干教师培训、中小学教师远程培训、班主任教师培训。第三，"中西部农村骨干教师培训项目"的培训计划主要包括农村中小学教师置换脱产研修、农村中小学教师短期集中培训、农村中小学教师远程培

---

① http://moe.edu.cn/s78/A10/s7058/201410/t20141021_178892.html.

② http://www.moe.gov.cn/publicfiles/business/htmlfiles/moe/moe_2923/201001/xxgk_81500.html.

训。第四，对农村义务教育学校教师的培训主要采取电视课程收看、IP 卫星资源播放、网络在线学习、县域内集中研讨。第五，对高中课程改革教师的远程培训主要采用计算机网络远程手段培训。第六，对中西部农村骨干教师培训采用集中培训和远程跟踪指导相结合，加强对农村学校的音乐、体育、美术、艺术、科学、信息技术、通用技术和综合实践活动、心理健康教育、学前教育、特殊教学教师的培训。第七，要重视边境民族地区教师的培训。

（七）《中共中央国务院印发〈国家中长期教育改革和发展规划纲要（2010—2020 年）〉》（中发〔2010〕12 号）

2010 年 7 月 29 日，中共中央国务院颁发《国家中长期教育改革和发展规划纲要（2010—2020 年）》（中发〔2010〕12 号）文，简称《教育规划纲要》。该纲要由序言、总体战略、发展任务、体制改革、保障措施和实施组成，共 22 章，70 条。该纲要指出：第一，教育公平是社会公平的重要基础，教育公平的关键是机会公平，基本要求是保障公民依法享有受教育的权利，重点是促进义务教育均衡发展和扶持困难群体，根本措施是合理配置教育资源，向农村地区、边远贫困地区和民族地区倾斜，加快缩小教育差距。第二，把提高质量作为教育改革发展的核心任务。第三，到 2020 年，基本实现教育现代化，基本形成学习型社会，进入人力资源强国行列。第四，第十九章第五十九条指出：加快教育信息基础设施建设。信息技术对教育发展具有革命性影响，必须予以高度重视。到 2020 年，基本建成覆盖城乡各级各类学校的教育信息化体系，促进教育内容、教学手段和方法现代化。充分利用优质资源和先进技术，创新运行机制和管理模式，整合现有资源，构建先进、高效、实用的数字化教育基础设施。加快终端设施普及，推进数字化校园建设，实现多种方式接入互联网。重点加强农村学校信息基础建设。加快中国教育和科研计算机网、中国教育卫星宽带传输网升级换代。制定教育信息化基本标准，促进信息系统互联互通。第五，第六十条指出，加强优质教育资源开发与应用。加强网络教学资源体系建设。引进国际优质数字化教学资源。开发网络学习课程。建立数字图书馆和虚拟实验室。创新网络教学模式，继续推进农村中小学远程教育，使农村和边远地区师生能享受优质教育资源。强化信息技术应用。提高教师应用信息技术的水平，更新教学观念，改进教学方法，提高教学效果。鼓励学生利用信息手段主动学习、自主学习，增强应用信息技术分析解决问题能力。第六，第六十一条指出，构建国家教育管理信息系统。加快学校管理信息化进程。第七，第二十一章"重大项目和改革试点"，第六十六条"组织实施重大项目"指出，进行教育信息化建设，提高中小学每百名学生拥有计算机台数，为农村中小学班级配备多媒体远程教学设备；建设有效共享、覆盖各级各类教育的国家数字化教学资源库和公共服务平台；基本建成较完备的国家级和省级教育基础信息库以及教育质量、学生流动、资源配置和毕业生就业状况等监测分析系统。①

（八）《教育部关于大力加强中小学教师培训工作的意见》（教师〔2011〕1 号）

2011 年 1 月 4 日，教育部颁发《关于大力加强中小学教师培训工作的意见》（教师〔2011〕1 号），指出：第一，以农村教师为重点，开展中小学教师全员培训，努力构建开放灵活的教师终身学习体系，加大教师培训支持力度，全面提高教师素质，为基本实现教育现代化，建设人力资源强国提供师资保障。第二，要加强农村音乐、体育、美术、英语、信息技术、科学课程等紧缺学科教师培训。适应教育现代化和教育信息化的新要求，进一步推进"全国中小学教师教育技术能力建设计划"，促进信息技术与学科教学有效整合，提高教师在教育教学中有效应用现代教育技术的能力和水平。

（九）《教育部关于大力推进教师教育课程改革的意见》（教师〔2011〕6 号）

2011 年 10 月 8 日，教育部颁发《关于大力推进教师教育课程改革的意见》（教师〔2011〕6 号）中指出：第一，改革课程教学内容，加强信息技术课程建设，提升师范生信息素养和利用信息技术促进教学的能力。第二，开发优质课程资源。实施"教师教育国家精品课程建设计划"，通过科研立项、遴选评优和海外引进等途径，构建丰富多彩、高质量的教师教育国家精品课程资源库。大力推广和使用"国家精品课程"，共享优质课程资源。第三，改进教学方法和手段。充

----

① 中共中央国务院.国家中长期教育改革和发展规划纲要（2010—2020 年）[J].人民教育，2010(17)：2-15.

分利用模拟课堂、现场教学、情境教学、案例分析等多样化的教学方式，增强师范生学习兴趣，提高教学效率，着力提高师范生的学习能力、实践能力和创新能力。加强以信息技术为基础的现代教育技术开发和应用，将现代教育技术渗透、运用到教学中。①

（十）《教育部关于印发〈教育信息化十年发展规划（2011—2020 年）〉的通知》（教技〔2012〕5 号）

2012 年 3 月 13 日，教育部颁发《关于印发〈教育信息化十年发展规划（2011—2020 年）〉的通知》（教技〔2012〕5 号）中共分 4 个部分，20 个章节。指出：第一，必须清醒地认识到，加快推进教育信息化还面临诸多的困难和挑战。对教育信息化重要作用的认识还有待深化和提高；加快推进教育信息化发展的政策环境和体制机制尚未形成；基础设施有待普及和提高；数字教育资源共建共享的有效机制尚未形成，优质教育资源尤其匮乏；教育管理信息化体系有待整合和集成；教育信息化对于教育变革的促进作用有待进一步发挥。推进教育信息化仍然是一项紧迫而艰巨的任务。第二，文件中提出，推进教育信息化应该坚持以下工作方针：面向未来，育人为本、应用驱动，共建共享、统筹规划，分类推进、深度融合，引领创新。第三，到 2020 年，全面完成《教育规划纲要》所提出的教育信息化目标任务，形成与国家教育现代化发展目标相适应的教育信息化体系，基本建成人人可享有优质教育资源的信息化学习环境，基本形成学习型社会的信息化支撑服务体系，基本实现所有地区和各级各类学校宽带网络的全面覆盖，教育管理信息化水平显著提高，信息技术与教育融合发展的水平显著提升。教育信息化整体上接近国际先进水平，对教育改革和发展的支撑与引领作用充分显现。第四，发展任务是：通过优质数字教育资源共建共享、信息技术与教育全面深度融合、促进教育教学和管理创新，助力破解教育改革和发展的难点问题，促进教育公平、提高教育质量、建设学习型社会；通过建设信息化公共支撑环境、增强队伍能力、创新体制机制，解决教育信息化发展的重点问题，实现教育信息化可

---

① http：//www.moe.edu.cn/publicfiles/business/htmlfiles/moe/s3702/201110/xxgk_125722.html.

持续发展。第五，缩小数字化差距、推进信息技术与教学融合、培养学生信息化环境下的学习能力。第六，加快职业教育信息化建设，支撑高素质技能型人才培养。第七，加强高校数字校园建设与应用，促进人才培养模式创新，促进高校科研水平提升、增强高校社会服务与文化传承能力。第八，推进继续教育数字资源建设与共享、加快信息化终身学习公共服务体系建设、加强继续教育公共信息管理与服务平台建设。第九，完善教育信息网络基础设施、建立国家教育云服务模式、建立优质数字教育资源和共建共享环境、完善教育信息化标准体系、建立教育信息化公共安全保障环境。第十，提高教师应用信息技术水平、建设专业化技术支撑队伍、提升教育信息化领导力、优化信息化人才培养体系。加大对教育信息化相关学科的支持力度，优化本科生和研究生培养计划和课程体系。建立教育信息化实训基地，提高实践能力，鼓励高校信息化相关学科毕业生到基层单位和学校从事教育信息化工作。第十一，创新优质数字教育资源共建共享机制、建立教育信息化技术创新和战略研究机制、建立教育信息化产业发展机制、推动教育信息化国际交流与合作、改革教育信息化管理体制，建立健全教育信息化管理与服务体系。第十二，在"行动计划"部分提出：2012—2015 年，初步解决教育信息化发展中的重大问题，基本形成与国家教育现代化发展目标相适应的教育信息化体系；2016—2020 年，根据行动计划建设进展、教育改革发展实际需求和教育信息化自身发展状况，确定各行动的建设重点与阶段目标。第十三，重点支持中西部地区、边远地区、贫困地区的学校信息基础设施建设。大力推进教育信息化应用创新与改革试点，探索教育理念与模式创新，推动教育与信息技术的深度融合，探索教育信息化可持续发展机制。第十四，大力推进普通高校数字校园建设。开发能有效支持师范生教育技术实践能力培养的信息技术和教育技术公共课。建设一批学科优势明显、课程体系完善、与实践领域对接的教育信息化专门人才培养基地。遴选和培养一批能引领教育信息化发展的研究与实践人才。到 2015 年，建成 30 个左右的国家级教育信息化人才培养基地。第十五，加强教育信息化标准规范制定和应用推广、建立和完善教育信息化创新支撑体系。①

---

① http：//www. moe. edu. cn/publicfiles/business/htmlfiles/moe/s3342/201203/133322. html.

（十一）《教育部关于全面提高高等教育质量的若干意见》（教高〔2012〕4号）

2012年3月16日，教育部颁发《关于全面提高高等教育质量的若干意见》（教高〔2012〕4号）中，第二十三条指出，"建设优质教育资源共享体系"，"加强信息化资源共享平台建设，实施国家精品开放课程项目，建设一批精品视频公开课程和精品资源共享课程，向高校和社会开放。推进高等职业教育共享型专业教学资源库建设，与行业企业联合建设专业教学资源库"。① 第二十九条指出"加强高校基础条件建设，加强数字校园、数据中心、现代教学环境等信息化条件建设。"

（十二）《教育部关于印发〈幼儿园教师专业标准（试行）〉〈小学教师专业标准（试行）〉和〈中学教师专业标准（试行）〉的通知》（教师〔2012〕1号）

2012年2月10日，教育部颁发的《幼儿园教师专业标准（试行）》《小学教师专业标准（试行）》和《中学教师专业标准（试行）》的通知（教师〔2012〕1号）中指出：第一，在"幼儿园教师专业标准（试行）中在"专业知识"第七条"通识性知识"第35条指出"具有一定的现代信息技术知识"。第二，在"小学教师专业标准（试行）""专业知识"第八条"通识性知识"中第36条指出"具有适应教育内容、教学手段和方法现代化的信息技术知识"；第十条"组织与实施"的第45条指出"将现代教育技术手段整合应用到教学中"；第三，在中学教师专业标准（试行）中，在"专业知识"的第八条"通识性知识"第37条指出"具有适应教育内容、教学手段和方法的现代化的信息技术知识"；第九条"教学设计"第39条指出"合理利用教学资源和方法设计教学过程"、第40条"引导和帮助中学生设计个性化的学习计划"；第四，在专业能力方面，第10条"教学实施"中第42条指出"通过启发式、探究式、讨论式、参与式等多种方式，有效实施教学"、第44条指出"引发中学生独立思考和主动探究，发展学生创新能力"、第46条"将现代教育技术手段整合应用到教学中"。第五，在第12条"教育教学评价"的第54条指出"利用评价

---

① http：//www.moe.edu.cn/publicfiles/business/htmlfiles/moe/s6342/201301/xxgk_146673.html.

工具，掌握多元评价方法，多视角、全过程评价学生发展"。①

（十三）《国务院关于加强教师队伍建设的意见》（国发〔2012〕41 号）

2012 年 8 月 20 日，国务院颁发《国务院关于加强教师队伍建设的意见》（国发〔2012〕41 号）中第三条"大力提高教师专业化水平"第 8 条指出"推动信息技术与教师教育深度融合，建设教师网络研修社区和终身学习支持服务体系，促进教师自主学习，推动教学方式变革"。

（十四）《教育部　国家发展改革委　财政部关于深化教师教育改革的意见》（教师〔2012〕13 号）

2012 年 9 月 6 日，教育部、中央编办、国家发改委、财政部、人力资源社会保障部颁布《关于深化教师教育改革意见》（教师〔2012〕13 号）中指出：第一，"推动信息技术与教师培训深度融合，建立教师网络研修社区，促进教师自主学习"。第二，在"深化教师教育课程改革"中指出"实施教师教育国家级精品资源共享课程建设计划。大力推进小班化教学，改进教学方法与手段，提高课堂教学效率。加强师德教育和养成教育，着力培养师范生社会责任感、创新精神和实践能力"②。第三，"加强优质教师培训课程资源建设，形成资源共建共享平台"。改进教师培训教学组织方式，采取案例式、探究式、参与式、情景式、讨论式等多种方式，提高师培质量。

（十五）《教育部办公厅 财政部办公厅关于做好 2014 年中小学幼儿园教师国家级培训计划实施工作的通知》（教师厅〔2014〕1 号）

2014 年 4 月 1 日，教育部办公厅、财政部办公厅颁发了《关于做好 2014 年中小学幼儿园教师国家级培训计划实施工作的通知》（教师厅〔2014〕1 号）文，该次"国培计划"通知中指出：第一，"示范性项目"旨在加强高端培训，倾斜支持体

---

① http：//www. moe. edu. cn/publicfiles/business/htmlfiles/moe/s6991/201212/xxgk_145603. html.

② http：//www. moe. edu. cn/publicfiles/business/htmlfiles/moe/s3735/201212/145544. html.

育、美育、特殊教育、优秀传统文化教育等紧缺领域教师培训。第二，"中西部项目"和"幼师国培"项目，2014 年度要加大送教培训力度，专设教师信息技术应用能力培训项目，促进信息技术与学科教学深度融合。第三，"示范性项目"重点要围绕"推进综合改革""加强紧缺领域教师培训""创新完善教师网络研修""提升培训能力"开展培训。第四，"中西部项目"和"幼师国培"2014 年度重点关注未参训农村教师，特别是针对边远、贫困、民族地区，扩大培训受益面，实现对中西部农村义务教育学校和幼儿园的全覆盖。①

第三节　高校师范生教育技术能力指标体系的建立

本书通过对国外联合国教科文组织制定的《教师信息与通信技术能力框架》、澳大利亚教师专业化标准(2011)、美国 ISTE 的 NETS2007 标准、美国 AECT2012 标准和我国的教育部办公厅印发的〔2014〕3 号文件《中小学教师信息技术应用能力标准(试行)》、教育部《中小学教师教育技术能力标准(试行)》相关标准的对比，以及对国内颁布的教师教育信息化政策中主要政策的理解，同时，结合笔者对"中国知网"相关文献查阅与分析，在此研究基础上，又根据笔者对教育技术内涵的理解和工作实践经验的总结，建立了高校师范生应具备的教育技术能力标准。该指标体系中，一级指标体系为 6 个；二级指标体系有 11 个；三级指标 45 个(见附录一)。其指标体系内容如下：

一级指标主要包括五个方面：意识与态度、理论素养、技术能力、教学设计与实践能力、应用与创新能力、教研能力。

一、意识与态度

师范生作为未来的专业教师，需具备提升教育能力的意识和具备学习教育技术一系列知识的积极态度。本书将"理论素养"作为高校师范生应具备的教育技术能力的一级指标，其下包含 2 个二级指标，分别是：具有应用现代教育技术手段推进教学信息化的意识、教师应利用教育技术促进自我发展的态度。三级指标共有 8 个，

---

① http：//www.moe.edu.cn/publicfiles/business/htmlfiles/moe/s7034/201404/167126.html.

是在师范生应具备的意识与态度上细分的具体目标，分别是：能意识到有效应用教育技术手段对优化教学过程、提高教学质量有重要意义；能意识到作为未来教师应具备一定的应用现代教育技术工具的能力；能意识到利用教育技术手段推进教育资源的公平利用与发展；能意识到不同地区、不同经济状况的学习者具备均等享用学习资源的机会；了解现代教育技术在教育变革中的作用；能意识到作为未来教师应充分利用各种教育技术手段进行终身学习，提高自我专业素养；能意识到教师应有效利用各类教育技术手段，达到教学效果的最优化；能意识到教师应定期对自我的教学过程、教学效果、信息化教学资源进行反思与改进提高。

二、理论素养

师范生作为未来的专业教师，应掌握教育技术的相关理论知识。包括：了解教育技术的基本概念；了解教育技术的主要理论基础；了解教育技术的发展概况；掌握教学信息检索、加工、应用的方法；掌握教学媒体的最新种类、使用、教学设计和信息技术与课程的整合方式；掌握教学系统设计的过程。

本书将"理论素养"作为高校师范生应具备的教育技术能力的一级指标，其下包含 2 个二级指标，分别是：掌握教育技术学四大基础理论及其对教育技术学的影响，掌握各类教学媒体的基本理论、具备将教育技术和教学媒体的理论与自我教学实践充分结合的能力。三级指标有 8 个，分别是：了解学习理论、传播理论、视听理论、系统科学理论及艺术美学理论；了解媒体、教学媒体、现代教学媒体的含义与类型及教学媒体的应用理论；了解教育技术在各学科中应用的研究方法（如行动研究、观察与实地研究、设计性研究、开发性研究、评价研究、数据分析、理论分析）；了解教育信息资源的检索与获取的方法与策略；能用教育技术的四大基础理论开展教学实践；能根据教学媒体的特点与功能采取相应的教学模式开展教学实践；能运用教育技术研究方法理论开展教学研究；掌握现代教学媒体在教学中应用的特点、策略与模式。

三、技术能力

美国是教育技术的起源地和引领国，它对教育技术的研究起着主推作用。美国把教育技术能力作为未来教师师资认证的一部分，并出台《全体教师教育技术标准》政策，还将教师资格认证制度写入各州法律，因而其所建立的认证体系也相对完善。美国对师范生进行教育技术培养的工作由具有培训资格的教育院校承担，其培训内容有两方面：一是，在教育中所运用的各种技术；二是，教学设计的概念及教学中进行教学设计的方法。在课程内容的编排上采用螺旋式课程编排法，培训方式上采用了实验、实习的途径，多媒体教学法，案例教学法等。①

本书中亦将"技术能力"作为高校师范生应具备的教育技术能力的一级指标。其下包含 3 个二级指标，分别是：掌握各类多媒体工具软件的使用能力；了解并使用各类常用教学媒体的能力；具备将所学技术知识有效应用于教学实践中的能力。在这 3 个二级指标的下方又包含了 16 个三级指标，分别是：掌握图像处理软件 Photoshop 的使用；掌握声音处理软件 Audition 的使用；掌握视频处理软件 Premiere、绘声绘影的使用；掌握多媒体著作软件 Authorware 的使用；掌握常用软件 Powerpoint、Excel、Word 的使用；掌握动画制作软件 Flash 的使用；掌握网站开发工具的使用；掌握三维动画软件的使用；掌握多媒体综合教室的使用；掌握电子白板的使用；掌握电视白板一体机的使用；掌握数码相机的使用；掌握数码摄像机的使用；掌握卫星广播电视系统的使用；了解新媒体、富媒体、自媒体的概念及类型；掌握调音台的使用；能在教学设计理论的指导下开发教学课件；具备综合利用多媒体工具软件开发课件的能力。

四、教学设计与实践能力

关于教学设计能力，教育部师范司的定义是：在具备一定的专业知识和教学技能基础上，协调运用这些技能的能力，具体指运用教学大纲、分析教材、编写教学计划、编写教案的综合能力。

北京师范大学何克抗教授认为，"要提高教师专业化水平，关键是要提高教师应用教育技术的能力""教育技术能力是任何学科老师都必须具有的能力，是大、中、小学每一位教师都必须具有的能力""教育技术能力的核心内容是教学

---

① 赵国金.普通高校师范生教育技术能力培养模式研究[J].中国高校师资研究，2010 (06)：40-44.

设计，而教学设计是把教学理论、学习理论与教学实践紧密结合在一起的桥梁科学"。①

本书将师范生的教学设计能力分为两大类：一是，教学设计的理论水平能力；二是，教学组织与实践能力。其中，教学设计的理论水平能力又分为：第一，了解并掌握讲授式教学模式与方法。讲授式教学模式是师范生应掌握的一般教学设计模式；第二，了解并掌握"以学为主"的教学设计模式与策略；第三，了解多媒体组合教学设计的模式与方法；第四，了解翻转课堂、微课、MOOC、网络课程。教学组织与实践能力包括：第一，根据教学设计思想结合自己专业设计课堂教学；第二，能根据教学设计过程设计教案；第三，能画出自己所设计的课堂教学活动流程图；第四，能根据自己设计的教学模式制定相关评价量规；第五，能对教学活动结果进行教学反思与评价并调整教学策略，优化教学效果。

五、应用与创新能力

师范生除了具备上述教育技术基本能力外，师范生还应能结合自己学科教学实践经验，利用教育技术的基本原理和研究方法开展教学研究和进行教学实践与科研创新。本书将师范生的研究与创新能力分为 2 个二级指标，4 个三级指标。2 个二级指标包括：能应用教学设计思想、多媒体课件开发工具、各类教学媒体设备进行本专业课程的教学设计与教学实践；能在熟练掌握教学设计理论及多媒体课件开发工具、各类教学媒体设备的基础上进行信息化教学活动的创新。4 个三级指标包括：能有效利用已有和新兴的教与学工具及资源开展教与学的活动；能进行信息检索，掌握学科发展动态及前沿；能关注新技术、新的教育技术方法开展教学创新实践；能借助教育技术手段进行学术交流与合作。

六、教研能力

从 20 世纪 60 年代起，全世界范围内开展了"教师专业化"运动，该思想强调教师需要在教学实践的基础上进行教学研究，教师要成为"研究者"，教师要进

---

① 何克抗．正确理解"中小学教师教育技术能力培训"的目的、意义及内涵[J]．中国电化教育，2006(11)：20-21.

行反思、要培养教研能力。我国的一些研究者也纷纷开展了针对师范生教研能力培养的研究，如黄慧开展了英语师范生教研能力培养的教学实验研究、顾群进行了高校师范生教研能力培养模式的构建研究、苑广滨进行了师范生教研意识及能力培养的研究、苏丹开展了以生态试讲模式发展师范生教研素养的实践研究、押辉远开展了师范生在教育实习中的教研活动开展情况的调查研究、胡玉姣进行了高校师范生职业能力培养对策研究等。

师范生除了应具备一定的教研能力之外，也应具备与他人的合作交流能力。师范生的合作交流能力应包括与他人的沟通能力、理解能力、协调能力、管理能力。

本书通过文献查阅与分析，将师范生的教研能力分为 3 个二级指标，8 个三级指标。3 个二级指标包括：具备开展教学研究的能力、具备利用教育技术及方法促进个人专业发展的能力、具备合作交流与自我发展的能力。8 个三级指标包括：能结合学科教学进行教育技术应用的研究；能根据本学科教育技术应用效果进行教学反思研究；能关注新技术、新的教育技术手段并开展教学研究；能充分利用教育技术学习业务知识，发展自身教学与科研能力；能利用教育技术手段和方法，提升教育技术环境下的自主学习能力；具备与其他学者进行学术交流的能力；能利用教育技术手段与家长、学生交流；具备利用教育技术手段与他人进行学术合作的能力。

第四节　高校师范生教育技术能力重要性等级调查研究

一、研究设计

通过国内外对比研究，在进行文献分析的基础上，本书归纳整理出高校本科师范生教育技术能力水平应包含的要素，形成专家意见征询表问卷（附录二），通过问卷法进行资料收集，通过对高校师范生应具备的教育技术能力水平认同的选择结果进行筛选，从而确定高校师范生教育技术能力应具备的要素，并为下一步构建高校师范生教育技术能力体系提供研究基础。

（一）研究步骤

第一步：通过国内外文献分析法，归纳出高校师范生教育技术能力应具备的要素（见附录一）。

第二步：设计问卷。根据国内外文献分析所归纳的高校师范生应具备的教育技术能力水平初始要素形成专家意见征询问卷。

第三步：发放问卷。将设计好的问卷发放给教育技术领域相关专家、学者、教育技术领域教学人员、教育技术领域研究人员填写问卷。

第四步：回收并整理问卷。将发放问卷进行回收，之后，利用数据分析软件 Excel 和 SPSS 进行问卷原始数据输入，并筛选有效问卷，剔除无效问卷。

第五步：数据处理与分析。利用 Excel 和 SPSS 软件进行有效问卷的数据处理，并根据软件数据处理结果进行分析。

第六步：形成高校师范生应具备的教育技术能力标准。在数据统计与分析的基础上，根据专家、学者、教育技术领域教学人员、教育技术领域研究人员的意见形成高校师范生教育技术能力标准。

（二）问卷的组成

问卷由三个部分组成，分别是：高校师范生应具备的教育技术能力一级指标体系重要性等级评价、高校师范生应具备的教育技术能力二级指标体系重要性等级评价、高校师范生应具备的教育技术能力三级指标体系重要性等级评价。

高校师范生应具备的教育技术能力指标体系，一级能力维度有 6 个，二级能力维度有 14 个，三级能力维度有 53 个。并根据李克特七点量表法，分值设置从 1 分到 7 分。其中，1 分代表很不重要；2 分代表不重要；3 分代表较不重要；4 分代表一般；5 分代表较重要；6 分代表重要；7 分代表很重要。

（三）调查对象

"高校师范生教育技术能力重要性等级调查研究"问卷主要发放给师范类高等院校、综合类高校的教育技术研究专家、教育技术专业教师、教育技术管理人员为问卷填答者。

二、数据收集

本书共发放问卷 45 份，问卷回收 45 份，回收率 100%。在回收问卷进行数据统计时，发现有的问卷填答不完整，有的问卷填答不规范，还有一份问卷认为"进行高校师范生教育技术能力标准重要性等级"调查"不太有必要"均进行剔除，剩余问卷 42 份。

三、调查结果与分析

（一）对于开展师范生教育技术能力重要性等级调查的态度倾向

表 6-5　　　　开展师范生教育技术能力重要性等级调查态度倾向调查结果

		频次	百分比	有效百分比	累计百分比
有效	非常有必要	11	25.8	25.8	25.8
	有必要	23	54.8	54.8	80.6
	比较有必要	7	16.1	16.1	96.8
	不太有必要	1	3.2	3.2	100.0
	合计	42	100.0	100.0	

根据"双向量表"得分率计算公式 $F_i = \sum a_j n_{ij}/2N$，若得到的 F 值为正，表明调查对象总体态度处于正向态度，本次调查态度倾向如表 6-6 所示。

表 6-6　　　　　　　　　　　　态度量值统计

	非常有必要	有必要	比较有必要	有无无所谓	不太有必要	没有必要	完全没必要	F_i
	3	2	1	0	−1	−2	−3	
你认为建立"高校师范生教育技术能力标准"有必要吗？	11	23	7	0	1	0	0	1.012

本次调查结果显示 $F_i=1.012$，$F_i>0.5$，因而调查对象的总体态度是觉得建立"高校师范生教育技术能力标准"是有必要的。

（二）调查对象职称情况

由表6-7可见，本次问卷调查中教授占总调查对象的16.7%，副教授占45.2%，讲师占28.6%，高级实验师占4.8%，实验师占4.8%。

表6-7　　　　　　　　　　　　问卷调查对象职称结构

		频次	百分比	有效百分比	累计百分比
有效	教授	7	16.7	16.7	16.7
	副教授	19	45.2	45.2	61.9
	讲师	12	28.6	28.6	90.5
	高级实验师	2	4.8	4.8	95.2
	实验师	2	4.8	4.8	100.0
	合计	42	100.0	100.0	

（三）调查对象工种情况

根据问卷调查对象的工作性质，将其工种分为三类，分别是教育技术专职教师、教育技术实验管理人员、教育技术专职教师与行政管理人员双肩挑者。

表6-8　　　　　　　　　　　　问卷调查对象工种情况

		性别		合计
		男	女	
工种	教育技术专职教师	12	20	32
	教育技术管理人员	4	2	6
	教育技术专职教师与行政管理人员（双肩挑）	3	1	4
	合计	19	23	42

表6-9 　　　　　　　　　　　　　**问卷调查对象工种所占百分比**

		频率	百分比	有效百分比	累计百分比
有效	教育技术专职教师	32	76.2	76.2	76.2
	教育技术管理人员	6	14.3	14.3	90.5
	教育技术专职教师与行政管理人员(双肩挑)	4	9.5	9.5	100.0
	合计	42	100.0	100.0	

本次调查中,有"教育技术专职教师"32人,占调查对象总人数的76.2%,其中男性专职教师有12人,女性有20人;"教育技术管理人员"有4人,占总人数的14.3%;"教育技术专职教师与行政管理人员(双肩挑)"者有4人,占总人数的9.5%。

(四)高校师范生教育技术能力要素重要性等级分析

1. 6个一级能力维度的重要性统计

为了解高校师范生教育技术能力的6个要素的重要性情况,本书采用多因素排序量表方式进行统计。重要性等级分7级:"非常重要"赋予7分,"重要"赋予6分,"比较重要"赋予5分,"一般"赋予4分,"不太重要"赋予3分,"不重要"赋予2分,"非常不重要"赋予1分。度量均值为4,统计结果如表6-10所示。

表6-10 　　　　　　　　　**6个教育技术能力一级维度的重要性统计结果**

		意识与态度	理论素养	技术能力	教学设计思想与能力	应用与创新能力	教研能力
N	有效	42	42	42	42	42	42
	缺失	0	0	0	0	0	0
均值		6.58	5.87	5.97	6.13	5.74	4.32
标准差		0.620	0.885	0.752	0.806	0.893	0.979
极小值		5	4	4	4	4	3
极大值		7	7	7	7	7	6

从表6-10可见，"意识与态度""教学设计思想与能力"2个一级能力维度其均值都在6以上，表示这两个能力要素为"重要"能力，其中"意识与态度"能力均值为6.58位于6个一级指标的第一位，因而，在被调查者的理念中，该指标是最重要的指标。"教学设计思想与能力"均值为6.13，位于6个一级指标的第二位；"理论素养""技术能力""应用于创新能力"均值都在5分以上，说明，这3个能力维度为"比较重要"的能力；而"教研能力"均值为4.32，说明这个能力指标介于"一般"到"不太重要"之间。因此，在考察高校师范生的教育技术能力一级能力维度中，从问卷调查情况看，"教研能力"是可不考虑的维度。6个一级能力维度，按照"均值"来看，重要程度从高到低依次为"意识与态度""教学设计思想与能力""技术能力""理论素养""应用创新能力""教研能力"。

2. 14个二级能力维度的重要性统计

同一级能力维度赋值一样，将能力按重要性等级分为7级，并按照重要性等级进行赋值，通过SPSS软件统计结果如表6-11所示。

表6-11　　　　　　　　　　**14个二级能力维度的调查结果统计**

二级能力维度	均值	标准差	极小值	极大值
1. 具有应用现代教育技术手段推进教学信息化的意识	5.74	0.965	3	7
2. 教师应具备利用教育技术促进自我发展的态度	5.65	0.950	4	7
3. 掌握教育技术学四大理论基础及了解其对教育技术性的影响，掌握各类教学媒体的基本理论	5.10	0.908	4	7
4. 具备将教育技术和教学媒体的理论与自我教学实践充分结合的能力	5.68	0.909	4	7
5. 掌握各类多媒体工具软件的使用	6.03	0.948	4	7
6. 了解并使用各类常用教学媒体	5.77	0.884	4	7
7. 具备将所学技术知识有效应用于教学实践中的能力	6.19	0.910	4	7
8. 掌握教学设计的思想与理论	5.42	0.992	4	7
9. 具备将教学设计思想应用于教学实践中的能力	5.68	0.979	4	7
10. 能应用教学设计思想、多媒体课件开发工具、各类教学媒体设备进行本专业课程的教学设计与教学实践	5.61	0.989	4	7

续表

二级能力维度	均值	标准差	极小值	极大值
11. 能在熟练掌握教学设计理论及多媒体课件开发工具、各类教学媒体设备的基础上进行信息化教学活动的创新	5.65	0.915	4	7
12. 具备开展教学研究的能力	4.39	0.882	3	6
13. 具备利用教育技术及方法促进个人专业发展的能力	4.42	0.923	3	6
14. 具备合作交流与自我发展的能力	4.29	0.973	3	6

从表 6-11 可见，在 14 个师范生教育技术能力的二级能力维度中，按照均值的大小看，"具备将所学技术知识有效应用于教学实践中的能力"和"掌握各类多媒体工具软件的使用"能力均值都超过 6，表明，在二级能力指标体系中，这两个能力为"重要"级别能力；而"具备开展教学研究的能力""具备利用教育技术及方法促进个人专业发展的能力""具备合作交流与自我发展的能力"这三个指标均值分别为 4.39、4.42、4.29，均低于度量均值 4，因而，在被调查者中认为这三个能力指标处于"一般"和"不太重要"的层次；其他 9 个二级指标从均值看，都大于 5，即被调查者认为这 9 项二级指标中的能力为对师范生教育技术能力培养来说是"重要"的能力。

3. 53 个三级能力维度的重要性统计

从表 6-12 可见，在高校师范生教育技术能力指标体系的三级指标中，第 21 项三级指标的均值在 6 分（重要）以上，可以说"掌握常用软件 Powerpoint、Excel、Word 等常用办公软件"是师范生重要的能力之一；均值处于 4 分与 3 分（即"一般"与"不太重要"）之间的，三级指标项目有 46（"能结合学科教学进行教育技术应用的研究"）均值 4.26、47（"能根据本学科教育技术应用效果进行教学反思研究"）均值 4.29、48（"能关注新技术、新的教育技术手段并开展教学研究"）均值 4.48、49（"能充分利用教育技术学习业务知识，发展自身教学与科研能力"）均值 4.42、50（"利用教育技术手段和方法，提升教育技术环境下的自主学习能力）均值 4.45、51（"具备与其他学习者进行学术交流的能力"）均值 4.48、52（"能利用教育技术手段与家长、学生交流"）均值 4.23、53（"具备利用教育技术手段与

表 6-12　　　　　　　　　　53 个三级能力维度的调查结果统计

序号	均值	标准差	最小值	最大值	序号	均值	标准差	最小值	最大值
1	5.52	0.962	4	7	28	5.45	0.995	4	7
2	5.23	0.884	4	7	29	5.03	0.983	3	7
3	5.35	0.985	4	7	30	5.26	0.999	3	7
4	5.55	0.961	4	7	31	5.55	0.961	3	7
5	5.00	0.966	4	7	32	5.58	0.923	3	7
6	5.45	1.121	3	7	33	5.42	0.958	4	7
7	5.77	0.805	4	7	34	5.84	0.934	4	7
8	5.81	0.980	4	7	35	5.35	0.985	4	7
9	5.00	0.775	3	6	36	5.74	0.965	4	7
10	5.13	0.957	4	7	37	5.65	0.985	4	7
11	5.39	0.989	4	7	38	5.68	0.909	3	7
12	5.45	0.995	4	7	39	5.65	0.985	4	7
13	5.10	1.076	3	7	40	5.32	0.979	4	7
14	5.39	0.955	3	7	41	5.74	0.999	3	7
15	5.06	0.964	4	7	42	5.71	0.824	4	7
16	5.42	0.992	4	7	43	5.48	0.996	4	7
17	5.84	0.820	4	7	44	5.68	0.909	4	7
18	5.74	0.965	4	7	45	5.58	0.992	4	7
19	5.65	0.950	4	7	46	4.26	0.965	3	6
20	5.58	0.992	4	7	47	4.29	0.938	2	6
21	6.06	0.929	4	7	48	4.48	0.811	2	6
22	5.97	0.836	4	7	49	4.42	0.992	3	6
23	5.74	0.965	3	7	50	4.45	0.995	3	6
24	5.84	0.860	4	7	51	4.48	0.851	3	6
25	5.90	0.908	4	7	52	4.23	0.990	3	6
26	5.81	0.946	4	7	53	4.48	0.769	3	6
27	5.26	0.999	4	7					

他人进行学术合作的能力")均值 4.48，这 8 个三级指标项目均值均在 5 分以下，说明被调查者认为，这 8 个指标项目的重要性程度比较低；第 6 项和第 13 项的标准差均大于 1，"标准差是表示变量取值距均值的平均离散程度的统计量。标准差值越大，说明变量值之间的差异越大，距均值这个中心值的离散趋势越大"①。说明这两个指标在问卷填答者的填答结果中分值分布不太均匀，但从均值看，两项指标分别为 5.45 和 5.10 均大于 5 分，即在"比较重要"和"重要"之间；剩余的 44 个三级指标项目，均值都在 5 分至 6 分之间，说明被调查者认为在 53 个三级指标项目中有 45 个指标重要性程度比较高。

（五）小结

通过调查问卷本书从 6 个一级能力维度、14 个二级能力维度、53 个三级能力维度中，根据调查结果利用 SPSS 软件进行统计，通过各指标项目的均值得分，筛除均值<5 分以下的指标项目共 12 项，其中：一级能力维度 1 项，二级能力维度 3 项，三级能力维度 8 项，从而形成"高校师范生教育技术能力指标体系"。该体系包括一级能力维度 5 项，二级能力维度 11 项，三级能力维度 45 项，各能力维度内容见附录二。

第五节　高校师范生教育技术能力指标体系权重的构建

为了解高校师范生教育技术能力各指标的重要性与权数，本书采用统计加权法，向高等师范院校的教育技术学专职教师、教育技术专业管理人员、教育技术学研究专家发放"高校师范生教育技术能力体系各因素加权意见调查问卷"问卷42 份，回收 42 份，有效率 100%。

一、5 个一级能力指标权重的构建

为了解本书建立的 5 个一级能力指标专家加权的意见结果，本书采用排序指

---

① 薛薇. 基于 SPSS 的数据分析[M]. 北京：中国人民大学出版社，2022：17.

数 w_i 进行问卷调查结果统计。排序指数 $w_i = \dfrac{\sum a_j p_{ij}}{N \sum a_j}$，$N$ 为调查问卷总回收人数，

为 42 人。5 个一级能力指标专家加权意见结果如表 6-15 所示。

表 6-13   **5 个一级能力指标专家加权结果**

重要性程度 一级因素　　　人数	第一位 5	第二位 4	第三位 3	第四位 2	第五位 1	权重 w_i
意识与态度	24	4	6	4	4	0.263
理论素养	6	8	10	10	8	0.191
技术能力	6	12	10	10	4	0.209
教学设计思想与能力	4	14	12	12	0	0.216
应用与创新能力	2	4	4	6	26	0.121

二、11 个二级评价指标权重的构建

在问卷回收后，根据排序指数计算方式进行 11 个二级能力指标的计算，得出 11 个二级能力指标权重 w_i 的结果。在表 6-14 中，为便于观察和数据统计，特用 3/（2）、2/（1）、1 来表示二级指标中因二级因素个数不同而采用不同的加权数。当二级因素有三个时，$a_1 = 3$、$a_2 = 2$、$a_3 = 1$；当二级因素有两个时，$a_1 = 2$、$a_2 = 1$。

表 6-14   **11 个二级能力指标专家加权结果**

主因素	重要程度 二级因素及描述	第一位 3/（2）	第二位 2/（1）	第三位 1	权重 w_i
1. 意识与态度	（1）具有应用现代教育技术手段推进教学信息化的意识	32	10		0.587
	（2）教师应利用教育技术促进自我发展的态度	10	32		0.413

续表

主因素	重要程度　二级因素及描述	第一位 3/(2)	第二位 2/(1)	第三位 1	权重 w_i
2. 理论素养	(1)掌握教育技术学四大基础理论及其对教育技术学的影响,掌握各类教学媒体的基本理论	12	30		0.429
	(2)具备将教育技术和教学媒体的理论与自我教学实践充分结合的能力	30	12		0.571
3. 技术能力	(1)掌握各类多媒体工具软件的使用	8	28	6	0.341
	(2)了解并使用各类常用教学媒体	10	8	24	0.277
	(3)具备将所学技术知识有效应用于教学实践中的能力	24	8	10	0.388
4. 教学设计与实践能力	(1)掌握教学设计的思想与理论	18	24		0.476
	(2)具备将教学设计思想应用于教学实践的能力	24	18		0.524
5. 应用与创新能力	(1)能应用教学设计思想、多媒体课件开发工具、各类教学媒体设备进行本专业课程的教学设计与教学实践	33	9		0.595
	(2)能在熟练掌握教学设计理论及多媒体课件开发工具、各类教学媒体设备的基础上进行信息化教学活动的创新	9	33		0.405

三、45 个三级评价指标权重的构建

同样方式,根据排序指数计算方式进行三级能力指标的计算,结果如表 6-15 至表 6-19 所示。

主因素 1：意识与态度。

表 6-15　　　　　　　　　　　主因素一：意识与态度指标

二级因素	三级因素及描述　　　重要程度	第一位 5/(3)	第二位 4/(2)	第三位 3/(1)	第四位 2	第五位 1	权重 w_i
(1)具有应用现代教育技术手段推进教学信息化的意识	①能意识到有效应用教育技术手段对优化教学过程、提高教学质量有重要意义	20	14	4	4	0	0.279

主因素	二级因素及描述　　　重要程度	第一位 5/(3)	第二位 4/(2)	第三位 3/(1)	第四位 2	第五位 1	权重 w_i
	②能意识到作为未来教师应具备一定的应用现代教育技术工具的能力	22	12	8	0	0	0.289
	③能意识到利用教育技术手段能推进教育资源的公平利用与发展	0	8	22	6	6	0.184
	④能意识到不同地区、不同经济状况的学习者具备均等享用学习资源的机会	0	4	2	22	14	0.127
	⑤了解现代教育技术在教育变革中的作用	0	4	6	10	22	0.121
(2)教师应利用教育技术促进自我发展的态度	①能意识到作为未来教师应充分利用各种教育技术手段进行终身学习，提高自我专业素养	14	12	16			0.325
	②能意识到教师应有效利用各类教育技术手段，达到教学效果的最优化	22	14	6			0.397
	③能意识到教师应定期对自己的教学过程、教学效果、信息化教学资源进行反思与改进提高	6	16	20			0.278

主因素 2：理论素养。

表 6-16　　　　　　　　　　　主因素二：理论素养指标

二级因素	三级因素及描述〔重要程度〕	第一位 4	第二位 3	第三位 2	第四位 1	权重 w_i
(1)掌握教育技术学四大基础理论及其对教育技术学的影响，掌握各类教学媒体的基本理论	①了解学习理论、传播理论、视听理论、系统科学理论及艺术美学理论	20	6	6	10	0.286
	②了解媒体、教学媒体、现代教学媒体的含义与类型及教学媒体的应用理论	10	20	6	6	0.281
	③了解教育技术在各学科中应用的研究方法(如行动研究、观察与实地研究、设计性研究、开发性研究、评价研究、数据分析、理论分析)	6	12	18	6	0.243
	④了解教育信息资源的检索与获取的方法与策略	6	4	12	20	0.190
(2)具备将教育技术和教学媒体的理论与自我教学实践充分结合的能力	①能用教育技术的四大基础理论指导自己开展教学实践	14	10	10	8	0.271
	②能根据教学媒体的特点与功能采取相应的教学模式开展教学实践	20	16	2	4	0.324
	③能运用教育技术研究方法和理论开展教学研究	0	4	24	14	0.176
	④掌握现代教学媒体在教学中应用的特点、策略与模式	8	12	6	16	0.229

主因素 3：技术能力。

表 6-17 主因素三：技术能力指标

二级因素	三级因素及描述	第一位 7/(2)	第二位 6/(1)	第三位 5	第四位 4	第五位 3	第六位 2	第七位 1	权重 w_i
（1）掌握各类多媒体工具软件的使用	①掌握图像处理软件 Photoshop 的使用	6	14	8	4	4	4	2	0.173
	②掌握声音处理软件 Audition 的使用	0	4	6	12	10	6	4	0.126
	③掌握视频处理软件 Premiere 的使用	4	4	18	4	8	4	0	0.162
	④掌握多媒体著作软件 Authorware 的使用	0	2	4	12	6	8	10	0.105
	⑤掌握常用软件 Powerpoint、Excel、Word 的使用	30	4	0	2	4	2	0	0.219
	⑥掌握动画制作软件 Flash 的使用	0	8	4	4	4	12	10	0.111
	⑦掌握网站开发工具的使用	2	6	2	4	6	6	16	0.104
（2）了解并使用各类常用教学媒体	①掌握多媒体综合教室的使用	26	8	0	2	4	0	2	0.214
	②掌握电子白板的使用	0	20	14	4	2	0	2	0.182
	③掌握电视白板一体机的使用	2	4	20	6	4	2	2	0.155
	④掌握数码相机的使用	4	0	4	18	10	2	2	0.134
	⑤掌握数码摄像机的使用	0	4	4	8	18	8	0	0.124
	⑥掌握卫星广播电视系统的使用	2	2	0	2	2	22	10	0.087
	⑦了解新媒体、富媒体、自媒体的概念及类型	8	4	0	0	2	8	20	0.104
（3）具备将所学技术知识有效应用于教学实践中的能力	①能在教学设计理论的指导下开发教学课件	28	14						0.556
	②具备综合利用多媒体工具和软件开发课件的能力	14	28						0.444

主因素 4：教学设计思想与能力。

表 6-18   **主因素四：教学设计思想与能力指标**

二级因素	三级因素及描述 （重要程度）	第一位 5/(4)	第二位 4/(3)	第三位 3/(2)	第四位 2/(1)	第五位 1	权重 w_i
(1) 掌握教学设计的思想与理论	①了解讲授式教学模式与方法	18	6	6	12		0.271
	②掌握"以学为主"的教学设计模式与策略（如抛锚式教学、PBL 学习、探究式学习、支架式学习、混合学习、Webquest 学习、E-learning 学习等）	18	16	8	0		0.324
	③了解"双主型"教学设计模式与策略	2	16	16	8		0.229
	④了解翻转课堂、微课、MOOC	4	4	12	22		0.176
(2) 具备将教学设计思想应用于教学实践的能力	①根据教学设计思想结合自己专业设计课堂教学	36	2	2	0	2	0.311
	②能根据教学设计过程设计教案	4	28	8	2	0	0.254
	③能画出自己所设计的课堂教学活动流程图	0	8	12	10	12	0.159
	④能根据自己设计的教学模式制定相关评价量规	0	0	14	18	10	0.162
	⑤能对教学活动结果进行教学反思与评价并调整教学策略，优化教学效果	2	4	6	12	18	0.137

主因素 5：应用与创新能力。

表 6-19   **主因素五：应用与创新能力指标**

二级因素	三级因素及描述 （重要程度）	第一位 2	第二位 1	权重 w_i
(1) 能应用教学设计思想、多媒体课件开发工具、各类教学媒体设备进行本专业课程的教学设计与教学实践	①能有效利用已有和新兴的教与学工具及资源开展教与学的活动	40	2	0.651
	②能进行信息检索，掌握学科发展动态及前沿	2	40	0.349

续表

二级因素	重要程度 三级因素及描述	第一位 2	第二位 1	权重 w_i
（2）能在熟练掌握教学设计理论及多媒体课件开发工具、各类教学媒体设备的基础上进行信息化教学活动的创新	①能运用新技术、新的教育技术方法开展教学创新实践	32	10	0.587
	②能借助教育技术手段进行学术交流与合作	10	32	0.413

四、高校师范生教育技术能力评价指标体系的构建

　　经过上文的问卷调查和统计，对高校师范生教育技术能力评价指标体系 5 个一级指标、11 个二级指标、45 个三级指标所占权重的计算，得出高校师范生教育技术能力指标体系中各指标要素及其所占分值。高校师范生教育技术能力评价指标体系见附录二。

第七章　基于 WEB2.0 交互式网络电视的
高校课堂教学个案研究

第一节　基于WEB2.0交互式网络电视的教学实验研究概述

为验证本书中前述章节所提出的基于 WEB2.0 交互式网络电视的课堂教学模式与策略的有效性，本书开展了个案研究，具体内容如下。

一、实验目的

设计与制定基于 WEB2.0 交互式网络电视的课堂教学模式与策略，并通过在课堂教学中开展教学应用研究，对研究过程中相关数据进行统计与分析，从而检验本书设计与制定的基于 WEB2.0 交互式网络电视的课堂教学模式与策略的效果。

二、实验课程的选择

在基于 WEB2.0 交互式网络电视的课程教学模式与策略研究中，实验课程选择了面向高校师范生为培养其教育技术能力而开设的现代教育技术概论、多媒体课件设计与制作、教师教学技能训练三门课程。

三、实验对象的选择

实验对象是来自湖北某高校数学与应用数学专业和体育教育专业 2012 级本科生。

四、实验变量

实验以基于 WEB2.0 的交互式网络电视在课堂中应用的教学模式与策略为自变量，以学习者的学习效果为因变量。

五、实验假设

本实验假设为：一是，基于 WEB2.0 的交互式网络电视的教学模式与策略的应用能提升高校师范生的教育技术水平与能力；二是，基于 WEB2.0 的交互式网络电视的教学模式与策略的应用能提高高校师范生的学习效率和学习效果，增强学习者之间的学习交流，培养与提高其作为未来教师应具有的责任、意识、能力与态度。

六、实验过程

本实验采用实验前问卷调查与实验后问卷调查方式进行对比研究。首先实验前的问卷调查旨在了解高校师范生在学习现代教育技术概论、多媒体课件设计与制作、教师教学技能训练三门课程前，他们作为未来教师的意识、责任、态度与具备的教育技术能力水平状况。其次，根据问卷调查中所反馈的情况，对学习者的学习水平与状况、对评价方式的需求状况进行分析、对课程的教学内容进行分析。再次，开展基于 WEB2.0 交互式网络电视的教学模式与策略在现代教育技术概论、多媒体课件设计与制作、教师教学技能训练三门课程中的实验；实验后开展问卷调查，旨在了解在应用了基于 WEB2.0 的交互式网络电视的教学模式与策略后，师范生的教育技术能力水平状况；开展了基于 WEB2.0 交互式网络电视试验后，对三门课程学习成绩进行分析；从社会网络视角和学习风格视角构建学习共同体，并对构建学习共同体的相关因素进行分析及对两种方式构建的学习共同体进行学习者态度与满意度分析。最后，对设计与制定的基于 WEB2.0 的交互式网络电视的教学模式与策略的满意度进行问卷调查与总结反思。

第二节　基于 **WEB2.0** 交互式网络电视的高校课堂教学模式与策略实验前对高校师范生教育技术能力的现状调查与结果分析

为了解实验前高校本科师范生教育技术能力水平状况及学习者的课程学习需求，笔者编制了"基于交互式网络电视的课程实验前高校师范生教育技术能力水平状况调查问卷及课程需求调查问卷"，以期通过本次调查问卷了解本科师范生实验前教育技术能力水平状况、对课程学习内容的需求、学习后评价方式的需求、对学习内容的了解情况，有效制定实验课程的教学模式和教学策略。本次问卷发放对象为某高校数学应用教育专业和体育教育专业学生，发放问卷 108 份，回收问卷 108 份，问卷回收率 100%，其中，有的问卷未填完，有的问卷选项一致，剔除无效问卷 3 份，有效问卷为 105 份，有效问卷率 97.2%，调查结果与数据如下：

一、高校师范生教育技术能力水平现状调查结果

（一）"意识与态度"现状

根据单向评等量表得分率计算公式 $F_i = \sum a_j n_{ij} / a_H \cdot N$，其中，问题数 $i = 1$，2，3，4，5，6，7，8，9；等级 $j = 1$，2，3，4，5；n_{ij} 为对于某一问题达到某一等级的人数；$a_1 = 5$，$a_2 = 4$，$a_3 = 3$，$a_4 = 2$，$a_5 = 1$，最高等级分值 $a_H = 5$；$N = 105$，得分率 F_i 统计结果如表所示。

通过表 7-1 可见，实验前，学习者在教育技术的"意识与态度"能力水平得分率 F_i 值均大于 0.5，除"了解现代教育技术在教育变革中的作用"得分率小于 0.75 外，其他选项的得分率均大于 0.75，可以说，实验前学习者"能意识到有效应用教育技术手段对优化教学过程、提高教学质量有重要意义""能意识到作为未来教师应具备一定的应用现代教育技术工具的能力""能意识到利用教育技术手段能推进教育资源的公平利用与发展""能意识到不同地区、不同经济状况的学习者应具备均等享用学

习资源的机会""能意识到作为未来教师应充分利用各种教育技术手段进行终身学习，提高自我专业素养""能意识到教师应有效利用各类教育技术手段，达到教学效果的最优化""能意识到教师应定期对自我的教学过程、教学效果、信息化教学资源进行反思与改进提高"处于一个较高的认识水平。

表 7-1　　　　　　　　　　师范生实验前教育技术"意识与态度"状况

个人等级评定			优秀	良好	中等	较差	很差	得分率
相关能力描述			5	4	3	2	1	F_i
1.意识与态度	(1)具有应用现代教育技术手段推进教学信息化的意识	①能意识到有效应用教育技术手段对优化教学过程、提高教学质量有重要意义 频次	26	49	23	7	0	0.78
		百分比	24.8%	46.7%	21.9%	6.6%	0%	
		②能意识到作为未来教师应具备一定的应用现代教育技术工具的能力 频次	35	46	14	9	1	0.8
		百分比	33.3%	43.8%	13.3%	8.6%	1%	
		③能意识到利用教育技术手段能推进教育资源的公平利用与发展 频次	25	40	37	3	0	0.77
		百分比	23.8	38.1%	35.2%	2.9%	0%	
		④能意识到不同地区、不同经济状况的学习者应具备均等享用学习资源的机会 频次	33	38	17	17	0	0.77
		百分比	31.4%	36.2%	16.2%	16.2%	0%	
		⑤了解现代教育技术在教育变革中的作用 频次	19	26	45	13	2	0.69
		百分比	18.1%	24.8%	42.9%	12.3	1.9%	
1.意识与态度	(2)教师应利用教育技术促进自我发展的态度	①能意识到作为未来教师应充分利用各种教育技术手段进行终身学习，提高自我专业素养 频次	30	51	19	5	0	0.8
		百分比	28%	47.7%	17.8%	4.7%	0%	
		②能意识到教师应有效利用各类教育技术手段，达到教学效果的最优化 频次	26	43	32	4	0	0.77
		百分比	24.8%	40.9%	30.5%	3.8%	0%	
		③能意识到教师应定期对自己的教学过程、教学效果、信息化教学资源进行反思与改进提高 频次	23	48	28	5	1	0.77
		百分比	21.9%	45.7%	26.7%	4.7%	1%	

(二)"理论素养"现状

从表7-2可见，在七个三级指标中，"了解教育信息资源的检索与获取的方法与策略"得分率最高，为0.63，说明学习者在实验前对自己具有的信息资源检索与获取的方法与策略持较满意态度。"参加过教育技术相关课题的研究"得分率最低，为0.48，小于0.5说明学习者实验前此方面能力欠缺，而其他五个选项的

表 7-2　　　　　　　　　师范生实验前教育技术"理论素养"状况

相关能力描述		个人等级评定		优秀	良好	中等	较差	很差	得分率
				5	4	3	2	1	F_i
2. 理论素养	(1)掌握教育技术学四大基础理论及其对教育技术学的影响，掌握各类教学媒体的基本理论	①了解何为教育技术及教育技术包含的内容	频次	5	21	50	21	8	0.59
			百分比	4.8%	20%	47.6%	20%	7.6%	
		②了解媒体、教学媒体、现代教学媒体的含义与类型	频次	7	22	44	25	7	0.59
			百分比	6.7%	21%	42%	23.8%	6.7%	
2. 理论素养	(2)具备将教育技术和教学媒体的理论与自我教学实践充分结合的能力	③了解教育技术在各学科中应用的研究方法(如行动研究、观察与实地研究、设计性研究、开发性研究、评价研究、数据分析、理论分析)	频次	7	14	56	15	13	0.58
			百分比	6.7%	13.3%	53.3%	14.3%	12.4%	
		④了解教育信息资源的检索与获取的方法与策略	频次	8	28	45	18	6	0.63
			百分比	7.6%	26.7%	42.9%	17.1%	5.7%	
		①了解各类教学媒体并在教学实践中熟练使用	频次	6	24	40	30	5	0.59
			百分比	5.7%	22.9%	38.1%	28.6%	4.8%	
		②能根据教学媒体的特点与功能采取相应的教学模式开展教学实践	频次	7	24	32	36	6	0.58
			百分比	6.7%	22.9%	30.5%	34.3%	5.7%	
		③参加过教育技术相关课题的研究	频次	5	16	22	37	25	0.48
			百分比	4.8%	15.2%	21%	35.2%	23.8%	

得分率值 F_i 虽都大于 0.5，但均小于 0.75，说明学习者"了解教育技术及教育技术包含的内容""了解媒体、教学媒体、现代教学媒体""了解教育技术在各学科中应用的研究方法(如行动研究、观察与实地研究、设计性研究、开发性研究、评价研究等)""了解各类教学媒体并在教学实践中熟练使用""能根据教学媒体的特点与功能采取相应的教学模式开展教学实践"的能力比较薄弱。

(三)"技术能力"现状

从表 7-3 可见。实验前，两个专业学习者"掌握常用软件 Powerpoint、Ecxel、Word 的使用"得分率最高，$F_i = 0.65$，可以说实验前学习者在教育技术能力水平的"技术能力"中该技能有一定基础；"了解并掌握动画制作软件 Flash 的使用""了解并掌握多媒体综合教室的使用""了解并掌握数码相机的使用"得分率均大于 0.5，但都小于 0.75，可以说这三项学习者为中等偏小水平状态，其他七个选项的得分率均低于 0.5，说明学习者对"Authorware 的使用""网站开发工具的使用""电子白板的使用""电视白板一体机的使用""卫星广播电视系统的使用""新媒体、富媒体、自媒体的概念及类型""开发教学课件""综合利用多媒体工具软件开发课件的能力"方面不甚了解。

(四)"教学设计思想与能力"现状

从表 7-4 可见，学习者在开展基于 WEB2.0 交互式网络电视教学应用前，"能结合自己专业设计教案"得分率相对最高，为 0.63，虽大于 0.5 却小于 0.75，可以说实验前，学习者的此项能力为"中等"水平状态；8 个三级评价指标中，得分率最低的为"了解'双主型'教学设计模式与策略""了解翻转课堂、微课、MOOC、网络课程"，其得分率均为 0.48，可以说实验前学习者的这两项水平较低，对这些内容不甚了解；其他五项指标得分率虽都大于 0.5，但均小于 0.75，可以说实验前，学习者"了解讲授式教学模式与方法""了解'以学为主'的教学设计模式与策略(如抛锚式教学、PBL 学习、探究式学习、支架式学习、混合学习、Webquest 学习、E-Learning 学习等)""知道开展教学设计的过程""知道如何进行有效的教学评价""知道如何对教学活动结果进行教学反思与评价并调整教学策略，优化教学效果"的能力为中等偏下水平。

表 7-3 　　　　　　　　　　　**师范生实验前"技术能力"状况**

			个人等级评定	优秀	良好	中等	较差	很差	得分率
		相关能力描述		5	4	3	2	1	F_i
3.技术能力	(1) 掌握各类多媒体工具软件的使用	①掌握图像处理软件 Photoshop 的使用	频次	7	12	32	40	14	0.52
			百分比	6.7%	11.4%	30.5%	38.1%	13.3%	
		②掌握声音处理软件 Audition 的使用	频次	5	4	31	41	24	0.46
			百分比	4.8%	3.8%	29.5%	39%	22.9%	
		③掌握视频处理软件 Premiere 的使用	频次	1	8	27	34	35	0.42
			百分比	1%	7.6%	25.7%	32.4%	33.3%	
		④掌握多媒体著作软件 Authorware 的使用	频次	0	13	37	27	18	0.45
			百分比	0%	12.4%	35.2%	25.7%	26.7%	
		⑤掌握常用软件 Powerpoint、Excel、Word 的使用	频次	8	31	46	17	3	0.65
			百分比	7.6%	29.5%	43.8%	16.2%	2.9%	
		⑥了解并掌握动画制作软件 Flash 的使用	频次	2	14	35	38	16	0.5
			百分比	1.9%	13.3%	33.3%	36.2%	15.2%	
		⑦了解并掌握网站开发工具的使用	频次	1	12	24	40	28	0.44
			百分比	1%	11.4%	22.9%	38.1%	26.7%	
	(2) 了解并使用各类常用教学媒体	①了解并掌握多媒体综合教室的使用	频次	3	19	35	38	10	0.54
			百分比	2.9%	18.1%	33.3%	36.2%	9.5%	
		②了解并掌握电子白板的使用	频次	2	13	29	44	17	0.48
			百分比	1.9%	12.4%	27.6%	41.9%	16.2%	
		③了解并掌握电视白板一体机的使用	频次	4	7	22	55	17	0.46
			百分比	3.8%	6.7%	21%	52.4%	16.2%	
		④了解并掌握数码相机的使用	频次	5	16	36	30	18	0.52
			百分比	4.8%	15.2%	34.3%	28.6%	17.1%	
		⑤了解并掌握数码摄像机的使用	频次	4	17	36	27	21	0.52
			百分比	3.8%	16.2%	34.3%	25.7%	20%	
		⑥了解并掌握卫星广播电视系统的使用	频次	0	11	29	38	27	0.45
			百分比	0%	10.5%	27.6%	36.2%	25.7%	
		⑦了解新媒体、富媒体、自媒体的概念及类型	频次	0	10	27	43	25	0.44
			百分比	0%	9.5%	25.7%	41%	23.8%	
	(3) 具备将所学技术知识有效应用于教学实践中的能力	①具有教学设计理论思想并在该理论指导下开发过教学课件	频次	3	16	27	40	19	0.49
			百分比	2.9%	15.2%	25.7%	38.1%	18.1%	
		②具备综合利用多媒体工具和软件开发课件的能力	频次	3	9	41	33	19	0.49
			百分比	2.9%	8.6%	39%	31.4%	18.1%	

表 7-4   师范生实验前"教学设计思想与能力"状况

相关能力描述		个人等级评定		优秀	良好	中等	较差	很差	得分率
				5	4	3	2	1	F_i
4.教学设计思想与能力	(1)掌握教学设计的思想与理论	①了解讲授式教学模式与方法	频次	4	29	36	27	9	0.58
			百分比	3.8%	27.6%	34.3%	25.7%	8.6%	
		②了解"以学为主"的教学设计模式与策略(如抛锚式教学、PBL学习、探究式学习、支架式学习、混合学习、Webquest学习、E-learning学习等)	频次	0	18	36	33	18	0.5
			百分比	0%	17.1%	34.3%	31.4%	17.1%	
		③了解"双主型"教学设计模式与策略	频次	3	14	30	35	23	0.48
			百分比	2.9%	13.3%	28.6%	33.3%	21.9%	
		④了解翻转课堂、微课、MOOC、网络课程	频次	3	13	28	40	21	0.48
			百分比	2.9%	12.4%	26.7%	38.1%	20%	
	(2)具备将教学设计思想应用于教学实践的能力	①知道开展教学设计的过程	频次	3	19	48	22	13	0.56
			百分比	2.9%	18.1%	45.7%	21%	12.4%	
		②能结合自己专业设计教案	频次	9	30	41	17	8	0.63
			百分比	8.6%	28.6%	39%	16.2%	7.6%	
		③知道如何进行有效的教学评价	频次	5	28	38	27	7	0.59
			百分比	4.8%	26.7%	36.2%	25.7%	6.7%	
		④知道如何对教学活动结果进行教学反思与评价并调整教学策略,优化教学效果	频次	5	20	46	26	8	0.58
			百分比	4.8%	19%	43.8%	24.8%	7.6%	

(五)"应用与创新"现状

通过表 7-5 可见,在学习者开展基于 WEB2.0 交互式网络电视的教学应用实验前,学习者的"能进行信息检索,掌握自己所学专业学科发展动态及前沿"得分率相对较高,为 0.6,处于"中等"水平状况;"能有效利用已有和新兴的教与学工具及资源开展教与学的活动"和"能关注新技术、新的教育技术方法开展教学创新实践"得分率分别为 0.59 和 0.55,虽都大于 0.5 却小于 0.75,可以说,学习者这两方面能力水平处于中等偏下水平；"能借助教育技术手段进行学术交流与合作"得分率最低，为0.49，小于0.5，可以说学习者实验前该项能力最弱。

表7-5　　　　　　　师范生实验前教育技术"应用与创新"能力状况

相关能力描述	个人等级评定			优秀	良好	中等	较差	很差	得分率
				5	4	3	2	1	F_i
5.应用与创新	(1)能应用教学设计思想、多媒体课件开发工具、各类教学媒体设备进行本专业课程的教学设计与教学实践	①能有效利用已有和新兴的教与学工具及资源开展教与学的活动	频次	3	29	39	28	6	0.59
			百分比	2.9%	27.6%	37.1%	26.7%	5.7%	
		②能进行信息检索，掌握自己所学专业学科的发展动态及前沿	频次	3	30	43	20	9	0.6
			百分比	2.9%	28.6%	41%	19%	8.6%	
	(2)能在熟练掌握教学设计理论及多媒体课件开发工具、各类教学媒体设备的基础上进行信息化教学活动的创新	①能运用新技术、新的教育技术方法开展教学创新实践	频次	3	23	37	28	14	0.55
			百分比	2.9%	21.9%	35.2%	26.7%	13.3%	
		②能借助教育技术手段进行学术交流与合作	频次	5	9	35	37	19	0.49
			百分比	4.8%	8.6%	33.3%	35.2%	18.1%	

　　通过上述实验前问卷的调查，第一，是便于了解实验对象在实验前所具备的教育技术"意识与态度""理论素养""技术能力""教学设计思想与能力""应用与创新"能力；第二，是为了了解学习者的学习需求；第三，是便于从被试者目前教育技术能力水平现状中分析问题，制定课程的教学模式与教学策略。

二、高校师范生对教育技术能力培养课程的需求

（一）实验对象实验前对教育技术的了解状况

1. 频次与百分比的统计结果

　　从表7-6可见，基于交互式网络电视的教学应用在实验前，44.9%的学习者对"教育技术"无论从定义还是从内涵上都"不太了解"，位居第一位，30.8%的学习者选择"一般"，也就是不确定对教育技术是了解还是不了解，即，对其概

念和内涵是模糊不清的状态，位居第二位；13.4%的学习者选择"不了解"，位居第三位，而选择对教育技术"非常了解"和"比较了解"的学习者所占百分比为7.5%。因此，从表来看，学习者在实验前对教育技术处于"不太了解"甚至"不了解"的普遍状况。

表 7-6　　　　　　　　　　　　　对教育技术的了解选择率

		频次	百分比	有效百分比	累计百分比
有效	非常了解	2	1.9%	1.9%	1.9%
	比较了解	8	7.5%	7.6%	9.5%
	一般	33	30.8%	31.4%	41%
	不太了解	48	44.9%	45.7%	86.7%
	不了解	14	13.4%	13.3%	100%
	合 计	105	100%	100%	

2. 两独立样本 t 检验结果

为了解两个实验班对教育技术的了解程度，笔者进行了两独立样本 t 检验，结果如表 7-7 和表 7-8 所示。

表 7-7　　实验前两个实验班对教育技术了解状况的基本描述统计结果

专业		人 数	均值	标准差	均值标准误差
1. 对教育技术的了解	数学教育	54	3.52	0.818	0.111
	体育教育	51	3.80	0.917	0.128

表 7-8　　实验前两个实验班对教育技术了解状况的两独立样本 t 检验结果

		Levene's Testfor Equality of Variances		t-test for Equality of Means						
		F	Sig.	t	df	Sig. (2-tailed)	Mean Difference	Std. Error Difference	95% Confidence Interval of the Difference	
									Lower	Upper
对教育技术的了解	Fgual variances assumed	0.098	0.755	-1.685	103	0.095	-0.285	0.169	-0.621	0.051
	Equal variances not assumed			-1.679	100.082	0.096	-0.285	0.170	-0.623	0.052

这里，我们原假设是：两个实验班的学生对教育技术的了解无差异，即 H_0：$\mu_1-\mu_2=0$。第一，从表 7-8 中可见，该检验的 F 统计量的观察值为 0.098，对应的概率 P 值为 0.755，相对于显著性水平 α 为 0.05 而言，若概率 $P \leqslant \alpha$，则拒绝零假设，反之，若 $P>\alpha$，则接受零假设。这里的概率 P 值明显大于 0.05，因此，认为两总体的方差无显著性差异。第二，两总体均值的检验。在前边我们通过 $P>\alpha$ 判断两个实验班实验前对教育技术的了解无显著差异，因而，这里应看表中第一行，这里 t 的观测值是-1.685，对应的双尾概率 P 值为 0.095，由于双尾概率 P 值也大于 α 值，因此认为量总体的均值没有显著差异。第三，从 95% 置信区间看，上限值为 0.051，下限值为-0.621，该区间跨零，因此也从另一角度验证了上述推断。

(二) 实验对象实验前参加教育技术相关培训情况

1. 实验前参加教育技术相关培训状况

通过表 7-9 和 7-10 可见，F 统计量等于 9.788，对应的概率 P 值为 0.002，小于显著性水平 0.05，因此观察"Equal variances not assumed"即第二列所对应 t 检验结果。由于 t 统计量对应的双尾概率 P 值为 0.136，大于显著性水平 0.05，因此认为两总体的均值不存在显著性差异；再者，从 95% 置信空间看，下限值为-0.033，上限值为 0.240，该区间跨零，因此，再次确认两总体之间不存在显著性差异。

表 7-9 实验前两个实验班参加教育技术相关培训状况的基本描述统计结果

Group Statistics

专业		N	Mean	Std. Deviation	Std. Error Mean
是否参加过教育技术的相关培训	数学教育	54	1.91	0.293	0.040
	体育教育	51	1.80	0.401	0.056

表 7-10　　　　　实验前两个实验班参加教育技术相关培训状况的

两独立样本 t 检验结果

		Levene's Testfor Equality of Variances		t-test for Equality of Means						
		F	Sig.	t	df	Sig. (2-tailed)	Mean Difference	Std. Error Difference	95%Confidence Interval of the Difference	
									Lower	Upper
是否参加过教育技术的相关培训	Equal variances assumed	9.788	0.002	1.517	103	0.132	0.103	0.068	−0.032	0.239
	Equal variances not assumed			1.503	91.177	0.136	0.103	0.069	−0.033	0.240

2. 曾参加过的教育技术相关培训中存在的问题

在参加过培训的学习者中，通过问卷统计得出，曾参加过的培训中存在的问题如表 7-11 所示。

表 7-11　　　　实验前学习者参加的教育技术相关培训中存在问题

	选项与序号	频次	百分比	有效百分比	累计百分比
有 效	D. 培训时间较短	7	18.4	18.4	18.4
	A. 培训内容简单和单一	5	13.2	13.2	31.6
	C. 培训形式比较单一	5	13.2	13.2	44.7
	E. 老师讲得快，课程内容自己跟不上	5	13.2	13.2	57.9
	F. 培训学员间的基础及学习进度差别较大	5	13.2	13.2	71.1
	G. 学员间缺乏交流	5	13.2	13.2	84.2
	H. 教师与学生间缺乏交流	5	13.2	13.2	97.4
	B. 培训教师缺乏教学经验	1	2.6	2.6	100.0
	总　　计	38	100.0	100.0	

表 7-11 是通过选项中频数降序排列统计的结果。其中"培训时间较短"被学习者选中的频次最高，为 7 次，占 18.4%，而"培训内容简单和单一""培训形式比较单一""老师讲得快，课程内容自己跟不上""培训学员间的基础及学习进度

差别较大""学员间缺乏交流""教师与学生间缺乏交流"位于第二位，被选中频次均为5，均占选项的13.2%，"培训教师缺乏教学经验"频次仅为1，占选项的2.6%。

(三)学习者对课程学习期望达到的目标调查结果

1. 实验前学习者学习目标频次与百分比选择结果

从表7-12可见，关于学习者对课程学习期望达到学习目标的七个选项中，B选项"提高自己教学媒体的应用与动手操作能力"和C选项"提高自己多媒体工具软件的使用能力"两选项的选择频次都是55，占应答总数19.8%，并列位居第一；选项E"提高自己的教学系统设计理论与实践能力"选择频次为52，占应答总数18.7%，位居第二；D选项"提高自己的信息素养"位于第三，选择频次为41，应答百分比为14.7%；第四位是A选项"提高自己的教育技术理论知识"，选择频次39，应答百分比为14.0%；第五位是选项"能将教育技术相关知识应用于促进个人专业知识持续发展和提高个人科研能力"，选择频次31，占应答总数11.2%。

表7-12　　学习者期望通过课程学习达到的学习目标频次与百分比结果

选　　项	应答		有效样本百分比
	次数	百分比	
A. 提高自己的教育技术理论知识	39	14.0%	46.4%
B. 提高自己对教学媒体的应用与动手操作能力	55	19.8%	65.5%
C. 提高自己对多媒体工具和软件的使用能力	55	19.8%	65.5%
D. 提高自己的信息素养	41	14.7%	48.8%
E. 提高自己的教学系统设计理论与实践能力	52	18.7%	61.9%
F. 能将教育技术相关知识应用于促进个人专业知识持续发展和提高个人科研能力	31	11.2%	36.9%
G. 其他	5	1.8%	6.0%
合　　计	278	100.0%	331.0%

2. 多选项交叉分组下频数与百分比统计结果

表 7-13 给出了不同专业对基于交互式网络电视的教育技术能力培养课程学习目标的选择结果。通过该表的统计结果我们看到，在七个"课程期望学习目标"选项中，两个专业对课程学习达到目标排名前三位期望值内容是一致的，数学专业选择的教育技术能力培养目标按百分比值降次排列顺序分别为："提高自己教学媒体的应用与动手操作能力""提高自己具备一定的教学系统设计理论与实践能力""提高自己多媒体工具软件的使用能力"；体育教育专业选择的培养目标顺序按百分比值降次排列顺序为："提高自己多媒体工具软件的使用能力""提高自己教学媒体的应用与动手操作能力""提高自己的教学系统设计理论与实践能力"；两个班同时将"能将教育技术相关知识应用于促进个人专业知识持续发展和提高个人科研能力"学习目标选项排在最后，可以说，学习者利用教育技术手段促进科研能力与利用其工具手段提高个人专业知识的意识稍显薄弱。

表 7-13 　实验前不同专业学习者对学习目标的选择交叉频数与百分比统计表

频数 行百分比 列百分比 总百分比	A. 提高自己的教育技术理论知识	B. 提高自己对教学媒体的应用与动手操作能力	C. 提高自己对多媒体工具和软件的使用能力	D. 提高自己的信息素养	E. 提高自己的教学系统设计理论与实践能力	F. 能将教育技术相关知识应用于促进个人专业知识持续发展和提高个人科研能力	G. 其他	合计
数学教育	10 14.1% 25.6% 3.6%	16 22.5% 29.1% 5.8%	13 18.3% 23.6% 4.7%	9 12.7% 22.0% 3.2%	14 19.7% 26.9% 5.0%	8 11.3% 25.8% 2.9%	1 1.4% 20.0% 0.4%	71 25.5%
体育教育	29 14.0% 74.4% 10.4%	39 18.8% 70.9% 14.0%	42 20.3% 76.4% 15.1%	32 15.5% 78.0% 11.5%	38 18.4% 73.1% 13.7%	23 11.1% 74.2% 8.3%	4 1.9% 80.0% 1.4%	207 74.5%
合计	39 14.0%	55 19.8%	55 19.8%	41 14.7%	52 18.7%	31 11.2%	5 1.8%	278 100.0%

（四）实验前学习者对课程教学方式变革的态度

从表7-14可见，学习者对进行课程教学方式变革是持愿意态度的，其中，近六成的学习者持"比较愿意"进行课程教学方式变革的态度，近三成学习者持"非常愿意"进行课程教学方式变革的态度。一成学习者持中立态度，没有学习者选择"不太愿意"和"非常不愿意"。

表7-14　　学习者对课程教学方式变革的态度频次与百分比统计结果

		频次	百分比	有效百分比	累计百分比
Valid	非常愿意	31	29.5	29.5	29.5
	比较愿意	59	56.2	56.2	85.7
	一般	15	14.3	14.3	100.0
	合计	105	100.0	100.0	

（五）实验前学习者对利用交互式网络电视开展教与学活动的态度

从表7-15可见，学习者对利用交互式网络电视开展教与学的活动有89.5%的学习者持赞同态度，10.5%的学习者保持中立态度。选择"不太愿意"和"非常不愿意"的学习者为零。

表7-15　　学习者对课程利用交互式网络电视开展教与学活动的
态度频次与百分比统计结果

		频次	百分比	有效百分比	累计百分比
Valid	非常愿意	48	45.7	45.7	45.7
	比较愿意	46	43.8	43.8	89.5
	一般	11	10.5	10.5	100.0
	合计	105	100.0	100.0	

(六) 对课程考核方式的态度

在七个多项选择中，学习者的选择结果统计如表 7-16 所示。

表 7-16　　　　　学习者对课程考核方式的态度频次与百分比统计结果

项　　目	应答		有效样本百分比
	次数	百分比	
A. 出卷考试	7	6.3%	8.3%
B. 上机测试	20	18.0%	23.8%
C. 学习成果评价	9	8.1%	10.7%
D. 过程性评价	18	16.2%	21.4%
E. 综合性评价	53	47.7%	63.1%
F. 其他	4	3.6%	4.8%
总　　计	111	100.0%	132.1%

通过表 7-16 显示的调查统计结果，我们能看到学习者对开展基于交互式网络电视的课程学习后的课程评价方式中有 47.7%，即近五成学习者希望以"综合性评价"方式开展学习结果的评价，同时 18%，即近两成的学习者希望通过"上机测试"的方式开展学习结果的评价。

三、高校师范生教育技术能力培养的设计

(一) 师范生教育技术能力培养的内容

师范生是未来的教师，现代新技术在不断发展，新技术、新媒体正在不断影响着人们的学习、生活、工作。作为未来教师的师范生为了迎接日新月异的信息技术带给社会和学校课堂的变化，必须学习新媒体、新技术，并具有信息化环境下教学设计的新思想，才能适应未来的教师职业。因而，师范生教育技术能力培养内容结合现实理论与实践意义与问卷调查结果，具体有以下七个方面：

第一，具有信息化环境下教育信息技术意识与态度的能力。即，培养师范生具备应用现代教育技术手段推进教学信息化的意识与能力、培养师范生利用教育技术促进自我发展的意识与态度。

第二，教育技术相关理论知识的培养。如培养师范生了解教育技术的内涵、了解媒体、教学媒体、现代教学媒体的含义与类型，了解教育技术新近开展的研究，了解信息资源的检索与获取方式与策略。

第三，多媒体工具软件能力的培养。如培养师范生掌握视频编辑常用软件、多媒体课件制作常用软件、音频处理软件、静态图像处理软件的使用。

第四，各类常用教学媒体的使用。即，让师范生了解并能熟练使用多媒体综合教室的使用，掌握电子单双板的使用，掌握数码摄像机的使用与信息输出，掌握新媒体、富媒体、自媒体的概念与类型。

第五，具备教学设计的思想与能力。如让师范生了解以教为主的教学设计过程及模式、了解以学为主的教学设计过程及模式、了解多媒体综合教学设计的教学过程与模式。

第六，具备教案设计与应用教学媒体进行课堂教学实践的能力。即，师范生通过教育技术相关培养课程的学习能结合自己的专业，设计教案，并借助任一多媒体教学设备实施教学并进行教学反思。

第七，具备应用新的教育技术手段开展教学与科研创新的能力。

(二)师范生教育技术能力培养方式

师范生教育技术能力培养方式有：微课例教学方式、小组协作方式、PBL学习方式、基于任务驱动的协作方式，侧重于培养学习者的自主学习能力与协作精神。

(三)师范生教育技术能力培养的课程安排

师范生教育技术能力培养方式主要通过开设三门课程来实现，分别是现代教育技术概论、多媒体课件设计与开发、教师教学技能训练。三门课程的侧重点不同，现代教育技术概论主要是向师范生介绍教育技术理论方面的知识，如学习理论、传播理论、系统科学理论、视听理论、教学媒体的类型、多媒体课件的教学设计、远程教育理论知识、教学设计理论；多媒体课件设计与开发主要向师范生介绍常用的多媒体软件，如 Photoshop、Flash、Authorware、Dreamweaver、Premiere，其中，通过问卷调查我们发现，学习者对常用的 Office 系列办公软件比较熟悉，则在课程中作为非重点介绍；教师教学技能训练课程主要在前两门课程的基础上，让学习者了解并熟练使用常用的教学媒体，有电子单板的使用、电子双板的使用、多媒体综合教室的使用、摄像机的使用等，并让学习者设计一节课，写出课程教案、画出教学流程图，并借助于常用教学媒体进行课程设计的实施与课程设计反思。

（四）师范生教育技术能力培养教与学的实施

此次开展的师范生教育技术能力的培养，笔者是基于交互式网络电视的教学环境开展教学模式的设计，并基于该模式在不同研究阶段采取不同的策略。本次基于交互式网络电视的师范生教育技术能力的培养过程，是一番对第五媒体中交互式新媒体的尝试，因此，在设计了相应教学模式的基础上，笔者分别在现代教育技术概论、多媒体课件的设计与开发、教师教学技能训练三门课程中在基于 WEB2.0 的交互式网络电视教与学的环境中开展。三门课程的着重点不同，分别是倾向于理论传授的课程、上机动手能力操作的课程、动手操作教学媒体并进行教师教学技能训练的实践课程。在进行师范生教育技术能力培养的教与学的过程中，笔者将根据前述所构建的基于 WEB2.0 交互式网络电视的教学模式与教学策略贯穿在课程学习中，并通过问卷调查与观察、访谈的方式了解学习者的学习情况和学习过程中的思想动态。在对实验开展前师范生教育技术能力的问卷调查中我们看到，曾参加过教育技术及相关培训的学习者中认为所参加的培训中存在的第一问题主要是"培训时间短"，该选项得分率占 18.4%，因而，我们对三门课程安排的学时也做了调整，分别是 48 学时、18 学时、18 学时；以往参加过的教育技术相关培训中存在的第二类问题是"培训内容比较简单和单一""培训形式较单一""教师讲得快，课程内容自己跟不上""教师与学生间缺乏交流""培训学员间的基础及学习进度差别较大"这些问题得分率均为 13.2%，所以在进行基于 WEB2.0 交互式网络电视开展教学应用时会对学习者进行问卷调查，之后根据问卷调查结果分别从社会网络视角和学习风格视角分别构建学习共同体，并确定三门课程不同的学习内容、学习目标、采取相应的教学策略开展教与学的活动，并促进师生、生生的互动，设计学习评价方案，对学习者学习结果进行客观的、过程性的评价。

(五)师范生教育技术能力培养的评价方式

通过问卷调查可见，学习者在选择学习结果评价方式上，47.7%的学习者希望进行"综合性评价"、18.0%的学习者希望进行上机测试。鉴于学习者的选择，本次基于交互式网络电视的教学应用实验活动会针对学习者所选择的两种评价方式设计评价量规与设计上机考试题库进行评价。具体评价方式详见本书第四章第二节。

第三节　基于WEB2.0交互式网络电视的高校课堂教学模式与策略实验实施中学习共同体的构建与分析

一、基于社会网络视角的学习共同体的构建

(一)研究概述

1. 研究目的

本研究的目的：一是，通过本书了解学习者选择学习共同体中学习伙伴时体现出的社会网络关系状况及该社会网络关系中所体现的各因素之间的关系；二是，通过定量研究方式，根据学习者意愿构建学习者理想中的学习伙伴，以有效地开展现代教育技术概论、多媒体课件设计与制作、教师教学技能训练课程中的协作学习，促进学习者的学习兴趣，提高个人与学习共同体群体的学习效果。

2. 研究方案

本书采用定量研究方法，技术路线上，选取学习者在选择学习共同体中学习伙伴的倾向上所表现出来的社会关系网络视角开展问卷调查，并对数学与应用数

学专业 56 名学习者和体育教育专业 52 名学习者，各自依据重要性程度选择的 7 个理想的学习伙伴，利用 Excel 进行数据统计并构建关系矩阵，再用可视化软件 Netdraw 构建学习者倾向的学习共同体社会网络关系图，并根据可视化社会网络关系图组建学习共同体群组，同时，通过 SPSS 软件对数据进行分析，了解学习者选择学习共同体中学习伙伴的倾向。

3. 研究对象

本书选取的研究对象是某高校数学与应用数学专业、体育教育专业大三本科生，实验总人数为 108 人。

4. 研究过程

（1）问卷设计调查表发放与回收。本书中所设计的调查问卷分三个部分，第一部分为被调查者的基本情况。第二部分为学习者选择自己满意的协作学习伙伴，每个学习者选择 7 个满意的学习伙伴，并根据满意程度从高到低进行排序，在调查表中填写 7 个最佳学习伙伴的编号与姓名。第二部分还包括对每个学习者所选择的 7 个满意学习伙伴相关情况的调查（共 12 个内容）。问卷第三部分提供了被试班级所有学习者的编号与姓名以方便学习者进行选择。

（2）问卷发放与回收。问卷在数学与应用数学专业班共发放 56 份，回收 56 份，回收率 100%，有效问卷 56 份，问卷有效率 100%。回收的问卷中女生 34 人，占 60.7%；男生 22 人，占 39.3%。问卷在体育教育专业班共发放 52 份，回收 52 份，回收率 100%，有效问卷 52 份，问卷有效率 100%。回收问卷中女生 15 人，占 28.8%；男生 37 人，占 71.2%。

（二）数学与应用数学专业班基于社会网络视角学习共同体的构建

1. 构建共同频次矩阵

在数学与应用数学专业 56 名学习者中，每人依据个人意愿强烈程度依次填写 7 个自己满意的学习共同体中的成员，按照每 2 人一组出现的次数用 Excel 进行统计，这里，我们将 56 名学习者按照名单顺序依次编号为 S_1、S_2……S_{56}，共形成 3136 组数据，频次统计结果如表 7-17 所示（局部）。

表 7-17　数学与应用数学班学习共同体构建中学习者被选频次统计(局部)

	S_9	S_{21}	S_{38}	S_{35}	S_{15}	S_{17}	S_8	S_{27}	S_{36}	S_{31}
S_9	24	12	5	7	9	8	14	8	7	4
S_{21}	12	19	2	3	8	5	8	3	3	3
S_{38}	5	2	19	11	4	5	5	6	10	2
S_{35}	7	3	11	18	3	3	5	10	8	1
S_{15}	9	8	4	3	18	10	8	2	0	5
S_8	15	9	5	5	8	17	5	6	7	3
S_{17}	8	5	3	3	10	5	16	1	1	6
S_{27}	8	3	6	10	2	1	6	16	7	3
S_{36}	7	3	10	8	0	1	7	7	14	1
S_{31}	4	3	2	1	5	6	3	3	1	14

由于篇幅所限,不能将 3136 组数据全部展现,表 7-17 展示了经 Excel 数据统计后,构建的学习者之间两两出现的频次统计频数。该表展现了以下信息:第一,在 Excel 进行频次统计中,自动按照学习者总被选频数进行了降序排列,因此,在本班被选总频次在前十名的如表 7-17 第一列所示,依次分别为 S_9、S_{21}、S_{38}、S_{35}、S_{15}、S_{17}、S_8、S_{27}、S_{36} 和 S_{31}。第二,斜线方向数值表示该生被他人选作学习共同体中学习伙伴的频次。如,第二行第二列数值为 24,代表学生 S_9 被其他同学选作学习共同体中的伙伴次数达 24 次。第三,非斜线方向灰色背景区域数值,代表这两名学生被选择作为学习共同体中学习伙伴的频次。如,第二行第三列,数值为 12,代表学生 S_9 和学生 S_{21} 被选作同一学习共同体中学习伙伴的频次为 12 次。[①]

2. 构建相似矩阵

为避免对角线词频与其他词频差距过大而影响分析效果,笔者引入 Ochiia 相

---

① 张红波,徐福荫. 基于社会网络视角的学习共同体构建及相关因素分析[J]. 电化教育研究,2016(10):70-76.

似系数，将共同频次矩阵转化成相似系数矩阵，更精确地表示学习者两两之间被选择的密切程度，相似矩阵构建结果如表 7-18 所示。

表 7-18　　　　　　数学与应用数学班学习共同体构建中学习者间

合作关系相似矩阵构建(局部)

	S_9	S_{21}	S_{38}	S_{35}	S_{15}	S_{17}	S_8	S_{27}	S_{36}	S_{31}
S_9	1	0.3158	0.0548	0.1134	0.1875	0.1667	0.5104	0.1667	0.1458	0.0476
S_{21}	0.3158	1	0.0111	0.0263	0.1871	0.0822	0.2105	0.0296	0.0338	0.0338
S_{38}	0.0548	0.0111	1	0.3538	0.0468	0.0822	0.0822	0.1184	0.3759	0.015
S_{35}	0.1134	0.0263	0.3538	1	0.0278	0.0312	0.0868	0.3472	0.254	0.004
S_{15}	0.1875	0.1871	0.0468	0.0278	1	0.3472	0.2222	0.0139	0	0.0992
S_8	0.5515	0.2508	0.0774	0.0817	0.2092	10.0919	0.1324	0.2059	0.0378	0.0724
S_{17}	0.1667	0.0822	0.0822	0.0312	0.3472	0.0919	1	0.0039	0.0045	0.1607
S_{27}	0.1667	0.0296	0.1184	0.3472	0.0139	0.0039	0.1406	1	0.2188	0.0402
S_{36}	0.1458	0.0338	0.3759	0.254	0	0.0045	0.2188	0.2188	1	0.0051
S_{31}	0.0476	0.0338	0.015	0.004	0.0992	0.1607	0.0402	0.0402	0.0051	1

上表数值中，数值越大且越接近于 1，表明两个学习者之间的关系越密切。通过表 7-17 和表 7-18 可以看出，与学生 S_9 黏合度大的同学依次为 S_8、S_{21}、S_{15}、S_{27}、S_{35}。

3. 学习者中心度可视化分析

为进行学习共同体构建与分组，笔者将表中形成的相似矩阵导入 Netdraw 进行中心度分析，形成图 7-1。

图 7-1 展示了班级 56 名同学中通过自愿选择学习共同体中的学习伙伴而形成的选择倾向性网络图，其中，点数越大表示该生在整个班级中的中心度越高，即该生越受同学们的青睐。反之，点数越小，表明该生被其他同学选择的次数越少。同时，在该图中，越是位于中心位置的点，越是整个班级中的核心人物，而位于图中越靠边缘位置且离中心越远的点，可以说是班级中的边缘人物。通过图

7-1，我们能清晰地看出 56 名学习者中中心度较高的学习者有 S_9、S_{21}、S_{38}、S_{35}、S_{15}、S_{17}、S_8。为了解整个班学习者之间关系的紧密度，笔者计算了网络密度。网络密度指网络中各成员间联系的紧密度，成员之间联系越多，网络密度越大。整体网密度越大，该网络对其中行动者的态度、行为等产生的影响可能越大。[1]通过 Ucnite 进行分析，该班级学习者之间构成的网络密度为 0.4154，说明该班级成员间的联系较为紧密。

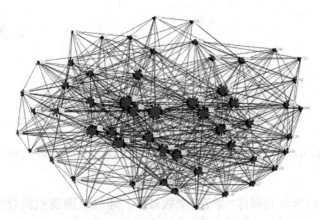

图 7-1 数学与应用数学班学习共同体中学习者中心度网络图

4. 社会网络视角下学习者学习共同体的构建

（1）构建凝聚子群。凝聚子群是学习者之间通过日常的学习、生活接触所逐渐形成的一个个集合，在这个集合中学习者之间具有相对较强的、直接的、紧密的、经常的或积极的关系。通过将相似矩阵导入 Ucinet 进行"派系"（Cliques）分析，我们得出该班同学之间形成的凝聚子群如图 7-2 所示。

凝聚子群图用可视化形式给出了 56 名同学中通过自主选择学习共同体中学习伙伴而形成的选择结果图。图中左方第一列为 56 名学习者的编号，第二列是按学习者被选频次高低进行的排序。图上方第一行，表示学习者两两之间成为"派系"（clique-by-clique）之间"共享成员"（Co-membership）的频次，如 S_9 和 S_8 位于凝聚子群图的最前端，对应上方数值为 100，说明这两个学习者隶属学习者

---

① 刘军. 社会网络分析导论[M]. 上海：格致出版社，2014：119.

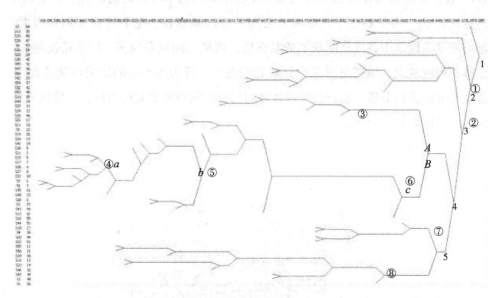

图 7-2　数学与应用数学班学习者之间学习共同体群组成员选择构建的凝聚子群

自主选择构建的学习共同体"派系"个数最多。通过该图我们能看到：第一，56名同学中，主要有五大派系，而每个大派系中均有小的派系，这五大派系中所包含的学习者人数分别为第一派系 1 人组成，第二派系 4 人组成，第三派系 11 人组成，第四派系 27 人，第五派系 14 人组成；第二，五大派系中第一个派系人最少，只有 1 人组成，为学习者 S_7，最大的派系为第四派系，从聚类图中我们能看到它下方又包含 2 大分支，A 分支中有 5 人组成，B 分支中有 22 人组成；第三，凝聚子群图中越靠近前端的学习者越是整个班级和学习共同体群中的核心人物，越靠近后端的学习者越是学习共同体群中的边缘人物。如第一派系学习者 S_7，从统计数据看，选择 S_7 作为学习共同体中成员的频次为 2，且仅作第 6 和第 7 位被选对象。另外，第三派系的 S_{53}，第四派系 S_{16}，第五派系 S_{44} 和 S_1，他们均居于该派系靠"根"部位置，从统计数据看，这四名学习者的被选次数分别为 2、1、2、1，说明他们在所属派系中处于边缘位置。

在构建学习共同体过程中，为避免人数相差过大需要对大派系按照凝聚子群图的结构进行细化，这里把第四派系中 B 分支分解为 a、b、c(请见图 7-2 的标示)三个学习共同体。同时，也需要对特小派系进行合并，如第一派系的 S_7 合并入其他人数较少的派系中。学习共同体群组构建请见表 7-19。

表 7-19　　　　　　数学与应用数学班学习共同体群组的建立

群组	组　　员										人数	所属派系	网络密度
第一组	S_9	S_8	S_{21}	S_{15}	S_{17}	S_{31}	S_{45}	S_{27}	S_{35}		9 人	第四派系	1
第二组	S_{38}	S_3	S_{43}	S_{48}	S_{36}	S_{41}	S_{34}				7 人	第四派系	0.9048
第三组	S_{14}	S_5	S_{11}	S_{51}	S_{13}	S_{16}					6 人	第四派系	0.6667
第四组	S_{25}	S_{37}	S_{49}	S_{33}	S_{24}						5 人	第四派系	0.8
第五组	S_{42}	S_{50}	S_{54}	S_{47}	S_{32}	S_{53}	S_{40}	S_{26}	S_{29}	S_{30}	10 人	第三派系	0.6
第六组	S_{28}	S_{10}	S_{12}	S_6	S_7						5 人	第二派系	0.6667
												一、二派系	0.4
第七组	S_{22}	S_{20}	S_4	S_{18}	S_{44}						5 人	第五派系	0.9
第八组	S_{55}	S_{56}	S_{39}	S_{19}	S_{23}	S_{46}	S_{52}	S_2	S_1		9 人	第五派系	0.8056

（2）构建学习共同体群组。从学习共同体的八个群组网络密度看，第一群组网络密度最大，为 1，表明这组 9 个成员间关系紧密度高，相互之间联系多，相互影响大。第二位的是第二个学习共同体的 7 个成员，网络密度为 0.9048；第三位的是第七组，网络密度 0.9；第四位的是第八组，网络密度为 0.8056；第五位的是第四组，网络密度为 0.8，都比较高，第三组和第五组网络密度在 0.6 与 0.7 之间，略微低于前五组，但高于 0.5，说明这两个组成员间相互影响较大；比较特殊的是第六组，由第一派系的 1 个成员与第二派系的 4 个成员组成，第二派系成员网络密度为 0.6667，表明这组 4 个成员间联系较紧密，相互影响较大，加入第一派系的 S_7 一人后，该组网络密度降为 0.4，表明 S_7 与这组成员关系不甚密切，这里考虑到第二派系人数较少及 S_7 一人无法形成学习共同体而与第二派系合为一个学习共同体群组。

（3）各学习共同体群组成员中心度、影响力指数数据统计与分析。为了解各群组中学习者所处的位置，故进行学习者中心度分析与相互影响指数分析，从而对各组中心度高、影响力大的学习者有所了解，便于在开展小组协作学习时分配不同任务。将各学习者自主选择的学习共同体伙伴形成的多值矩阵导入 Ucinet,利用卡兹指数计算方式,得到各群组成员间的影响指数,并利用相似矩阵计算各学习者度数中心度值,现以第一组为例分析如下。

表 7-20 数学与应用数学班学习共同体群组成员间的影响指数(第一组)

编号	中心度	S_9	S_8	S_{21}	S_{15}	S_{17}	S_{31}	S_{45}	S_{27}	S_{35}
S_9	3.658	−0.452	−0.395	−0.237	−0.593	0.336	0.224	−0.348	0.478	−0.027
S_8	3.324	−0.405	−1.063	−0.064	−0.891	−0.294	0.089	0.216	0.461	0.010
S_{21}	3.490	−0.437	0.253	0.386	1.698	−0.366	−0.665	0.604	−1.013	0.159
S_{15}	3.295	0.287	−0.230	−0.752	−1.358	0.336	0.576	−0.475	0.746	−0.089
S_{17}	2.859	0.075	0.225	−0.801	−0.629	0.000	0.207	0.216	−0.030	−0.181
S_{31}	3.055	−0.103	0.080	−0.088	0.150	0.274	−0.557	0.160	−0.138	−0.025
S_{45}	2.078	0.390	0.410	0.162	0.327	−0.167	−0.081	−0.781	−0.256	−0.245
S_{27}	2.960	−0.577	0.428	0.474	1.621	0.349	−0.602	1.015	−2.178	−0.399
S_{35}	3.288	−0.213	−0.138	0.049	−0.069	−0.011	0.001	0.058	−0.245	−0.497

中心度值的高低,代表该学习者在所处学习共同体中是否居于中心地位,度数越高,该学习者越居于中心并且越受欢迎。从表 7-20 可见,在第一个学习共同体群组中,S_9 的度数最高,达 3.658,其他 8 名学习者依照中心度值高低排序,分别是 S_{21}、S_8、S_{15}、S_{35}、S_{31}、S_{27}、S_{17}、S_{45},该组的学习者在 56 名同学中的中心度值都较高。

在一个整体网络中,有的行动者得到的关系选项多,即他的影响力大,有的行动者虽不被关注,即得到的关系选项少,但是他可能选择较多的他人,即发出的关系多,若一个行动者得到的关系和发出的关系都少,他便是孤苦伶仃之人,不会有影响力。[1] 从表中可以看到,对学习者 S_9 影响最大的是 S_{45},影响指数为 0.390,其次是 S_{15},他对 S_9 的影响指数是 0.287,第三是 S_{17}。而 S_9 对 S_{27} 的影响

---

[1] 刘军. 整体网分析[M]. 上海:格致出版社,2014:68.

指数最高，S_{27} 对 S_{15} 的影响指数最高，S_{15} 受 S_{21} 的影响最大，S_{21} 受 S_{27} 的影响最大。而在该群组中 S_{35} 发出的影响指数相对最弱，最高达 0.058。同时他受到的影响指数也最弱，最高是来自 S_{21} 的影响，仅 0.159，从数据看，说明 S_{35} 是该学习共同群组中较边缘化的学习者，这和图 7-2 数学与应用数学班学习者之间学习共同体群组成员选择构建的凝聚子群的凝聚子群图中 S_{35} 在所在分支所处的位置是对应的。

表 7-21　　数学与应用数学班学习共同体群组成员间的影响指数（第二组）

编号	中心度	S_{38}	S_3	S_{43}	S_{48}	S_{36}	S_{41}	S_{34}
S_{38}	3.457	−0.378	−0.147	−0.307	−0.158	−0.136	0.052	−0.165
S_3	2.108	−1.093	0.347	−0.310	−1.090	−0.154	−0.445	0.092
S_{43}	2.126	2.534	0.033	−1.861	2.187	1.036	3.641	−1.204
S_{48}	1.837	−6.489	1.247	−1.191	−0.623	0.279	0.102	−0.205
S_{36}	2.894	−0.587	0.561	−0.356	−0.252	−0.357	−0.166	0.091
S_{41}	2.521	−1.435	1.323	−0.141	−1.047	−0.201	−1.742	0.366
S_{34}	3.036	−1.283	0.857	0.216	−0.637	−0.227	−1.003	−0.104

　　第二个学习共同体群组中，学习者 S_{38} 的中心度最高，为 3.457，但从对其他学习者的影响力而言却比较小，仅对 S_{41} 的影响最大，为 0.052。从对他人的影响力看，S_{43} 在该组中对 S_{38}、S_3、S_{48}、S_{36}、S_{41} 的影响指数都较高，中心度最高的 S_{38} 受到 S_{43} 的影响最大；对学习者 S_3 来讲，他对同组其他人的影响要小于自己接受到他人的影响。

表 7-22　　数学与应用数学班学习共同体群组成员间的影响指数（第三组）

编号	中心度	S_{14}	S_5	S_{11}	S_{51}	S_{13}	S_{16}
S_{14}	1.748	−0.621	1.035	−0.391	−1.388	0.253	0.126

编号	中心度	S_{14}	S_5	S_{11}	S_{51}	S_{13}	S_{16}
S_5	2.690	−3.492	−4.996	0.007	1.128	−2.328	−1.164
S_{11}	2.809	0.424	0.271	−0.409	−0.015	0.283	0.141
S_{51}	2.672	1.321	1.165	−0.334	−0.961	0.881	0.440
S_{13}	2.135	−5.835	−6.566	−0.845	0.692	−2.223	−0.612
S_{16}	1.865	−4.827	−5.709	−0.925	0.510	−1.218	−0.609

　　第三个学习共同体群组中，S_{11} 的中心度最高，达 2.809，S_{11} 对同组中 S_{14}、S_5、S_{13}、S_{16} 均有影响力，最高影响指数达 0.424。S_{11} 受到的外来影响最高仅为 0.007，说明 S_{11} 在该群组中既是中心人物，同时又是影响面较大的人物；第二个较有影响力的是 S_5，他对 S_{11} 和 S_{51} 均有影响，其中对 S_{51} 的影响指数达 1.128，在该共同体群组中影响指数达最高。

表 7-23　　数学与应用数学班学习共同体群组成员间的影响指数（第四组）

编号	中心度	S_{25}	S_{37}	S_{49}	S_{33}	S_{24}
S_{25}	2.061	1.413	−1.026	2.050	−4.204	−1.492
S_{37}	2.840	0.182	−0.394	0.187	−0.372	0.013
S_{49}	1.668	1.873	0.014	2.013	−3.951	−1.768
S_{33}	2.535	0.204	−0.297	0.323	−0.996	−0.136
S_{24}	1.771	−0.052	0.151	−0.477	−0.827	−0.314

　　第四个学习共同体群组中，S_{37} 的中心度最高，达 2.840，他对 S_{25}、S_{49}、S_{24} 均有一定影响力；从影响指数看，S_{25} 和 S_{49} 互为对方影响力最高的人物，中心人物 S_{37} 也仅受到 S_{49} 的影响，指数为 0.014；S_{33} 很难受到同群组他人影响，但他却对 S_{49} 的影响指数最高。

表 7-24　　数学与应用数学班学习共同体群组成员间的影响指数(第五组)

编号	中心度	S_{42}	S_{50}	S_{54}	S_{47}	S_{32}	S_{53}	S_{40}	S_{26}	S_{29}	S_{30}
S_{42}	2.915	-0.583	-0.539	-0.404	-0.583	-0.216	-0.266	-0.263	0.685	-0.433	0.398
S_{50}	1.729	-0.278	-0.380	-0.820	-0.336	-0.5	-0.386	-0.239	0.586	-0.001	0.324
S_{54}	1.941	-1.007	0.022	-1.035	0.138	-0.431	0.007	-0.51	0.454	0.781	0.678
S_{47}	1.707	-1.704	0.708	-0.693	0.572	0.225	0.583	-0.844	-0.367	2.065	0.579
S_{32}	1.781	-1.495	0.076	-0.522	0.459	-0.071	0.893	-0.971	0.025	1.497	0.709
S_{53}	1.408	-2.381	0.722	-0.55	1.519	0.594	1.049	-1.104	-0.897	2.974	0.636
S_{40}	2.128	-0.724	0.045	-0.793	-0.37	-0.669	-0.243	-0.736	0.804	0.479	0.793
S_{26}	2.480	-0.635	0.453	0.131	0.168	0.14	0.316	-0.025	-1.208	0.671	-0.074
S_{29}	2.268	-0.785	0.513	0.088	0.707	0.147	0.371	-0.092	-0.943	0.503	-0.054
S_{30}	2.100	-0.903	0.51	-0.07	0.665	0.104	0.445	-0.231	-0.912	0.892	-0.336

第五个学习共同体群组中，S_{42} 的中心度最高，为 2.915，从对共同体群组人员影响指数看，仅对 S_{26}、S_{30} 有影响，最高影响指数为 0.685，从受影响指数看，本群组中中心度最高的 S_{42} 和中心度在本组处第四位的 S_{40} 不易受到该组其他成员的影响；S_{50}、S_{47}、S_{53}、S_{30} 受到群组内他人的影响较多；S_{47} 对 S_{29} 的影响指数在本群组中最大，高达 2.065，而 S_{47} 受到 S_{53} 的影响最大，S_{53} 受到自身的影响最大。

表 7-25　　数学与应用数学班学习共同体群组成员间的影响指数(第六组)

编号	中心度	S_{28}	S_{10}	S_{12}	S_6	S_7
S_{28}	2.169	-5.958	-1.479	0.654	-5.624	-1.687
S_{10}	1.541	-1.594	-0.347	0.147	-1.594	-0.409
S_{12}	1.953	-1.353	-0.143	-0.011	-1.353	-0.319
S_6	2.169	-6.770	-1.404	0.924	-7.103	-1.844
S_7	1.076	2.789	0.373	-0.286	2.789	0.582

第六个学习共同体群组由第一派系 1 人和第二派系 4 人组成，S_{28} 和 S_6 的中心度最高，为 2.169，从对群组内他人的影响力来讲，S_{28} 和 S_6 同时对 S_{12} 的影响

指数最高, 而对群组内其他学习者没有影响力。在第二派系内部, S_{28}、S_{10}、S_6、S_7 均不受该群组内其他人的影响, 仅 S_{12} 易受到同组其他三人的影响, 受到 S_6 的影响指数最高, 为 0.924。从数据看, S_{12} 是该组比较好的学习配合者, 而该组影响力较大的人物比较欠缺, 我们从图能看到, 第二派系人最少, 网络密度相对于其他群组而言也偏小, 且靠近聚类图的根部, 从社会网络图视角看, 说明该组成员相互之间的联系不太紧密, 同时也是整个班级中与其他学习者联系疏松的小派系; S_7 是第一派系的学习者, 从数据看, 他对第二派系的影响指数很大, 仅对 S_{12} 的影响力最弱, 从凝聚子群图能看出, S_7 位于聚类图的最根部, 在 56 名学习者中, 其度数中心度值最小, 是较孤立的一个学习者。

表 7-26　　**数学与应用数学班学习共同体群组成员间的影响指数(第七组)**

编号	中心度	S_{22}	S_{20}	S_4	S_{18}	S_{44}
S_{22}	2.488	−0.307	0.026	0.05	0.042	−0.48
S_{20}	2.488	−0.045	−0.378	0.026	−0.012	−0.492
S_4	1.681	−0.259	−0.259	−0.12	−0.751	−0.012
S_{18}	2.757	−0.199	−0.199	0.021	−0.782	0.062
S_{44}	1.320	0.124	0.124	−0.272	0.692	−0.334

第七个学习共同体群组中, S_{18} 的中心度值最高, 达 2.757, 从影响力看, 仅对 S_4 和 S_{44} 有影响力, 同时, S_{18} 和 S_{44} 互相的影响力都最大, 从原始数据看, 两者都选择 S_{19} 作为自己的主要共同体学习伙伴, 同时, S_{19} 也选择了两人作为自己的主要合作伙伴, 但这两者并未互相选择; 从发出的影响指数看, S_{44} 对共同体群组中 S_{22}、S_{20}、S_{18} 都有影响, S_{22} 对 S_{20}、S_4、S_{18} 也都有影响。

表 7-27　　**数学与应用数学班学习共同体群组成员间的影响指数(第八组)**

编号	中心度	S_{55}	S_{56}	S_{39}	S_{19}	S_{23}	S_{46}	S_{52}	S_2	S_1
S_{55}	3.726	−0.550	−0.102	−0.127	−0.189	−0.002	−0.216	−0.124	−0.01	−0.005
S_{56}	3.550	−0.217	−0.913	−0.595	−0.009	0.001	0.918	0.327	0.239	0.119
S_{39}	3.255	−0.269	−0.13	−0.513	−0.153	−0.132	−0.134	−0.142	0.044	0.022

续表

编号	中心度	S_{55}	S_{56}	S_{39}	S_{19}	S_{23}	S_{46}	S_{52}	S_2	S_1
S_{19}	2.997	0.172	-0.667	-0.666	-0.888	-0.179	1.321	0.336	0.279	0.139
S_{23}	3.018	-0.081	0.413	0.381	-0.307	-0.870	-0.761	-0.484	-0.319	-0.159
S_{46}	1.952	0.243	-0.612	-0.442	0.478	0.751	1.272	1.313	0.353	0.177
S_{52}	2.024	-0.686	0.666	0.845	-0.026	-0.123	-1.598	-1.134	-0.825	-0.412
S_2	1.607	-0.212	0.842	1.024	-0.525	0.252	-2.132	-0.408	-0.727	0.136
S_1	1.536	-0.104	0.816	1.083	-0.388	0.336	-1.753	-0.205	-0.322	-0.161

第八个学习共同体群组中，S_{55}的中心度值最高，达3.726，同时，该群组中S_{56}、S_{39}、S_{23}都是整个班级中中心度比较高的学习者，中心度值都超过3。从这个共同体群的影响力指数来看，S_{55}成员并不是该群组中影响力大的人物，他对同群组中其他组员并无影响力或者是号召力或权利。相对而言，S_{56}、S_{19}、S_{46}在本组中能对较多的学习者起到影响作用。从接受他人的影响指数看，S_1容易受到同群组中其他人的影响，他是一个较好的学习配合者，S_{19}仅受S_{46}的影响，S_{19}又给S_{46}的影响力最大，说明两者关系在该组中最密切，而S_{19}与该派系中其他学习者关系较疏松。

(三)体育教育专业班基于社会网络视角学习共同体的构建

在体育教育专业52名学习者中，每人依据个人意愿强烈程度依次填写7个自己满意的学习共同体中的成员，按照每2人一组出现的次数用Excel进行统计，这里，我们将52个学习者按照名单顺序依次编号为ST_1、ST_2……ST_{52}，共形成2704组数据，频次统计结果如表7-28所示(局部)。

1. 构建共同频次矩阵

由于篇幅所限，不能将2704组数据全部展现，上表展现了以下信息：第一，体育教育专业班被选总频次在前十名的依次分别为ST_{29}、ST_{18}、ST_{28}、ST_{30}、ST_{51}、ST_3、ST_{13}、ST_{42}、ST_{10}和ST_6；第二，从斜线方向看，体育教育班被选频次排名前十名的被选频次依次为19、18、17、13、12、12、11、11、10、10次。

表 7-28　　　　**体育教育班学习共同体构建中学习者被选频次统计(局部)**

	ST_{29}	ST_{18}	ST_{28}	ST_{30}	ST_{51}	ST_3	ST_{13}	ST_{42}	ST_{10}	ST_6
ST_{29}	19	12	4	11	6	2	1	5	6	6
ST_{18}	12	18	5	7	5	4	2	1	7	8
ST_{28}	4	5	17	2	2	3	3	5	3	3
ST_{30}	11	7	2	13	3	1	0	4	2	5
ST_{51}	6	5	2	3	12	0	0	2	4	5
ST_3	2	4	3	1	0	12	8	1	2	0
ST_{13}	1	2	3	0	0	8	11	0	1	1
ST_{42}	5	1	5	4	2	1	0	11	1	0
ST_{10}	6	7	3	2	4	2	1	1	10	4
ST_6	6	8	3	5	5	0	1	0	4	10

2. 构建相似矩阵

为避免对角线词频与其他词频差距过大而影响分析效果，笔者引入 Ochiia 相似系数，将共同频次矩阵转化成相似系数矩阵，更精确地表示学习者两两之间被选择的密切程度，相似矩阵构建结果如表 7-29 所示。

表 7-29　　**体育教育班学习共同体构建中学习者间合作关系相似矩阵构建(局部)**

	ST_{29}	ST_{18}	ST_{28}	ST_{30}	ST_{51}	ST_3	ST_{13}	ST_{42}	ST_{10}	ST_6
ST_{29}	1	0.4211	0.0495	0.4899	0.1579	0.0175	0.0048	0.1196	0.1895	0.1895
ST_{18}	0.4211	1	0.0817	0.2094	0.1157	0.0741	0.0202	0.0051	0.2722	0.3556
ST_{28}	0.0495	0.0817	1	0.0181	0.0196	0.0441	0.0481	0.1337	0.0529	0.0529
ST_{30}	0.4899	0.2094	0.0181	1	0.0577	0.0064	0	0.1119	0.0308	0.1923
ST_{51}	0.1579	0.1157	0.0196	0.0577	1	0	0	0.0303	0.1333	0.2083
ST_3	0.0175	0.0741	0.0441	0.0064	0	1	0.4848	0.0076	0.0333	0

续表

	ST_{29}	ST_{18}	ST_{28}	ST_{30}	ST_{51}	ST_3	ST_{13}	ST_{42}	ST_{10}	ST_6
ST_{13}	0.0048	0.0202	0.0481	0	0	0.4848	1	0	0.0091	0.0091
ST_{42}	0.1196	0.0051	0.1337	0.1119	0.0303	0.0076	0	1	0.0091	0
ST_{10}	0.1895	0.2722	0.0529	0.0308	0.1333	0.0333	0.0091	0.0091	1	0.16
ST_6	0.1895	0.3556	0.0529	0.1923	0.2083	0	0.0091	0	0.16	1

从表7-29所示数值来看，与学生ST_{29}黏合度大的同学为ST_{30}，两者的相似矩阵值为0.4899，说明ST_{29}和ST_{30}两人被选入同一学习共同体中的频次最高，第二位是ST_{18}，两者的相似矩阵值为0.4211。在前十位学习者中，与ST_{29}相对而言最疏远的学习者是ST_{13}，两者相似系数仅0.0048。其他学习者之间的相似矩阵值的含义亦如此。

3. 学习者中心度可视化分析

为进行学习共同体的构建与分组，笔者将表7-29中形成的相似矩阵导入Netdraw进行中心度分析，形成图7-3。

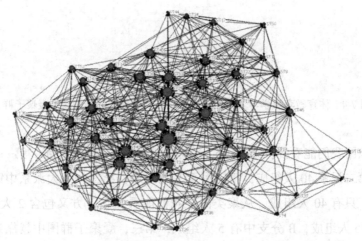

图7-3　体育教育班学习共同体中学习者中心度网络图

通过上图，我们能清晰地看出52名学习者中中心度较高的学习者有ST_{29}、

ST_{28}、ST_{51}、ST_{30}、ST_{18}，相应地，点越小，离图中心越远，表示该学习者越是整个班级的边缘人物，如图中的 ST_{50}、ST_{4}、ST_{34}、ST_{15}、ST_{24}、ST_{4} 等。为了解整个班学习者之间关系的紧密度，笔者计算了网络密度。通过 Ucnite 进行分析，该班级学习者之间构成的网络密度为 0.4133，说明该班级成员间的联系较为密切。

4. 社会网络视角下学习者学习共同体的构建

(1)构建凝聚子群。通过将相似矩阵导入 Ucinet，将相似矩阵转换为二值关系数据，再利用 Ucinet 软件进行"派系"(Cliques)分析，我们得出体育教育专业班同学之间形成的凝聚子群，如图 7-4 所示。

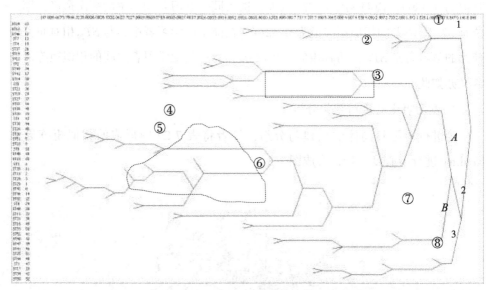

图 7-4　体育教育班学习者之间学习共同体群组成员选择构建的凝聚子群

通过该图我们能看到：第一，52 名同学中，主要有三大派系，第一派系由 7人组成，第二派系 40 人组成，第三派系 5 人组成；第二，三大派系中第二个派系人最多，只有 40 人组成，从聚类图中我们能看到它下方又包含 2 大分支，A分支中有 35 人组成，B 分支中有 5 人组成；第三，凝聚子群图中越靠近前端的学习者越是整个班级和学习共同体群中的核心人物，越靠近后端的学习者越是学习共同体群中的边缘人物。如第一派系的学习者 ST_{24}、ST_{15} 和第三派系的 ST_4 分别位于所属派系靠近根部位置，可以说，相对于其他学习者而言，他们是自己所属派系的较边缘人物。而从整个凝聚子群图看，位于图最前方的是 ST_{28}、ST_{29}、ST_{18} 说明这三位学习者是整个班的核心人物。这里要构建学习共同体群组，需要将人数庞大的第二派系按凝聚子群图体现的关系状况进行分割，结果如表 7-30 所示，图也用带圆角的数字编号对分组状况进行了标示。

表 7-30 　　　　　　　　　　**体育教育班学习共同体群组的建立**

群组	组　　员	人数	所属派系	网络密度
第一组	ST_{24}、ST_{13}、ST_{46}、ST_7、ST_4、ST_{37}、ST_{15}	7	第一派系	1
第二组	ST_{12}、ST_2、ST_{49}、ST_{43}、ST_{14}、ST_5、ST_{21}、ST_{19}、ST_{27}	9	第二派系	0.917
第三组	ST_{22}、ST_{35}、ST_{20}、ST_9、ST_{38}、ST_{26}	6	第二派系	0.4
第四组	ST_{30}、ST_{51}、ST_{10}、ST_6、ST_{45}	5	第二派系	1
第五组	ST_{28}、ST_{29}、ST_{18}、ST_{42}、ST_{36}、ST_{39}、ST_3、ST_{32}	8	第二派系	1
第六组	ST_{33}、ST_{16}、ST_{31}、ST_{11}、ST_{48}、ST_8、ST_{23}	7	第二派系	0.619
第七组	ST_{52}、ST_{40}、ST_{47}、ST_{41}、ST_{25}	5	第二派系	1
第八组	ST_{50}、ST_{34}、ST_{17}、ST_1、ST_4	5	第三派系	0.8

（2）构建学习共同体群组。网络密度是指网络中各个成员之间联系的紧密程度，成员之间联系越多，网络密度越大。从表 7-30 可见，体育教育专业八个学习共同体中，第一组、第四组、第五组、第七组网络密度最大，值均为 1，说明这四个组成员间关系紧密；其次是第二组，网络密度为 0.917，略低于 1，但从数值大小看也是学习共同体成员间联系紧密的小组；第三位的是第八组，网络密度为 0.8；第四位的是第六组，网络密度为 0.619；这七个组的网络密度均大于 0.5，说明这七个组的成员间关系是紧密的。网络密度值最小的是第三组，值为 0.4，从凝聚子群图来看，该组虽然都是由第二大派系成员构成，但这 6 个成员是由第二大派系中的两个分支派系成员组合成的，如 ST_{26} 和 ST_{38} 是第二大派系中另一分支派系成员，因而会影响该共同体小组的网络密度。

（3）各学习共同体群组成员中心度、影响力指数数据统计与分析。为了解各学习共同体小组各成员间相互影响力大小，笔者将各学习者自主选择的学习共同体伙伴形成的多值矩阵导入 Ucinet，利用卡兹指数计算方式，得到各群组成员间影响力指数，并利用相似矩阵计算各学习者度数中心度值，结果如表 7-31 所示。

表 7-31　　　　体育教育班学习共同体群组成员间的影响指数（第一组）

编号	中心度	ST_{24}	ST_{13}	ST_{46}	ST_7	ST_4	ST_{37}	ST_{15}
ST_{24}	4.503	−0.471	−0.175	−0.062	−0.243	−0.324	−0.108	−0.030
ST_{13}	4.018	−0.138	−0.508	−0.062	−0.243	−0.117	−0.108	−0.030
ST_{46}	4.346	−0.138	−0.175	−0.395	−0.243	−0.324	−0.108	−0.030
ST_7	4.346	−0.138	−0.175	−0.062	−0.577	−0.324	−0.108	−0.030
ST_4	4.827	−0.069	−0.088	−0.031	−0.122	−0.162	−0.387	−0.348
ST_{37}	4.503	−0.138	−0.175	−0.062	−0.243	−0.324	−0.441	−0.030
ST_{15}	4.210	−0.138	−0.175	−0.062	−0.243	−0.324	−0.108	−0.363

从表 7-31 可见，在体育教育班第一个学习共同体群组中，ST_4 的度数最高，达 4.827，说明该学习者居于整个学习共同体小组的中心位置，是最受欢迎的对象，依照中心度值高低排序，其他六位分别是 ST_{24}、ST_{37}、ST_{46}、ST_7、ST_{15}、ST_{13}。表 7-31 也反映了该组学习者之间的影响力。横向数值代表该学习者对他人产生影响的大小，纵向数值代表该学习者受到的影响。从该组 7 个成员看，他们同组其他人产生的影响均为负数，同时他们受到他人的影响也均为负数，说明该组学习者之间互相的影响和受到他人的影响都很弱。

表 7-32　　　　体育教育班学习共同体群组成员间的影响指数（第二组）

编号	中心度	ST_{43}	ST_5	ST_{12}	ST_{19}	ST_{14}	ST_2	ST_{49}	ST_{21}	ST_{27}
ST_{43}	1.743	−1.623	−2.120	1.137	−0.265	−3.146	−1.447	−1.989	−2.581	0.595
ST_5	1.838	1.013	1.623	−1.691	0.324	2.810	0.509	1.663	2.954	−0.660
ST_{12}	1.018	0.663	1.292	−1.085	0.106	1.794	1.203	1.529	1.312	−0.332
ST_{19}	1.537	1.644	3.161	−2.029	0.116	4.360	1.671	2.668	4.269	−0.974

续表

编号	中心度	ST_{43}	ST_5	ST_{12}	ST_{19}	ST_{14}	ST_2	ST_{49}	ST_{21}	ST_{27}
ST_{14}	1.252	-0.706	-1.176	0.590	-0.216	-2.084	-0.568	-1.019	-1.409	0.253
ST_2	1.924	1.306	2.557	-1.465	0.340	3.241	1.208	2.237	3.336	-0.772
ST_{49}	1.816	0.020	0.554	-0.607	0.154	0.478	0.062	-0.094	0.981	-0.173
ST_{21}	1.246	0.373	0.410	-0.644	0.261	0.617	-0.214	0.111	0.501	-0.239
ST_{27}	1.389	-0.080	-0.585	0.202	-0.485	0.322	0.532	0.137	-0.877	-0.527

第二个学习共同体群组中，中心度最高的是 ST_2，他是该学习共同体中最受欢迎的中心人物，同时，他对其他学习者产生的影响指数除 ST_{12} 和 ST_{27} 外都是正数，说明他在该组中能对 6 人产生学习影响，ST_{21} 的影响力最大。ST_2 受到 ST_{19} 的影响最大，ST_{19} 对 ST_{14} 产生的影响最大，达 4.360；该学习共同体中相对边缘的人物是 ST_{12}，从他产生的影响指数来看，对中心度最高的 ST_2 的影响指数最弱，他与 ST_{43} 的关系最密切，受到该学习者的影响指数最大，为 1.137，其次是 ST_{27}，受到的影响指数为 0.202。

表 7-33   **体育教育班学习共同体群组成员间的影响指数（第三组）**

编号	中心度	ST_{20}	ST_{22}	ST_{35}	ST_9	ST_{38}	ST_{26}
ST_{20}	0.694	-0.808	-0.741	-0.286	0.021	-0.537	-0.537
ST_{22}	0.716	-0.460	-1.080	-0.326	-0.013	-0.703	-0.703
ST_{35}	0.062	-0.750	-2.224	-1.318	0.027	-1.927	-1.927
$4T_9$	0.218	-0.296	-0.325	-0.193	0.570	1.942	2.275
ST_{38}	1.000	0.411	1.992	0.838	0.570	1.942	2.275
ST_{26}	1.000	0.353	2.081	0.719	0.593	2.408	2.074

第三个学习共同体群组中，ST_{38} 和 ST_{26} 的中心度最高，达 1.000，从两者对其他学习共同体产生的影响指数来看，ST_{26} 对 ST_{38} 产生的影响最大，为 2.408，

对 ST_{22} 产生的影响指数达 2.081，排第二位；ST_{38} 对 ST_{26} 产生的影响最大，为 2.275，对 ST_{22} 的影响力排第二位，为 1.992，从数值可见，ST_{38}、ST_{26}、ST_{22} 的关系最密切；从 ST_{22} 的中心度值看，位于整个共同体小组的第二位，为 0.716；ST_{35} 是小组中的边缘人物，他仅对 ST_{9} 有正影响力，而对其他学习者均为负向影响。ST_{9} 在小组学习中是个易受到他人影响的人。

表 7-34　　　　**体育班学习共同体群组成员间的影响指数(第四组)**

编号	中心度	ST_{30}	ST_{51}	ST_{10}	ST_6	ST_{45}
ST_{30}	0.358	−2.532	−1.255	0.061	−0.614	−0.667
ST_{51}	0.547	−0.038	−0.693	−0.227	0.189	−0.305
ST_{10}	0.602	0.164	0.826	−0.164	0.212	0.113
ST_6	0.605	−0.513	−0.409	−0.271	−0.641	−0.107
ST_{45}	0.547	1.061	0.750	0.082	0.404	−0.114

第四个学习共同体群组中，ST_6 的中心度最高，为 0.605，但其对本组其他人的影响指数均为负数，而他受到的影响指数除 ST_{30} 和本人外，均为正数，说明他是一个受到影响比产生影响大的人，在本组中不是一个有威望的人，但与人相处的能力较强；相对而言，中心度排第二位的 ST_{10} 对本组成员产生的影响较 ST_6 要大；本组的边缘人物是 ST_{30}，他产生的影响除 ST_{10} 外都是负值，说明他与 ST_{10} 的关系较密切，与其他组员的关系较疏远。

表 7-35　　　　**体育教育班学习共同体群组成员间的影响指数(第五组)**

编号	中心度	ST_{29}	ST_{18}	ST_{28}	ST_3	ST_{42}	ST_{39}	ST_{36}	ST_{32}
ST_{29}	0.683	−0.267	−0.240	0.149	0.311	−0.010	−0.280	−0.015	0.085
ST_{18}	0.799	0.159	−0.036	−0.413	−0.049	−0.118	0.390	0.209	−0.166
ST_{28}	0.869	0.119	−0.320	0.090	0.045	0.246	−0.778	0.067	0.466
ST_3	0.195	0.350	−0.568	0.565	−0.178	0.030	−1.108	0.052	0.342

续表

编号	中心度	ST_{29}	ST_{18}	ST_{28}	ST_3	ST_{42}	ST_{39}	ST_{36}	ST_{32}
ST_{42}	0.548	-1.402	2.138	-1.101	-1.094	-0.247	4.270	0.010	-1.130
ST_{39}	0.558	-0.673	1.635	-0.796	-0.696	-0.110	2.478	0.184	-0.827
ST_{36}	0.283	0.491	-1.969	1.034	0.638	0.063	-3.198	-1.250	0.917
ST_{32}	0.476	-0.474	0.733	-0.007	-0.080	0.460	1.285	-0.202	-0.385

第五个学习共同体群组中，ST_{28} 的中心度最高，为 0.869，他对本组中 6 个成员都有正向影响力，而他受到 ST_{36} 的影响最大；ST_{36} 虽然中心度在本共同体中较边缘，但他对本共同体中 5 名成员都有正向影响力，他与 ST_{39} 的关系最远，其产生的影响指数仅为-3.198；本组的边缘人物是 ST_3，其中心度指数仅为 0.195，但他也对本组的 5 名学习者有正向影响力，他受到 ST_{36} 的影响最大，从凝聚子群图也能看到，ST_3 位于该组的最末端。

表 7-36　　　体育教育班学习共同体群组成员间的影响指数（第六组）

编号	中心度	ST_8	ST_{23}	ST_{48}	ST_{11}	ST_{31}	ST_{16}	ST_{33}
ST_8	0.102	-0.540	0.032	0.102	0.075	-0.158	-0.253	-0.417
ST_{23}	0.835	-0.731	-0.194	0.518	-0.048	-0.859	-0.977	-1.441
ST_{48}	0.432	-0.520	-0.532	-0.730	0.208	-0.475	-0.439	-0.762
ST_{11}	0.891	-0.431	0.165	-0.100	-0.409	0.331	-0.449	-0.968
ST_{31}	1.081	0.000	0.000	0.000	0.000	0.000	0.000	0.000
ST_{16}	1.247	1.950	-0.300	-0.621	-1.124	0.608	1.154	2.793
ST_{33}	0.807	-0.910	-0.622	0.505	-0.066	-0.388	-1.389	-2.051

第六个学习共同体群组中，ST_{16} 的中心度值最高，达 1.247，他对 ST_{33} 产生的影响最大，达 2.793，对 ST_{11} 影响力最弱，为-1.124，可以理解为他们关系较疏远；ST_{31} 中心度数排第二，但他对本组成员产生的影响指数都为 0，从他受到

的影响指数来看，ST_{16}对其影响力最大；ST_8是本组中边缘人物，中心度值为 0.102，但他对本组中 3 个成员均有影响，而 ST_{16}对他产生的影响最大，其他成员对他均无影响。

表 7-37　　　体育教育班学习共同体群组成员间的影响指数（第七组）

编号	中心度	ST_{40}	ST_{47}	ST_{52}	ST_{41}	ST_{25}
ST_{40}	2.200	−1.057	−0.531	0.196	−0.500	−0.411
ST_{47}	2.473	−0.895	−0.627	0.115	−0.516	−0.510
ST_{52}	0.173	0.065	−0.099	−0.040	−0.090	−0.147
ST_{41}	2.517	−1.155	0.060	−0.510	−0.685	−0.275
ST_{25}	2.517	−0.410	−0.482	−0.292	−0.263	−0.634

第七个学习共同体群组中，ST_{41}和ST_{25}的中心度指数最高，为 2.517，但从对其他组员产生的影响指数来看，ST_{25}产生的影响指数均为负数，ST_{41}仅对ST_{47}产生了正向影响指数，为 0.060；从受到的影响指数看，其他组员对ST_{25}和ST_{41}均没有影响力，可以说，ST_{25}和ST_{41}在本组中是个独立思考型的学习者，与他人协作的能力不够，但他们却是本组中较受欢迎的中心人物；本组中的边缘人物是ST_{52}，他与ST_{40}的相互都有影响力，可以说，两者之间关系密切。

表 7-38　　　体育教育班学习共同体群组成员间的影响指数（第八组）

编号	中心度	ST_{17}	ST_{34}	ST_1	ST_4	ST_{50}
ST_{17}	0.823	−0.616	−0.048	−0.336	0.500	0.082
ST_{34}	0.742	−0.229	−0.397	−0.129	0.491	0.181
ST_1	0.414	−0.090	−0.147	0.450	−0.210	0.620
ST_4	0.208	−0.169	−0.035	0.181	−0.425	0.378
ST_{50}	0.525	−0.115	−0.113	0.598	0.565	0.581

第八个学习共同体群组中，ST_{17}的中心度值最高，达 0.823，其次是 ST_{34}，中心度值为 0.742。从受到的影响和产生的影响指数来看，ST_{17} 和 ST_{34} 是两位对他人有一定影响力的人物，但不容易受到他人的影响；ST_{50} 是一个好的学习合作伙伴，他受到本组其他组员的影响最多，同时他也对本组中 ST_1、ST_4 和他自己都产生了影响。

二、基于社会网络视角构建学习共同体的分析

(一) 基于社会网络视角选择学习共同体中学习伙伴相关因素得分率 F_i 分析

问卷第二部分是调查了解 108 名学习者对自己所选择的学习共同体中学习伙伴的各影响因素，问卷中共包含 7 大因素调查，因素一：兴趣爱好相关性；因素二：成绩的相关性；因素三：个人品质的相关性；因素四：是否受自己敬佩的相关性；因素五：居住距离相关性(是否同宿舍)；因素六：是否担任院校或某组织干部的相关性；因素七：人际交往能力相关性。这里第一因素至第四因素的态度等级有三个，为"是""不是""一般"，等级分值分别为+1、−1、0；第五和第六因素态度等级为"是""不是"，等级分值为+1、−1；第七因素态度等级有五个，等级分值分别赋予+2、+1、0、−1、−2；笔者根据 $F_i = \sum a_j n_{ij}/2N$，计算出各项得分率，得分率 F_i 具有 $-1 \leqslant F_i \leqslant +1$ 的性质，得分率为正时表明学习者对该影响因素为正方向意见，即为赞同，若得分率为负值，表明学习对该影响因素为负向意见。这里 $N_数 = 56$，$N_体 = 52$，$N_总 = 108$，数据统计与分析如下。

1. "兴趣爱好因素"得分率 F_i 分析

从表 7-39 可见，基于社会网络视角对于学习共同体中学习伙伴的选择的"兴趣爱好"因素从总得分率来看，学习者在选择前五位被选者时是会考虑该因素的，而且是会按照兴趣爱好的近似度降次选择学习伙伴。从表中数值可见，前四位被选择者的总得分率分别为 0.185、0.167、0.111、0.069，这些值均依次位于七位被选择的前四名，可以说，越是前四位被选择的学习伙伴，越是与选择者"兴趣爱好"相似或相近。从两个专业的选择结果得分率看，体育专业的得分率均为正值，说明该专业学习者均表示会考虑该因素，而数学专业的学习者在考虑第六位和第七位被选对象时不会考虑该因素。

表 7-39　　　　　　　　　　　因素一(兴趣爱好因素)分析数据

选择对象 \ 人数 \ 选项		是	一般	不是	得分率 F_i	总得分率 F_i
等级分值		1	0	-1		
第一位	数学	25	23	8	0.152	0.185
	体育	28	19	5	0.221	
	百分比	49.1%	38.9%	12.0%	/	/
第二位	数学	25	22	9	0.143	0.167
	体育	28	15	8	0.192	
	百分比	49.1%	34.3%	15.6%	/	/
第三位	数学	17	29	10	0.063	0.111
	体育	26	17	9	0.163	
	百分比	39.8%	42.6%	17.6%	/	/
第四位	数学	15	28	13	0.018	0.069
	体育	23	19	10	0.125	
	百分比	35.2%	43.5%	21.3%	/	/
第五位	数学	12	30	14	0.018	0.037
	体育	21	20	11	0.096	
	百分比	30.6%	46.3%	23.1%	/	/
第六位	数学	12	28	16	-0.018	0.046
	体育	22	22	8	0.135	
	百分比	31.5%	46.3%	22.2%	/	/
第七位	数学	15	29	11	-0.036	0.065
	体育	16	29	6	0.096	
	百分比	28.7%	53.7%	15.6%	/	/

(左侧纵向标注：因素一)

2. "学习成绩因素"得分率 F_i 分析

从表 7-40 可见，"学习成绩"因素对于选择者而言是重要的，从表中第一位至第七位被选择者的选择人数百分比统计结果看，50% 以上的学习者都会在选择同一学习共同体中学习伙伴时考虑对方的学习成绩。其中，70.4% 的学习者在选择第一位被选对象时会考虑其学习成绩的好坏，第二位、第三位、第四位、第六位、第七位被选对象也有 55% 以上的学习者会考虑他们的学习成绩；从两个班该因素的得分率来看，体育班的学习者比数学班的学习者更看重被选对象的学习成绩；从总得分率来看，七个总得分率值均大于 0.2，可以说，学习者对"学习成绩"因素是他们对选择学习共同体伙伴的态度持肯定态度。

表 7-40　　　　　　　　　　因素二（学习成绩因素）分析数据

选择对象 \ 人数 选项		是	一般	不是	得分率 F_i	总得分率 F_i
等级分值		1	0	−1		
第一位	数学	36	18	2	0.304	0.333
	体育	40	10	2	0.365	
	百分比	70.4%	25.9%	3.7%	/	/
第二位	数学	27	27	2	0.223	0.255
	体育	33	16	3	0.288	
	百分比	55.6%	39.8%	4.6%	/	/
第三位	数学	29	23	4	0.223	0.25
	体育	31	19	2	0.279	
	百分比	55.6%	38.9%	5.6%	/	/
第四位	数学	28	24	4	0.214	0.25
	体育	34	14	4	0.288	
	百分比	57.4%	35.2%	7.4%	/	/
第五位	数学	23	30	3	0.179	0.231
	体育	32	18	2	0.288	
	百分比	50.9%	44.4%	4.7%	/	/
第六位	数学	23	30	3	0.179	0.259
	体育	39	10	3	0.346	
	百分比	57.4%	37%	5.6%	/	/
第七位	数学	25	21	9	0.143	0.227
	体育	35	15	2	0.317	
	百分比	55.6%	33.3%	10.1%	/	/

（表格左侧纵向标注：因素二）

3. "个人品质因素"得分率 F_i 分析

从表 7-41 可见，学习者对选择学习共同体中学习伙伴时，对"个人品质"因素持肯定态度。从学习者选择第一位至第七位被选对象人数百分比统计结果来看，85%以上的学习者表示都会考虑被选对象的"个人品质"，而持"一般"态度的在 12%以下，2.8%以下的学习者表示不考虑该因素；从两个班的得分率看，体育班的学习者在考虑选择同一学习共同体中学习伙伴时对"个人品质"因素的考虑要高于数学班的学习者；从总得分率来看，七个值均大于 0.4，可以说学习者是在意学习伙伴的"个人品质"因素的，而且越是排名靠前的被选对象，学习者越在意他们的个人品质。

表 7-41　　　　　　　　　因素三(个人品质因素)分析数据

选择对象	人数 选项	是	一般	不是	得分率 F_i	总得分率 F_i
等级分值		1	0	−1		
第一位	数学	51	5	0	0.455	0.477
	体育	52	0	0	0.5	
	百分比	95.4%	4.6%	0%	/	/
第二位	数学	49	6	1	0.429	0.458
	体育	51	1	0	0.490	
	百分比	92.6%	6.5%	0.9%	/	/
第三位	数学	44	12	0	0.393	0.431
	体育	50	1	1	0.471	
	百分比	87%	12.1%	0.9%	/	/
第四位	数学	45	10	1	0.393	0.417
	体育	47	4	1	0.442	
	百分比	85.2%	12.9%	1.9%	/	/
第五位	数学	45	9	2	0.384	0.421
	体育	49	2	1	0.462	
	百分比	87%	10.2%	2.8%	/	/
第六位	数学	44	11	1	0.384	0.435
	体育	51	1	0	0.490	
	百分比	88%	11.1%	0.9%	/	/
第七位	数学	41	12	3	0.330	0.412
	体育	51	1	0	0.490	
	百分比	85.3%	12%	2.7%	/	/

(因素三)

4. "是否受自己敬佩因素"得分率 F_i 分析

从数据统计结果来看，79.6% 的学习者在选择学习共同体中的伙伴时都会看重对方是否受自己敬佩，前两名被选对象分别有 90.8%、88.9% 的学习者表示是选择受自己敬佩的学习者；从两个班的得分率来看，体育班的学习者表示自己选择的七名学习共同体伙伴是自己敬佩的对象，且得分率均在 0.45 以上。数学班的学习者认为自己选择的七名学习共同体伙伴也是自己敬佩的对象，得分率均在 0.3 以上，体育班的得分率高于数学班。

表 7-42　　　　　　　　　　因素四（是否受自己敬佩因素）分析数据

选择对象 \ 人数 选项		是	一般	不是	得分率 F_i	总得分率 F_i
等级分值		1	0	−1		
第一位	数学	48	7	1	0.420	0.449
	体育	50	2	0	0.481	
	百分比	90.8%	8.3%	0.9%	/	/
第二位	数学	45	10	1	0.393	0.440
	体育	51	1	0	0.490	
	百分比	88.9%	10.2%	0.9%	/	/
第三位	数学	41	14	1	0.357	0.407
	体育	49	2	1	0.462	
	百分比	83.3%	14.8%	1.8%	/	/
第四位	数学	42	13	1	0.366	0.412
	体育	49	2	1	0.462	
	百分比	84.3%	13.9%	1.8%	/	/
第五位	数学	39	15	2	0.330	0.389
	体育	47	5	0	0.452	
	百分比	79.6%	18.4%	1.8%	/	/
第六位	数学	46	8	2	0.393	0.431
	体育	49	3	0	0.454	
	百分比	88%	10.2%	1.8%	/	/
第七位	数学	38	13	4	0.304	0.389
	体育	50	2	0	0.481	
	百分比	81.5%	13.8%	3.7%	/	/

因素四

5. "居住距离因素"得分率 F_i 分析

从表 7-43 可见,两个班的学习者选择的七个学习共同体伙伴得分率值均为负值,可以说,"居住距离"因素不是学习者选择学习共同体伙伴考虑的因素。从第一位至第七位被选对象选择"是"的人数的百分比值来看,第一位和第二位被选对象是选择者同宿舍同学的人数占 37%,而越往后选择学习伙伴其同宿舍的概率越低。

表 7-43　　　　　　　　　　因素五(居住距离因素)分析数据

选择对象 人数\选项		是	不是	得分率 F_i	总得分率 F_i
等级分值		1	−1		
第一位	数学	17	39	−0.196	−0.129
	体育	23	29	−0.057	
	百分比	37%	63%	/	/
第二位	数学	20	36	−0.143	−0.120
	体育	21	31	−0.096	
	百分比	37.9%	62.1%	/	/
第三位	数学	11	45	−0.304	−0.204
	体育	21	31	−0.096	
	百分比	29.6%	70.4%	/	/
第四位	数学	7	48	−0.366	−0.310
	体育	13	39	−0.25	
	百分比	18.5%	81.5%	/	/
第五位	数学	6	50	−0.393	−0.333
	体育	12	40	−0.269	
	百分比	16.7%	83.3%	/	/
第六位	数学	1	55	−0.482	−0.417
	体育	8	44	−0.346	
	百分比	8.3%	91.7%	/	/
第七位	数学	3	53	−0.446	−0.398
	体育	8	44	−0.346	
	百分比	10.2%	89.8%	/	/

(表格最左侧纵向标注:因素五)

6. "是否担任院校或某组织干部因素"得分率 F_i 分析

从表7-44可见,学习者选择学习共同体中的学习伙伴时,考虑"是否担任院校或某组织干部"因素时,54.6%以上的学习者都没有考虑此因素。从体育班的得分率来看,七个被选对象的值均为负值,数学班仅第二位的被选对象是正值,为0.071,其他被选对象得分率值均为负值;从总得分率值看,七个值均为负值,可以说,学习者并不会太注重考虑学习共同体中的学习伙伴"是否担任院校或某组织干部"的因素。

表7-44 因素六(是否担任院校或某组织干部因素)分析数据

选择对象	人数 选项	是	不是	得分率 F_i	总得分率 F_i
等级分值		1	−1		
第一位	数学	22	34	−0.107	−0.102
	体育	21	31	−0.096	
	百分比	39.8%	60.2%	/	/
第二位	数学	32	24	0.071	−0.046
	体育	17	35	−0.173	
	百分比	45.4%	54.6%	/	/
第三位	数学	23	33	−0.089	−0.102
	体育	20	32	−0.115	
	百分比	39.8%	60.2%	/	/
第四位	数学	23	33	−0.089	−0.148
	体育	15	37	−0.211	
	百分比	35.2%	64.8%	/	/
第五位	数学	22	34	−0.107	−0.139
	体育	17	35	−0.173	
	百分比	36.1%	63.9%	/	/
第六位	数学	27	29	−0.018	−0.083
	体育	18	34	−0.153	
	百分比	41.7%	58.3%	/	/
第七位	数学	18	38	−0.179	−0.167
	体育	18	34	−0.153	
	百分比	33.3%	66.7%	/	/

（因素六）

7. "人际交往能力因素"得分率 F_i 分析

从表 7-45 可见，"人际交往能力"因素的总得分率均在 0.5 以上，$F_i>0.5$，说明学习者对该因素持非常肯定的态度，即学习者在考虑选择学习共同体中学习伙伴时会着重考虑对方的与人相处能力，即"人际交往能力"；从两个班的得分率来看，体育班的得分率除第四位被选对象为 0.577 外，其他被选对象得分率均在 0.6 以上，体育班得分率高于数学班；数学班得分率均为 0.46 以上，也对该因素持较肯定态度。

表 7-45　　　　　　　　　**因素七(人际交往能力因素)分析数据**

选择对象	人数\选项	非常乐于沟通	比较乐于沟通	一般	不太爱沟通	不沟通	得分率 F_i	总得分率 F_i
等级分值		2	1	0	−1	−2		
第一位	数学	18	24	12	2	0	0.518	0.639
	体育	31	18	3	0	0	0.769	
	百分比	45.4%	38.9%	13.9%	1.8%	0%	/	/
第二位	数学	18	25	10	3	0	0.518	0.583
	体育	25	20	5	2	0	0.654	
	百分比	39.8%	41.7%	13.9%	4.6%	0%	/	/
第三位	数学	18	27	9	2	0	0.545	0.616
	体育	29	15	7	1	0	0.692	
	百分比	43.5%	38.9%	14.8%	2.8%	0%	/	/
第四位	数学	18	23	15	0	0	0.527	0.551
	体育	17	27	7	1	0	0.577	
	百分比	32.4%	46.3%	20.4%	0.9%	0%	/	/
第五位	数学	17	24	11	4	0	0.482	0.569
	体育	25	25	2	0	0	0.721	
	百分比	38.9%	45.4%	12%	3.7%	0%	/	/
第六位	数学	16	24	12	4	0	0.464	0.546
	体育	21	25	5	1	0	0.635	
	百分比	34.3%	45.4%	15.7%	4.6%	0%	/	/
第七位	数学	15	28	10	3	0	0.464	0.565
	体育	23	24	4	1	0	0.663	
	百分比	35.2%	48.1%	13%	3.7%	0%	/	/

因素七

为了解基于社会网络视角下学习者选择学习伙伴时所考虑的七个因素重要性的等级状况，笔者根据 $F_i = \sum a_j n_{ij}/2N$ 计算公式，计算出七个影响因素的总体得分率，计算结果与分析如表7-46所示。

表7-46   七个影响因素总得分率

总得分率		(1)兴趣爱好因素	(2)成绩因素	(3)个人品质因素	(4)是否受自己敬佩因素	(5)居住距离因素	(6)是否担任院校或某组织干部因素	(7)人际交往能力因素
		F_1	F_2	F_3	F_4	F_5	F_6	F_7
F_i	数学	0.051	0.210	0.396	0.367	-0.334	-0.074	0.505
	体育	0.136	0.288	0.478	0.471	-0.209	-0.154	0.670
	总体	0.097	0.258	0.435	0.417	-0.273	-0.112	0.584

通过表7-46可见，两个专业的108位学习者在选择学习共同体中的成员时，两个班的学习者选择的影响因素排序均为：$F_7 > F_3 > F_4 > F_2 > F_1 > F_6 > F_5$，排第一位的是"人际交往能力"因素，体育班的得分率为0.670，数学班的得分率为0.505，两个班总人数计算的该项得分率为0.584，其均大于0.5，可以说学习者对该因素的认同率总体都很高，该因素也是学习者在选择学习伙伴时首先考虑的因素。第二位的影响因素是"个人品质"因素。体育班学习者的得分率为0.478，接近0.5，数学班该项得分率为0.396，108名学习者总得分率为0.435，接近0.5，说明学习者对该影响因素持赞同的态度。第三位是"是否受自己敬佩"即学习者的个人影响力。第四位是"成绩因素"，第五位是"兴趣爱好"是否与自己一致或接近因素，而"是否担任院校或某组织干部"因素对学习者选择性的影响不大，"居住距离"影响最弱。

(二)基于社会网络视角选择学习共同体中学习伙伴相关因素 X^2 检验与分析

为检验各因素两个专业学习者选择的态度等级存在差异状况，本书进行了 X^2（卡方）检验和 P 值（显著差异）检验，这里 $N_数 = 56$，$N_体 = 52$，$N_总 = 108$，SPSS软件对数据统计结果如下。

1."兴趣爱好因素"计数资料[①] X^2 检验与分析

由卡方检验和 P 检验结果可知，数学专业学习者在选择"兴趣爱好因素"七

---

① 李克东. 教育传播科学研究方法[M]. 高等教育出版社，1994：308.

个被选对象中的第一位卡方值 $X^2 = 9.249$、第三位 $X^2 = 9.893$、第五位 $X^2 = 10.429$、第七位 $X^2 = 9.745$ 均大于 $X^2(\mathrm{d}f)_{0.01} = 9.210(\mathrm{d}f = 2)$，即满足 $X^2 \geqslant X^2(\mathrm{d}f)_{0.01}$，同时，第一位 P 值为 0.01、第三位 P 值为 0.007、第五位 P 值为 0.005、第七位 P 值为 0.008，这四个被选对象的 P 值均小于或等于 0.01，可以得出数学专业学习者在选择这四位被选对象时选择的"差异非常显著"。数学专业学习者在选择第二位、第四位、第六位学习伙伴考虑该因素时，从卡方检验结果看，其 X^2 大于 $X^2(\mathrm{d}f)_{0.05} = 5.995(\mathrm{d}f = 2)$，同时其 $P < 0.05$，可以得出数学专业学习者在选择这三位被选对象时选择的"差异显著"。从数学专业各选项选择人数百分比可以看到，从第一位到第四位选择"是"的分别为：44.6%、44.6%、26.8%、26.8%、26.8%，"不是"的分别占 14.3%、16.1%、23.2%、23.2%、19.6%，其余为"一般"所占比例；体育专业选择第一位、第二位、第七位卡方值均大于 $X^2(\mathrm{d}f)_{0.01} = 9.210(\mathrm{d}f = 2)$，同时，其 $P < 0.01$，可以得出体育专业学习者在选择这三位被选对象时选择的"差异非常显著"。从选项选择人数百分比来看，第一位、第二位持"是"态度的分别为 53.96%、53.8%，而持"不是"态度的分别为 9.6% 和 15.4%。第三位、第六位从 X^2 和 P 值来看，为"差异显著"。对应持"是"态度的比值分别是 50%、42.3%，持"不是"态度的分别是 17.3%、15.4%；体育专业选择的第四位、第五位卡方值均小于 $X^2(\mathrm{d}f)_{0.05}$，$P > 0.05$，为"差异不显著"。从选择人数比例看，选择"是"的分别为 44.2%、40.4%，选择"一般"，即持中立态度的分别为 36.5%、38.5%，选"不是"的分别为 19.3%、21.1%，不同意见人数差异不大；从两个班总体选择状况看，除第四位、第五位选项 $X^2 > X^2(\mathrm{d}f)_{0.05}$，$P < 0.05$，为"差异显著"外，其他选项均为 $X^2 > X^2(\mathrm{d}f)_{0.00}$，$P < 0.01$"差异非常显著"。

2. "学习成绩因素"计数资料 X^2 检验与分析

在"成绩因素"的选择上，体育专业的学习者的七个卡方值均大于 $X^2(\mathrm{d}f)_{0.01}$，且 $P < 0.01$，为"差异非常显著"。由三个选项的百分比数据可知，体育专业的学习者选择"是"，即被选对象"成绩好"的学习者依次分别占 76.9%、63.5%、59.6%、65.4%、61.6%、75%、67.3%，而被选对象"成绩不好"的依次分别占 3.9%、5.7%、3.9%、7.7%、3.8%、5.8%、3.9%，其比值明显远远低于选择"是"选项的人数。体育专业的学习者的前六个选项的卡方值亦均大于 $X^2(\mathrm{d}f)_{0.01}$，且 $P < 0.01$，选择"是"的比值均在 40% 以上，而体育专业的学习者均在 59% 以上，可以说，体育专业的学习者在考虑学习伙伴的选择时比数学专业的学习者更

看重成绩因素。数学专业的第七个被选对象的卡方值为 7.564>$X^2(df)_{0.05}$，$P=$ 0.023<0.05，为"差异显著"，从比值看，数学专业学习者在选择第七位被选对象时选择"是"的占 44.6%，"一般"的为 39.3%，"不是"的为 16.1%，相比较前六位被选对象的学习成绩"不好"的程度而言要高出 8 个点。从 108 人的总体选择状况来看，七个选项的 X^2 明显远远大于 $X^2(df)_{0.01}$，且 $P<0.01$，即整体状况为"差异非常显著"；从第一位被选对象的选择比例来看，数学专业 56 名学习者选择的第一位被选对象成绩优秀率占 64.3%，体育专业为 76.9%，数学专业 6 成以上，体育专业 7 成以上学习者第一个选择的人会着重考虑其学习成绩因素。

表 7-47　　　　　　　　　**因素一(兴趣爱好因素)X^2 值与 P 值**

	编号	专业	各选项百分比			X^2	P	自由度
			是	一般	不是			
因 素 一	第一位	数学	44.6%	44.1%	14.3%	9.249	0.010	
		体育	53.9%	36.5%	9.6%	15.500	0.000	
		总	49.1%	38.9%	12.0%	23.722	0.000	
	第二位	数学	44.6%	39.3%	16.1%	7.750	0.021	
		体育	53.8%	28.8%	15.4%	13.192	0.001	
		总	49.1%	34.3%	15.6%	19.056	0.000	
	第三位	数学	30.4%	51.8%	17.8%	9.893	0.007	
		体育	50%	32.7%	17.3%	8.346	0.015	
		总	39.8%	42.6%	17.6%	12.167	0.002	
	第四位	数学	26.8%	50%	23.2%	7.107	0.029	$df=2$
		体育	44.2%	36.5%	19.3%	5.115	0.077	$X^2(df)_{0.05}=5.995$
		总	35.2%	43.5%	21.3%	8.167	0.017	$X^2(df)_{0.01}=9.210$
	第五位	数学	21.4%	53.6%	25%	10.429	0.005	
		体育	40.4%	38.5%	21.1%	3.500	0.174	
		总	30.6%	46.3%	23.1%	9.056	0.011	
	第六位	数学	21.4%	0.5%	28.6%	7.429	0.024	
		体育	42.3%	42.3%	15.4%	7.538	0.023	
		总	31.5%	46.3%	22.2%	9.556	0.008	
	第七位	数学	26.7%	51.7%	19.6%	9.745	0.008	
		体育	30.8%	55.7%	11.5%	16.769	0.000	
		总	28.7%	53.7%	15.6%	25.645	0.000	

表 7-48　　　　　　　　　　因素二（学习成绩因素）X^2 值与 P 值

	编号	专业	各选项百分比			X^2	P	自由度
			是	一般	不是			
因素二	第一位	数学	64.3%	32.1%	3.6%	31.000	0.000	
		体育	76.9%	19.2%	3.9%	46.308	0.000	
		总	70.4%	25.9%	3.7%	74.667	0.000	
	第二位	数学	48.2%	48.2%	3.6%	22.321	0.000	
		体育	63.5%	30.8%	5.7%	26.115	0.000	
		总	55.6%	39.8%	4.6%	44.056	0.000	
	第三位	数学	51.8%	41.1%	7.1%	18.250	0.000	
		体育	59.6%	36.5%	3.9%	24.500	0.000	
		总	55.6%	38.9%	5.6%	42.000	0.000	
	第四位	数学	50%	42.9%	7.1%	17.714	0.000	$df = 2$
		体育	65.4%	26.9%	7.7%	26.923	0.000	$X^2(df)_{0.05} = 5.995$
		总	57.4%	35.2%	7.4%	40.667	0.000	$X^2(df)_{0.01} = 9.210$
	第五位	数学	41.1%	53.6%	5.3%	21.036	0.000	
		体育	61.6%	34.6%	3.8%	26.000	0.000	
		总	50.9%	44.4%	4.7%	40.722	0.000	
	第六位	数学	41.1%	53.6%	5.3%	21.036	0.000	
		体育	75%	19.2%	5.8%	42.038	0.000	
		总	57.4%	37%	5.6%	44.222	0.000	
	第七位	数学	44.6%	39.3%	16.1%	7.564	0.023	
		体育	67.3%	28.8%	3.9%	31.885	0.000	
		总	55.6%	33.3%	10.1%	33.664	0.000	

3. "个人品质因素"计数资料 X^2 检验与分析

在"个人品质因素"的考虑上，108 名学习者的选择结果从卡方检验来看，X^2 均远远大于 $X^2(df)_{0.01}$，且 $P<0.01$，为"差异非常显著"。数学专业的学习者在选择第一位到第七位被选对象时认为"是"有自己值得学习的好品质的分别占 91.1%、87.5%、78.6%、80.4%、80.4%、78.6%、71.4%，"不是"的分别为 0、1.8%、0、1.8%、3.6%、1.8%、5.4%。说明学习者对自己选择的学习伙伴个人品质持肯定

的态度；体育专业的学习者在选择第一位至第七位被选对象时认为"是"有自己值得
学习的好品质的分别为98.1%、98.1%、96.2%、90.4%、94.2%、98.1%、98.1%，
选择"不是"的依次为0、0、1.9%、1.9%、1.9%、0、0，从总体的卡方值和 P 值
来看，学习者也都是对被选对象的"个人品质"持肯定态度，即学习者在选择学习伙
伴时会考虑其品质因素。

表 7-49　　　　　　　　　　　**因素三(个人品质因素)** X^2 **值与** P **值**

	编号	专业	各选项百分比			X^2	P	自由度
			是	一般	不是			
因素三	第一位	数学	91.1%	8.9%	0%	37.786	0.000	
		体育	98.1%	1.9%	0%	48.077	0.000	
		总	95.4%	4.6%	0%	85.333	0.000	
	第二位	数学	87.5%	10.7%	1.8%	74.607	0.000	
		体育	98.1%	1.9%	0%	48.077	0.000	
		总	92.6%	6.5%	0.9%	176.389	0.000	
	第三位	数学	78.6%	21.4%	0%	18.286	0.000	
		体育	96.2%	1.9%	1.9%	92.346	0.000	
		总	87%	12.1%	0.9%	142.167	0.000	
	第四位	数学	10.3%	17.9%	1.8%	57.893	0.000	$df=2$
		体育	90.4%	7.7%	1.9%	76.423	0.000	$X^2(df)_{0.05}=5.995$
		总	85.2%	12.9%	1.9%	132.667	0.000	$X^2(df)_{0.01}=9.210$
	第五位	数学	80.4%	16.1%	3.6%	57.036	0.000	
		体育	94.2%	3.9%	1.9%	86.808	0.000	
		总	87%	10.2%	2.8%	141.056	0.000	
	第六位	数学	78.6%	19.6%	1.8%	54.250	0.000	
		体育	98.1%	1.9%	0%	48.077	0.000	
		总	88%	11.1%	0.9%	146.722	0.000	
	第七位	数学	73.2%	21.4%	5.4%	40.618	0.000	
		体育	98.1%	1.9%	0%	48.077	0.000	
		总	85.3%	12%	2.7%	130.168	0.000	

4. "是否受自己敬佩因素"计数资料 X^2 检验与分析

表 7-50　　　　　　　　　　**因素四(是否受自己敬佩因素) X^2 值与 P 值**

	编号	专业	各选项百分比			X^2	P	自由度
			是	一般	不是			
因素四	第一位	数学	85.7%	12.5%	1.8%	70.107	0.000	
		体育	96.2%	3.8%	0%	44.308	0.000	
		总	90.8%	8.3%	0.9%	161.056	0.000	
	第二位	数学	80.4%	17.8%	1.8%	57.893	0.000	
		体育	98.1%	1.9%	0%	48.077	0.000	
		总	88.9%	10.2%	0.9%	151.389	0.000	
	第三位	数学	73.2%	25%	1.8%	44.607	0.000	
		体育	94.3%	3.8%	1.9%	86.808	0.000	
		总	83.3%	14.8%	1.8%	124.222	0.000	
	第四位	数学	75%	23.2%	1.8%	47.607	0.000	$df=2$
		体育	94.3%	3.8%	1.9%	86.808	0.000	$X^2(df)_{0.05}=5.995$
		总	84.3%	13.9%	1.8%	128.389	0.000	$X^2(df)_{0.01}=9.210$
	第五位	数学	69.6%	26.8%	3.6%	37.750	0.000	
		体育	90.4%	9.6%	0%	33.923	0.000	
		总	79.6%	18.4%	1.8%	108.667	0.000	
	第六位	数学	82.1%	14.3%	3.6%	61	0.000	
		体育	94.2%	5.8%	0%	40.692	0.000	
		总	88%	10.2%	1.8%	146.167	0.000	
	第七位	数学	67.9%	25%	7.1%	33.855	0.000	
		体育	96.2%	3.8%	0%	44.308	0.000	
		总	81.5%	13.8%	3.7%	116.879	0.000	

从两个专业学习者选择结果的 X^2 值与 P 值结果来看, X^2 均远远大于 X^2 $(df)_{0.01}$, 且 $P<0.01$, 为学习者选择结果的"差异非常显著"。其中, 数学专业对

"是否有自己敬佩之处"选择"是"的分别占 85.7%、80.4%、73.2%、75%、69.6%、82.1%、67.9%，选择"不是"的第一至第四位均为 1.8%、第五至和第六位均为 3.6%，第七位为 7.1%，学习者对自己选择的对象持认可的态度；体育专业九成以上的学习者选择的七个学习伙伴均为受自己敬佩的学习者，选择"不是"自己敬佩对象的仅第三位和第四位为 1.9%。从两个班总体选择结果来看，八成以上的学习者均选择了自己敬佩的对象作为学习伙伴。

5. "居住距离因素"计数资料 X^2 检验与分析

表 7-51　　　　　　　　因素五(居住距离因素) X^2 值与 P 值

| | 编号 | 专业 | 各选项百分比 | | X^2 | P | 自由度 |
			是	不是			
因素五	第一位	数学	30.4%	69.6%	8.643	0.003	
		体育	44.2%	55.8%	0.692	0.405	
		总	37%	63%	7.259	0.007	
	第二位	数学	35.7%	64.3%	4.571	0.033	
		体育	40.4%	59.6%	1.923	0.166	
		总	37.9%	62.1%	6.259	0.012	
	第三位	数学	19.6%	80.4%	20.643	0.000	
		体育	40.4%	59.6%	1.923	0.166	
		总	29.6%	70.4%	17.926	0.000	
	第四位	数学	12.5%	87.5%	30.564	0.000	$df = 1$
		体育	25%	75%	13.000	0.000	$X^2(df)_{0.05} = 3.841$
		总	18.5%	81.5%	41.953	0.000	$X^2(df)_{0.01} = 6.635$
	第五位	数学	10.7%	89.3%	34.571	0.000	
		体育	23.1%	76.9%	15.077	0.000	
		总	16.7%	83.3%	48.000	0.000	
	第六位	数学	1.8%	98.2%	52.071	0.000	
		体育	15.4%	84.6%	24.923	0.000	
		总	8.3%	91.7%	75.000	0.000	
	第七位	数学	5.4%	94.6%	43.655	0.000	
		体育	15.4%	84.6%	24.923	0.000	
		总	10.2%	89.8%	67.523	0.000	

从 X^2 和 P 值结果看，数学专业的学习者在选择七个学习共同体伙伴时，为非同宿舍的占绝大多数，比值分别高达 69.6%、64.3%、80.4%、85.7%、89.3%、94.6%，这是一个递增的结果，从这个结果能看出，学习者对于前两位的学习合作伙伴会先考虑到同宿舍的人，比值分别为 30.4% 和 35.7%，而越往后越不会考虑该因素。该专业除第二个被选对象 $X^2 = 4.571 > X^2(df)_{0.05}$，$P = 0.033 < 0.05$ 为"差异显著"外，其他结果均为 X^2 值远远大于 $X^2(df)_{0.01}$，且 $P < 0.01$，为"差异非常显著"，可以说，数学专业学习者选择学习伙伴时不考虑居住距离因素。从体育专业学习者选择结果看，前三位被选对象的 X^2 值分别为 0.692、1.923、1.923，P 值分别为 0.405、0.166、0.166，表现为 $X^2 < X^2(df)_{0.01}$，且 $P > 0.05$，可以说，数学专业学习者选择的前三位学习伙伴时，考虑居住距离因素"差异不显著"，从选择人数百分比来看，选择"是"即被选对象为同宿舍的前三位分别为 44.2%、40.4%、40.4%，即体育专业学习者考虑学习伙伴的前三位被选对象，四成以上为同宿舍舍友。从后四名被选对象的卡方值和 P 值看，其 X^2 均远远大于 $X^2(df)_{0.01}$ 且 $P < 0.01$，为"差异非常显著"。从比例值可见，七成以上的学习者选择的后四位被选对象均不是自己宿舍的，仅三成以上为自己宿舍舍友。从调查总人数选择结果看，学习者在考虑学习伙伴时是不会太看重居住距离远近因素的。

6. "是否担任院系或某组织干部因素"计数资料 X^2 检验与分析

从卡方检验和 P 检验结果可见，数学专业 56 名学习者在选择学习伙伴时，被选对象第一位至第六位的 X^2 值均小于 $X^2(df)_{0.05}$，且 $P > 0.05$，为"差异不显著"。从百分比值看，前六位被选对象近四成以上为"担任院校或某组织干部"，六成为非干部学习者。第七位被选对象有 39.3% 的为院校某组织干部，60.7% 的为非干部，选择结果差异显著。体育专业的第一位与第三位被选对象选择"是"的与"不是"的差异不显著，选择"是"的比例分别是 40.4%、38.5%，选择"不是"的近六成人数。其他被选对象除第四位为"差异非常显著"外，其他均为"差异显著"，第四位有七成被选者为非干部，其他为 65% 以上为非干部。从结果看，是否担任院校或某组织干部的学习者不是学习者太关注的因素。

表 7-52 　　　因素六(是否担任院校或某组织干部因素)X^2 值与 P 值

	编号	专业	各选项百分比		X^2	P	自由度
			是	不是			
因素六	第一位	数学	39.3%	60.7%	2.571	1.143	
		体育	40.4%	59.6%	1.923	−0.046	
		总	39.8%	60.2%	4.481	0.926	
	第二位	数学	57.1%	42.9%	0.109	0.285	
		体育	32.7%	67.3%	6.231	0.013	
		总	45.4%	54.6%	0.034	0.336	
	第三位	数学	41.1%	58.9%	1.473	0.225	
		体育	38.5%	61.5%	2.769	0.096	
		总	39.8%	60.2%	4.121	0.042	$df=1$
	第四位	数学	41.1%	58.9%	1.473	0.225	$X^2(df)_{0.05}=3.841$
		体育	28.8%	71.2%	9.308	0.002	$X^2(df)_{0.01}=6.635$
		总	35.2%	64.8%	8.981	0.003	
	第五位	数学	39.3%	60.7%	2.2	0.138	
		体育	32.7%	67.3%	6.231	0.013	
		总	36.1%	63.9%	7.860	0.005	
	第六位	数学	48.2%	51.8%	0.018	0.893	
		体育	34.6%	65.4%	4.923	0.027	
		总	41.7%	58.3%	2.701	0.100	
	第七位	数学	32.1%	67.9%	6	0.014	
		体育	34.6%	65.4%	4.923	0.027	
		总	33.3%	66.7%	10.906	0.001	

7. "人际交往能力因素"计数资料 X^2 检验与分析

从 X^2 和 P 值看,体育专业除第四位被选对象外,其他六位被选对象的 X^2 值均远远大于 $X^2(df)_{0.01}$,且 $P<0.01$,为"差异非常显著",从体育专业的选择结果百分比值来看,四成以上的被选对象为"比较乐于沟通",三成以上为"非常乐于沟通"。第四位被选对象的 $X^2<X^2(df)_{0.05}$,且 $P>0.05$,"差异不显著",从比值看,三个选项分别选择比例是 32.1%、41.1%、26.8%、0、0。体育专业 52 名学习者选择的被

选对象的 X^2 值均远远大于 $X^2(\mathrm{d}f)_{0.01}$，且 $P<0.01$，为"差异非常显著"，其中，第一位和第三位被选对象为"非常乐于沟通"的分别占 59.6%、55.8%。从总体的 X^2 和 P 值可见，学习者选择的差异性异常大，因对被选对象交往能力持肯定态度的占优势，学习者选择的学习伙伴的沟通能力是被看重的因素。

表 7-53　　　　　　　　因素七(人际交往能力因素) X^2 值与 P 值

	编号	专业	各选项百分比					X^2	P	自由度
			非常乐于沟通	比较乐于沟通	一般	不太爱沟通	不沟通			
因素七	第一位	数学	32.1%	42.9%	21.4%	3.6%	0%	18.857	0.000	
		体育	59.6%	34.6%	5.8%	0%	0%	22.654	0.000	
		总	45.4%	38.9%	13.9%	1.8%	0%	54.741	0.000	
	第二位	数学	32.1%	44.6%	17.9%	5.4%	0%	19.571	0.000	
		体育	48.1%	38.5%	9.6%	3.8%	0%	30.961	0.000	
		总	39.8%	41.7%	13.9%	4.6%	0%	46.084	0.000	
	第三位	数学	32.1%	48.2%	16.1%	3.6%	0%	25.286	0.000	
		体育	55.8%	28.8%	13.5%	1.9%	0%	33.846	0.000	
		总	43.5%	38.9%	14.8%	2.8%	0%	48.963	0.000	$\mathrm{d}f=4$
	第四位	数学	32.1%	41.1%	26.8%	0%	0%	1.750	0.417	$X^2(\mathrm{d}f)_{0.05}$
		体育	32.7%	51.9%	13.5%	1.9%	0%	30.154	0.000	$=9.488$
		总	32.4%	46.3%	20.4%	0.9%	0%	47.926	0.000	$X^2(\mathrm{d}f)_{0.01}$
	第五位	数学	30.4%	42.9%	19.6%	7.1%	0%	15.571	0.000	$=12.277$
		体育	42.3%	48.1%	3.8%	0%	0%	13.423	0.001	
		总	36.1%	45.2%	12%	3.7%	0%	47.333	0.000	
	第六位	数学	28.6%	42.9%	21.4%	7.1%	0%	14.857	0.002	
		体育	40.4%	48.1%	9.6%	1.9%	0%	32.000	0.000	
		总	34.3%	45.4%	15.7%	4.6%	0%	43.259	0.000	
	第七位	数学	26.8%	50%	17.9%	5.3%	0%	24.2	0.000	
		体育	44.2%	46.2%	7.7%	1.9%	0%	34.308	0.000	
		总	34.2%	48.1%	13%	3.7%	0%	53.187	0.000	

8. 其他影响因素

为补充本问卷未考虑到的影响因素，笔者在问卷中设置了学习者自由填答的影响因素部分。通过回收问卷的分析，发现出现频率较高的词汇为"乐于助人""关系好""热心""性格合得来"，前三项可归纳为"个人品质"因素，后一项可归入"交往能力"因素。

本节着重探讨了如何构建学习共同体，并选择了从社会网络视角构建学习共同体，对学习共同体学习效果与相关因素进行了分析。本小节的研究结果总结如下：

第一，运用定量的研究方法探讨了从社会网络视角构建学习共同体的方式。为遵循学习者的双向选择意愿，将有"共同愿景"的学习者有效组合到同一学习共同体中，以促进学习共同体小组协作学习与交流效果，并了解学习者选择学习共同体伙伴时所考虑的因素状况，本书从社会网络视角出发开展定量研究。本书通过问卷调查，让每个学习者从自己真实的想法出发，自主选择7个最理想的学习伙伴，并填答自己所选的学习伙伴的兴趣爱好、学习成绩、个人品质、是否受自己敬佩、居住距离、是否担任院校或某组织干部、人际交往能力七方面的相关性程度。其次，本书对回收的问卷利用可视化软件Netdraw，分析了班级中学习者的中心度；用Ucnite分析了班级学习者之间的网络密度、构建了学习者之间的凝聚子群图，通过凝聚子群图构建了8个学习共同体；利用卡兹指数计算方式得到各学习共同体成员间的相互影响指数，并利用相似矩阵计算了各学习共同体中每个学习者的中心度值及其在所在学习共同体中的"中心或边缘"地位。最后，本书用SPSS软件对影响学习者选择学习伙伴的7个相关因素进行了卡方检验和显著差异检验及得分率计算，得出了学习者在选择学习共同体伙伴时所考虑的因素主要与被选者的"人际交往能力""个人品质""受自己敬佩程度"相关。

第二，本研究得出，从社会网络视角构建的学习共同体来看，学习者选择学习伙伴主要考虑因素从高到低的排序分别为："人际交往能力""个人品质""是否受自己敬佩""成绩因素""兴趣爱好"因素，而"是否担任院校或某组织干部"因素对学习者选择性的影响不大，"居住距离"影响最弱。

第三，通过从社会网络视角构建的学习共同体方式可以进行卡兹指数计算，从而得出各学习共同体小组成员之间的关系，各学习者在本学习共同体中的影响力状况。

第四，通过对社会网络视角构建的学习共同体研究，可以了解各个成员在自己所处班级中的"中心"与"边缘"状态以及在各共同体小组中的影响力状况及学习者之间的相互影响状态。

第四节 基于 WEB2.0 交互式网络电视的课堂教学模式 与策略对师范生教育技术能力培养效果研究

为了解高校师范生在基于 WEB2.0 交互式网络电视的课堂教学模式与策略应用后所具备的教育技术能力水平状况，在试验开展后，对师范生的教育技术能力进行了后测。本次试验选择的试验对象是湖北大学 2012 级本科师范专业学生，被试人数为 108 人。其中，数学与应用数学专业 56 人，体育教育专业 52 人。试验开展后，共发放问卷 108 份，回收问卷 108 份，有效问卷共 108 份，问卷有效率达 100%。笔者用 SPSS 软件对试验前后，师范生的教育技术能力水平状况进行了数据统计与分析，数据统计与分析结果如下。

一、高校师范生教育技术"意识与态度"培养效果研究

(一)试验前后数学与应用数学专业师范生试验前后所具备的教育技术"意识与态度"水平配对样本 t 检验

通过表 7-54 可见，数学与应用数学专业的学习者其教育技术"意识与态度"水平能力中的"能意识到有效应用教育技术手段对优化教学过程、提高教学质量有重要意义"($P = 0.000$)、"能意识到利用教育技术手段能推进教育资源的公平利用与发展"($P = 0.001$)、"了解现代教育技术在教育变革中的作用"($P = 0.000$)、"能意识到教师应有效利用各类教育技术手段，达到教学效果的最优化"($P = 0.009$)、"能意识到教师应定期对自我的教学过程、教学效果、信息化教学资源进行反思与改进提高"($P = 0.005$)在试验前后，通过双尾检验(sig 2-tailed)得到双尾概率 P 值，这五项的双尾概率 P 值均小于 0.01，当 $P<0.01$，表

示差异性极其显著。通过数值说明，学习者在基于 WEB2.0 交互式网络电视教学模式与策略应用前与应用后，学习者在这五项"意识与态度"能力水平上，有明显的提高和转变。另外三项能力，"能意识到作为未来教师应具备一定的应用现代教育技术工具的能力"（$P=0.01$）、"能意识到不同地区、不同经济状况的学习者应具备均等享用学习资源的机会"（$P=0.10$）、"能意识到作为未来教师应充分利用各种教育技术手段进行终身学习，提高自我专业素养"（$P=0.30$），当 $0.01<P<0.05$，表示差异性显著。从这三项能力水平的 P 值所处界限来看，这三项能力水平在试验前后都有显著的差异。

表 7-54　　试验前后数学与应用数学专业师范生教育技术"意识与态度"

水平配对样本 t 检验

| | | Paired Differences | | | | | t | df | Sig. (2-tailed) |
| | | Mean | Std. Deviation | Std. Error Mean | 95% Confidence Interval of the Difference | | | | |
					Lower	Upper			
Pair 1	前测 1-后测 1	0.537	0.926	0.126	0.284	0.790	4.263	53	0.000
Pair 2	前测 2-后测 2	0.389	1.204	0.164	0.060	0.718	2.373	53	0.021
Pair 3	前测 3-后测 3	0.537	1.094	0.149	0.238	0.836	3.607	53	0.001
Pair 4	前测 4-后测 4	0.500	1.370	0.186	0.126	0.874	2.682	53	0.010
Pair 5	前测 5-后测 5	0.722	1.352	0.184	0.353	1.091	3.926	53	0.000
Pair 6	前测 6-后测 6	0.333	1.099	0.150	0.033	0.633	2.229	53	0.030
Pair 7	前测 7-后测 7	0.407	1.108	0.151	0.105	0.710	2.703	53	0.009
Pair 8	前测 8-后测 8	0.426	1.075	0.146	0.133	0.719	2.913	53	0.005

综合上述数据分析可见，数学与应用数学专业师范生，基于 WEB2.0 交互式网络电视教学模式与策略在现代教育技术概论课程中应用后，其教育技术的"意识与态度"能力水平提高显著。

（二）实验前后体育教育专业师范生试验前后所具备的教育技术"意识与态度"水平配对样本 t 检验

通过表 7-55 可见，体育教育学习者，其教育技术"意识与态度"水平能力中的"能意识到有效应用教育技术手段对优化教学过程、提高教学质量有重要意义"（$P=0.003$）、"能意识到作为未来教师应具备一定的应用现代教育技术工具的能力"（$P=0.003$）、"能意识到利用教育技术手段能推进教育资源的公平利用与发展"（$P=0.009$）、"能意识到不同地区、不同经济状况的学习者应具备均等享用学习资源的机会"（$P=0.002$）、"了解现代教育技术在教育变革中的作用"（$P=0.000$）、"能意识到教师应定期对自我的教学过程、教学效果、信息化教学资源进行反思与改进提高"（$P=0.006$），在试验前后，通过双尾检验（sig 2-tailed）得到双尾概率 P 值，这六项的双尾概率 P 值均小于 0.01，当 $P<0.01$，表示差异性极其显著。通过数值说明，在基于 WEB2.0 交互式网络电视教学模式与策略应用前与应用后，学习者在这六项"意识与态度"能力水平上，有异常显著的提高。另外两项能力，"能意识到作为未来教师应充分利用各种教育技

表 7-55　试验前后体育教育专业师范生教育技术"意识与态度"水平配对样本 t 检验

		Paired Differences					t	df	Sig. (2-tailed)
		Mean	Std. Deviation	Std. Error Mean	95% Confidence Interval of the Difference				
					Lower	Upper			
Pair 1	前测 1-后测 1	0.490	1.120	0.157	0.175	0.805	3.125	50	0.003
Pair 2	前测 2-后测 2	0.451	1.026	0.144	0.162	0.740	3.139	50	0.003
Pair 3	前测 3-后测 3	0.451	1.189	0.166	0.117	0.785	2.710	50	0.009
Pair 4	前测 4-后测 4	0.510	1.084	0.152	0.205	0.815	3.359	50	0.002
Pair 5	前测 5-后测 5	0.627	1.095	0.153	0.320	0.935	4.093	50	0.000
Pair 6	前测 6-后测 6	0.314	1.049	0.147	0.019	0.609	2.137	50	0.038
Pair 7	前测 7-后测 7	0.392	1.168	0.163	0.064	0.721	2.399	50	0.020
Pair 8	前测 8-后测 8	0.451	1.119	0.157	0.136	0.766	2.878	50	0.006

术手段进行终身学习,提高自我专业素养"($P = 0.038$)、"能意识到教师应有效利用各类教育技术手段,达到教学效果的最优化"($P = 0.020$),当 $0.01 < P < 0.05$,表示差异性显著。从这两项能力水平的 P 值所处界限来看,这两项能力水平在试验前后都有显著的差异。

综合上述数据分析可见,体育教育专业师范生,基于 WEB2.0 交互式网络电视教学模式与策略在现代教育技术概论课程中应用后,其教育技术的"意识与态度"能力水平提高显著。

二、高校师范生教育技术"理论素养"培养效果研究

（一）试验前后数学与应用数学专业师范生试验前后所具备的教育技术"理论素养"水平配对样本 t 检验

通过对试验前后数学与应用数学专业师范生教育技术"理论素养"水平进行配对样本 t 检验,SPSS 软件分析结果如表 7-56 所示。可见,师范生应具备的教育技术"理论素养"水平在试验开展前后其能力水平差异异常显著,我们能看到七项指标的双尾检验 P 值均为 0.000,当 $P<0.01$,表示差异性极其显著。

表 7-56 试验前后数学与应用数学专业师范生教育技术"理论素养"水平配对样本 t 检验

		Paired Differences					t	df	Sig. (2-tailed)
		Mean	Std. Deviation	Std. Error Mean	95% Confidence Interval of the Difference				
					Lower	Upper			
Pair 1	前测 1-后测 1	0.926	1.130	0.154	0.617	1.234	6.020	53	0.000
Pair 2	前测 2-后测 2	0.981	1.296	0.176	0.628	1.335	5.566	53	0.000
Pair 3	前测 3-后测 3	0.852	1.250	0.170	0.511	1.193	5.008	53	0.000
Pair 4	前测 4-后测 4	1.019	1.141	0.155	0.707	1.330	6.561	53	0.000
Pair 5	前测 5-后测 5	1.148	1.123	0.153	0.842	1.455	7.514	53	0.000
Pair 6	前测 6-后测 6	1.130	1.374	0.187	0.755	1.505	6.040	53	0.000
Pair 7	前测 7-后测 7	1.204	1.583	0.215	0.772	1.636	5.589	53	0.000

（二）实验前后体育教育专业师范生试验前后所具备的教育技术"理论素养"水平配对样本 t 检验

通过对试验前后体育教育专业师范生教育技术"理论素养"水平进行配对样本 t 检验，SPSS 软件分析结果如表 7-57 所示，师范生应具备的教育技术"理论素养"水平在试验前后其能力水平差异异常显著，我们能看到七项指标的双尾检验 P 值均为 0.000。

表 7-57　　　　　试验前后体育教育专业师范生教育技术"理论素养"

水平配对样本 t 检验

| | | Paired Differences | | | | | t | df | Sig.(2-tailed) |
| | | Mean | Std. Deviation | Std. Error Mean | 95% Confidence Interval of the Difference | | | | |
					Lower	Upper			
Pair 1	前测 1-后测 1	1.020	1.086	0.152	0.714	1.325	6.704	50	0.000
Pair 2	前测 2-后测 2	1.020	1.104	0.155	0.709	1.330	6.593	50	0.000
Pair 3	前测 3-后测 3	1.216	1.361	0.191	0.833	1.598	6.379	50	0.000
Pair 4	前测 4-后测 4	0.941	1.121	0.157	0.626	1.256	5.996	50	0.000
Pair 5	前测 5-后测 5	1.039	1.166	0.163	0.711	1.367	6.368	50	0.000
Pair 6	前测 6-后测 6	1.080	1.140	0.161	0.756	1.404	6.699	50	0.000
Pair7	前测 7-后测 7	1.420	1.090	0.154	1.110	1.730	9.215	50	0.000

综合上述数据分析可见，体育教育和数学与应用数学专业师范生，基于 WEB2.0 交互式网络电视教学模式与策略在现代教育技术概论课程中应用后，其教育技术的"理论素养"水平的提高异常显著。

三、高校师范生教育技术"技术能力"培养效果研究

（一）试验前后数学与应用数学专业师范生试验前后所具备的教育技术"技术能力"水平配对样本 t 检验

从试验前后数学与应用数学专业师范生教育技术"技术能力"水平配对样本 t

检验结果看,双尾检验 P 值结果都为 0,说明,在试验前后数学与应用数学专业学习者的"技术能力"水平差异显著,基于 WEB2.0 的交互式网络电视的教学模式与策略在高校师范生教育技术能力培训的相关课程上有显著的效果。

表7-58 试验前后数学与应用数学专业师范生教育技术"技术能力"水平配对样本 t 检验

		Paired Differences					t	df	Sig. (2-tailed)
		Mean	Std. Deviation	Std. Error Mean	95% Confidence Interval of the Difference				
					Lower	Upper			
Pair 1	前测 1-后测 1	1.556	1.355	0.184	1.186	1.925	8.435	53	000
Pair 2	前测 2-后测 2	1.630	1.405	0.191	1.246	2.013	8.525	53	000
Pair 3	前测 3-后测 3	1.944	1.295	0.176	1.591	2.298	11.037	53	000
Pair 4	前测 4-后测 4	1.685	1.256	0.171	1.342	2.028	9.857	53	000
Pair 5	前测 5-后测 5	0.981	1.251	0.170	0.640	1.323	5.764	53	000
Pair 6	前测 6-后测 6	1.444	1.355	0.184	1.075	1.814	7.833	53	000
Pair 7	前测 7-后测 7	1.444	1.383	0.188	1.067	1.822	7.676	53	000
Pair8	前测 8-后测 8	1.463	1.145	0.156	1.151	1.775	9.393	53	000
Pair 9	前测 9-后测 9	1.722	1.140	0.155	1.411	2.033	11.105	53	000
Pair 10	前测 10-后测 10	1.870	1.229	0.167	1.535	2.206	11.181	53	000
Pair 11	前测 11-后测 11	1.444	1.223	0.166	1.111	1.778	8.676	53	000
Pair 12	前测 12-后测 12	1.741	1.376	0.187	1.365	2.116	9.295	53	000
Pair 13	前测 13-后测 13	1.796	1.433	0.195	1.405	2.187	9.215	53	000
Pair 14	前测 14-后测 14	1.926	1.179	0.160	1.604	2.248	12.001	53	000
Pair15	前测 15-后测 15	1.352	1.231	0.168	1.016	1.688	8.070	53	000
Pair 16	前测 16-后测 16	1.537	1.224	0.167	1.203	1.871	9.227	53	000

(二)实验前后体育教育专业师范生试验前后所具备的教育技术"技术能力"水平配对样本 t 检验

从试验前后体育教育专业师范生教育技术"技术能力"水平配对样本 t 检验结

果看，双尾检验 P 值结果均为 0，说明，在试验前后体育教育专业学习者的"技术能力"水平差异显著，基于 WEB2.0 的交互式网络电视的教学模式与策略在高校师范生教育技术能力培训的相关课程上有显著的效果。

表 7-59　试验前后体育教育专业师范生教育技术"技术能力"水平配对样本 t 检验

| | | Paired Differences | | | | | t | df | Sig. (2-tailed) |
| | | Mean | Std. Deviation | Std. Error Mean | 95% Confidence Interval of the Difference | | | | |
					Lower	Upper			
Pair 1	前测 1-后测 1	1.510	1.271	0.178	1.152	1.867	8.485	50	000
Pair 2	前测 2-后测 2	1.531	1.192	0.170	1.188	1.873	8.988	48	000
Pair 3	前测 3-后测 3	1.941	1.271	0.178	1.584	2.299	10.904	50	000
Pair 4	前测 4-后测 4	1.627	1.356	0.190	1.246	2.009	8.572	50	000
Pair 5	前测 5-后测 5	0.745	1.181	0.165	0.413	1.077	4.507	50	000
Pair 6	前测 6-后测 6	1.353	1.383	0.194	0.964	1.742	6.986	50	000
Pair 7	前测 7-后测 7	1.627	1.326	0.186	1.254	2.000	8.765	50	000
Pair 8	前测 8-后测 8	1.000	1.281	0.179	0.640	1.360	5.577	50	000
Pair 9	前测 9-后测 9	1.373	1.469	0.206	0.959	1.786	6.672	50	000
Pair 10	前测 10-后测 10	1.353	1.397	0.196	0.960	1.746	6.914	50	000
Pair 11	前测 11-后测 11	1.143	1.291	0.184	0.772	1.514	6.197	48	000
Pair 12	前测 12-后测 12	1.118	1.381	0.193	0.729	1.506	5.782	50	000
Pair 13	前测 13-后测 13	1.235	1.335	0.187	0.860	1.611	6.606	50	000
Pair 14	前测 14-后测 14	1.353	1.309	0.183	0.985	1.721	7.382	50	000
Pair 15	前测 15-后测 15	1.471	1.302	0.182	1.105	1.837	8.069	50	000
Pair 16	前测 16-后测 16	1.200	1.325	0.187	0.823	1.577	6.405	49	000

综合上述数据分析可见，体育教育和数学与应用数学专业师范生，基于 WEB2.0 交互式网络电视教学模式与策略在现代教育技术概论课程中应用后，其教育技术的"理论素养"水平的提高异常显著。

四、高校师范生教育技术"教学设计思想与能力"培养效果研究

（一）试验前后数学与应用数学专业师范生试验前后所具备的教育技术"教学设计思想与能力"水平配对样本 t 检验

从数学与应用数学专业师范生教育技术"教学设计思想与能力"水平配对样本 t 检验结果来看，双尾检验结果，即 P 值均为 0，表示在实验前后，数学与应用数学专业师范生教育技术"教学设计思想与能力"水平差异显著。从均值看，试验前后，数学与应用数学专业师范生第一是"了解'以学为主'的教学设计模式与策略（如抛锚式教学、PBL 学习、探究式学习、支架式学习、混合学习、Webquest 学习、E-learning 学习等）"提升幅度最大，均值达 1.611，第二位的是"了解'双主型'教学设计模式与策略"均值达 1.481，第三位的是"知道如何对教学活动结果进行教学反思与评价并调整教学策略，优化教学效果"均值达 1.426，但数学与应用数学专业学习者的八项能力指标的均值都在 1 以上，说明试验后这八项能力水平提升幅度都较大。

表 7-60　　试验前后数学与应用数学专业师范生教育技术"教学设计思想与能力"水平配对样本 t 检验

		Paired Differences							
		Mean	Std. Deviation	Std. Error Mean	95% Confidence Interval of the Difference		t	df	Sig. (2-tailed)
					Lower	Upper			
Pair 1	前测 1-后测 1	1.056	1.172	0.160	0.736	1.376	6.617	53	0.000
Pair 2	前测 2-后测 2	1.611	1.188	0.162	1.287	1.935	9.964	53	0.000
Pair 3	前测 3-后测 3	1.481	1.314	0.179	1.123	1.840	8.286	53	0.000
Pair 4	前测 4-后测 4	1.370	1.431	0.195	0.980	1.761	7.035	53	0.000
Pair 5	前测 5-后测 5	1.481	1.379	0.191	1.097	1.865	7.743	51	0.000
Pair 6	前测 6-后测 6	1.278	1.338	0.182	0.913	1.643	7.020	53	0.000
Pair 7	前测 7-后测 7	1.333	1.289	0.175	0.982	1.685	7.604	53	0.000
Pair 8	前测 8-后测 8	1.426	1.222	0.166	1.092	1.760	8.572	53	0.000

（二）实验前后体育教育专业师范生试验前后所具备的教育技术"教学设计思想与能力"水平配对样本 t 检验

从体育教育专业师范生教育技术"教学设计思想与能力"水平配对样本 t 检验结果来看，双尾检验结果 P 值均为 0，表示在实验前后，体育教育专业师范生教育技术"教学设计思想与能力"水平差异显著。从均值来看，体育教育专业学习者试验前后对"了解'双主型'教学设计模式与策略"的水平提高最大，其均值达到 1.686，第二位的是"了解翻转课堂、微课、MOOC、网络课程"能力，均值为 1.420，第三位的是"了解'以学为主'的教学设计模式与策略（如抛锚式教学、PBL 学习、探究式学习、支架式学习、混合学习、Webquest 学习、E-learning 学习等）"均值达 1.320。

表 7-61　　试验前后体育教育专业师范生教育技术"教学设计思想与能力"

水平配对样本 t 检验

| | Paired Differences | | | | | t | df | Sig. (2-tailed) |
| | Mean | Std. Deviation | Std. Error Mean | 95% Confidence Interval of the Difference | | | | |
				Lower	Upper			
Pair 1　前测 1-后测 1	1.080	1.441	0.204	0.671	1.489	5.301	49	0.000
Pair 2　前测 2-后测 2	1.320	1.269	0.179	0.959	1.681	7.357	49	0.000
Pair 3　前测 3-后测 3	1.686	1.225	0.171	1.342	2.031	9.834	50	0.000
Pair 4　前测 4-后测 4	1.420	1.295	0.183	1.052	1.788	7.753	49	0.000
Pair 5　前测 5-后测 5	1.078	1.412	0.198	0.681	1.476	5.454	50	0.000
Pair 6　前测 6-后测 6	0.686	1.122	0.157	0.371	1.002	4.367	50	0.000
Pair 7　前测 7-后测 7	0.860	1.246	0.176	0.506	1.214	4.882	49	0.000
Pair 8　前测 8-后测 8	1.216	1.137	0.159	0.896	1.535	7.636	50	0.000

综上所述，基于 WEB2.0 交互式网络电视的教学模式与策略在现代教育技术概论、多媒体课件设计与制作、教师教学技能训练课程中应用后，师范生应具备的教育技术"教学设计思想与能力"水平提高显著。

五、高校师范生教育技术"应用与创新能力"培养效果研究

(一)试验前后数学与应用数学专业师范生试验前后所具备的教育技术"应用与创新能力"水平配对样本 t 检验

通过表 7-62 可见,数学与应用数学专业师范生教育技术"应用与创新能力"水平配对样本 t 检验结果可见,四个能力项目的双尾检验 P 值均为 0,当 $P<0.01$,表示差异异常显著。从均值看,数学与应用数学专业学习者在试验前后,能力提升值均在 1 以上,能力提升幅度最大的是"能借助教育技术手段进行学术交流与合作",均值为 1.259,第二位的是"能进行信息检索,掌握自己所学专业学科发展动态及前沿"均值为 1.222,第三位的是"能有效利用已有和新兴的教与学工具及资源开展教与学的活动"均值 1.111,第四位的是"能关注新技术、新的教育技术方法开展教学创新实践"均值 1.019。

表 7-62 试验前后数学与应用数学专业师范生教育技术"应用与创新能力"水平配对样本 t 检验

| | | Paired Differences | | | | | t | df | Sig.(2-tailed) |
| | | Mean | Std.Deviation | Std.Error Mean | 95% Confidence Interval of the Difference | | | | |
					Lower	Upper			
Pair 1	前测 1-后侧 1	1.111	1.239	0.169	0.773	1.449	6.591	53	0.000
Pair 2	前测 2-后测 2	1.222	1.298	0.177	0.868	1.577	6.918	53	0.000
Pair 3	前测 3-后测 3	1.019	1.236	0.168	0.681	1.356	6.055	53	0.000
Pair 4	前测 4-后测 4	1.259	1.262	0.172	0.915	1.604	7.334	53	0.000

(二)实验前后体育教育专业师范生试验前后所具备的教育技术"应用与创新能力"水平配对样本 t 检验

从表 7-63 可见,我们看到,"应用与创新能力"的四项能力指标双尾检验 P 值均为 0,说明在试验前后体育教育专业师范生的"应用与创新能力"差异异常显著。

表 7-63　　试验前后体育教育专业师范生教育技术"应用与创新能力"

水平配对样本 t 检验

	Paired Differences					t	df	Sig.(2-tailed)
	Mean	Std.Deviation	Std.Error Mean	95% Confidence Interval of the Difference				
				Lower	Upper			
Pair 1　前测 1-后测 1	1.039	1.248	0.175	0.688	1.390	5.945	50	000
Pair 2　前测 2-后测 2	1.157	1.155	0.162	0.832	1.482	7.151	50	000
Pair 3　前测 3-后测 3	1.353	1.055	0.148	1.056	1.650	9.159	50	000
Pair 4　前测 4-后测 4	1.686	1.334	0.187	1.311	2.061	9.027	50	000

综上所述，在基于 WEB2.0 交互式网络电视的教学模式与策略在教育技术学概论、多媒体课件设计与制作、教师教学技能训练课程中的应用试验后，数学与应用数学专业学习者和体育教育专业学习者的"应用与创新能力"水平提高异常显著。

六、试验前与试验后两个不同被试专业学习者教育技术水平能力独立样本 t 检验

为了解在基于 WEB2.0 交互式网络电视教学模式在现代教育技术概论、多媒体课件设计与制作、教师教学技能训练三门课程中试验前，数学与应用数学专业学习者和体育教育专业学习者应具备的教育技术能力水平是否存在显著差异和在基于 WEB2.0 交互式网络电视的教学模式在现代教育技术概论、多媒体课件设计与制作、教师教学技能训练三门课程中试验后，数学与应用数学专业学习者和体育教育专业学习者应具备的教育技术能力水平是否存在显著差异，笔者进行了试验前与试验后两个被试专业学习者的教育技术水平能力独立样本 t 检验，如下。

(一) 试验前与试验后不同被试专业学习者教育技术"意识与态度"水平差异 t 检验

1. 试验前数学与应用数学专业与体育教育专业师范生"意识与态度"水平两独立样本 t 检验

从表 7-64 可见，F 值为两个独立样本试验前的两总体方差，在师范生应具备

的"意识与态度"的 8 个三级能力指标中，其 sig 值(概率 P 值)均大于 0.05，可以认为两总体方差无显著差异，因此看 t 值第一行，我们能看到 8 个"意识与态度"三级能力指标中 t 值对应的双尾概率 P 值也都大于 0.05，因此，认为两总体均值无显著差异；从两总体差的 95% 置信区间的上限和下限我们也能看到，8 个三级能力指标的 95% 置信区间均跨零，因此也从另一个角度证实了前两个角度得到的推断。

表 7-64　试验前数学与应用数学专业与体育教育专业师范生"意识与态度"
水平两独立样本 t 检验结果

		Levene's Test for Equality of Variances		t-test for Equality of Means						
		F	Sig.	t	df	Sig. (2-tailed)	Mean Difference	Std. Error Difference	95% Confidence Interval of the Difference	
									Lower	Upper
意识与态度 1.1.1	Equal variances assumed	0.342	0.560	−0.377	103	0.707	−0.063	0.167	−0.395	0.269
	Equal variances not assumed			−0.375	97.046	0.708	−0.063	0.168	−0.397	0.271
意识与态度 1.1.2	Equal variances assumed	0.005	0.946	−1.389	103	0.168	−0.243	0.175	−0.590	0.104
	Equal variances not assumed			−1.383	99.167	0.170	−0.243	0.176	−0.591	0.106
意识与态度 1.1.3	Equal variances assumed	0.002	0.964	−0.769	103	0.444	−0.124	0.162	−0.445	0.196
	Equal variances not assumed			−0.768	102.268	0.444	−0.124	0.162	−0.445	0.196
意识与态度 1.1.4	Equal variances assumed	0.028	0.867	−0.918	103	0.361	−0.178	0.193	−0.561	0.206
	Equal variances not assumed			−0.918	102.385	0.361	−0.178	0.193	−0.561	0.206
意识与态度 1.1.5	Equal variances assumed	2.570	0.112	0.821	103	0.413	0.159	0.194	−0.225	0.543
	Equal variances not assumed			0.819	100.228	0.415	0.159	0.194	−0.226	0.544
意识与态度 1.2.1	Equal variances assumed	1.364	0.246	0.362	103	0.718	0.058	0.160	−0.259	0.374
	Equal variances not assumed			0.360	97.226	0.720	0.058	0.161	−0.261	0.376

续表

		Levene's Test for Equality of Variances		t-test for Equality of Means						
		F	Sig.	t	df	Sig. (2-tailed)	Mean Difference	Std. Error Difference	95%Confidence Interval of the Difference	
									Lower	Upper
意识与态度 1.2.2	Equal variances assumed	1.966	0.164	−0.514	103	0.608	−0.084	0.163	−0.408	0.240
	Equal variances not assumed			−0.511	97.556	0.610	−0.084	0.164	−0.409	0.242
意识与态度 1.2.3	Equal variances assumed	2.011	0.159	−1.196	103	0.234	−0.200	0.168	−0.533	0.132
	Equal variances not assumed			−1.193	100.875	0.236	−0.200	0.168	−0.534	0.133

从表 7-64 的结果可以推断，在试验前，数学与应用数学专业学习者和体育教育专业学习者应具备的教育技术能力水平无显著差异。

2. 试验后数学与应用数学专业与体育教育专业师范生"意识与态度"水平两独立样本 t 检验

表 7-65　试验后数学与应用数学专业与体育教育专业师范生"意识与态度"
水平两独立样本 t 检验结果

		Levene's Test for Equality of Variances		t-test for Equality of Means						
		F	Sig.	t	df	Sig. (2-tailed)	Mean Difference	Std. Error Difference	95%Confidence Interval of the Difference	
									Lower	Upper
意识与态度 1.1.1	Equal variances assumed	4.479	0.037	−1.077	106	0.284	−0.130	0.120	−0.368	0.109
	Equal variances not assumed			−1.077	99.516	0.284	−0.130	0.120	−0.368	0.109
意识与态度 1.1.2	Equal variances assumed	0.419	0.519	0.000	106	1.000	0.000	0.106	−0.211	0.211
	Equal variances not assumed			0.000	105.598	1.000	0.000	0.106	−0.211	0.211
意识与态度 1.1.3	Equal variances assumed	0.059	0.809	−1.449	106	0.150	−0.204	0.141	−0.482	0.075
	Equal variances not assumed			−1.449	104.769	0.150	−0.204	0.141	−0.482	0.075

续表

		Levene's Test for Equality of Variances		t-test for Equality of Means						
		F	Sig.	t	df	Sig. (2-tailed)	Mean Difference	Std. Error Difference	95%Confidence Interval of the Difference	
									Lower	Upper
意识与态度 1.1.4	Equal variances assumed	4.202	0.043	−0.156	106	0.876	−0.019	0.119	−0.254	0.217
	Equal variances not assumed			−0.156	101.675	0.876	−0.019	0.119	−0.254	0.217
意识与态度 1.1.5	Equal variances assumed	1.239	0.268	0.589	106	0.557	0.093	0.157	−0.219	0.404
	Equal variances not assumed			0.589	101.782	0.557	0.093	0.157	−0.219	0.404
意识与态度 1.2.1	Equal variances assumed	0.791	0.376	0.275	106	0.784	0.037	0.135	−0.230	0.304
	Equal variances not assumed			0.275	105.566	0.784	0.037	0.135	−0.230	0.304
意识与态度 1.2.2	Equal variances assumed	0.262	0.609	−0.708	106	0.481	−0.093	0.131	−0.352	0.167
	Equal variances not assumed			−0.708	105.764	0.481	−0.093	0.131	−0.352	0.167
意识与态度 1.2.3	Equal variances assumed	1.686	0.197	−1.068	106	0.288	−0.148	0.139	−0.423	0.127
	Equal variances not assumed			−1.068	99.178	0.288	−0.148	0.139	−0.423	0.127

从表 7-65 可见，试验后数学与应用数学专业和体育教育专业师范生"意识与态度"水平两独立样本 t 检验的双尾概率 P 值均大于 0.05，从两总体差的 95% 置信区间的上限和下限我们也能看到，8 个三级能力指标的 95% 置信区间均跨零，因此也从另一个角度证实了前两个角度得到的推断。说明在试验后，两个专业的学习者"意识与态度"水平差异不显著。

（二）试验前与试验后不同被试专业学习者教育技术"理论素养"水平差异 t 检验

1. 试验前数学与应用数学专业与体育教育专业师范生"理论素养"水平两独立样本 t 检验

从表 7-66 可见，在师范生应具备的"理论素养"的 7 个三级能力指标中，从方差齐性检验(Levene's Test for Equality Variance)结果看，第三个能力指标，即"了解教育技术在各学科中应用的研究方法(如行动研究、观察与实地研究、设计性研究、开发性研究、评价研究、数据分析、理论分析)"，其 sig 值为 0.027< 0.05(概率 P 值)，我们用第二种方式分析两独立样本的差异性，看其 t 值第二行对应的双尾概率 P 值，这里 $P=0.265>0.05$，同时，该值对应的 95% 置信区间的上限和下限跨零，可推断在这一水平能力上，两独立样本无显著差异。另外 6 个三级能力指标的 sig 值(概率 P 值)均大于 0.05，表明两样本方差无显著性差异，其对应的双尾概率 P 值均大于 0.05，且两总体差的 95% 置信区间的上限和下限均跨零，可推断，在试验前，数学与应用数学专业学习者和体育教育专业学习者应具备的教育技术能力水平中"理论素养"无显著差异。

表 7-66　试验前数学与应用数学专业与体育教育专业师范生"理论素养"
水平两独立样本 t 检验结果

	Levene's Test for Equality of Variances		t-test for Equality of Means						
	F	Sig.	t	df	Sig. (2-tailed)	Mean Difference	Std. Error Difference	95% Confidence Interval of the Difference	
								Lower	Upper
理论知识与能力 2.1.1 Equal variances assumed	0.281	0.597	−0.920	103	0.360	−0.225	0.244	−0.711	0.261
Equal variances not assumed			−0.932	43.545	0.357	−0.225	0.242	−0.712	0.262
理论知识与能力 2.1.2 Equal variances assumed	0.030	0.863	−0.680	103	0.498	−0.167	0.245	−0.654	0.321
Equal variances not assumed			−0.679	42.259	0.501	−0.167	0.246	−0.662	0.329
理论知识与能力 2.1.3 Equal variances assumed	5.068	0.027	−1.055	103	0.294	−0.267	0.253	−0.769	0.236
Equal variances not assumed			−1.128	49.145	0.265	−0.267	0.236	−0.742	0.209
理论知识与能力 2.1.4 Equal variances assumed	0.124	0.726	−0.799	103	0.427	−0.192	0.240	−0.669	0.286
Equal variances not assumed			−0.786	41.024	0.437	−0.192	0.244	−0.684	0.301

续表

	Levene's Test for Equality of Variances		t-test for Equality of Means							
	F	Sig.	t	df	Sig. (2-tailed)	Mean Difference	Std. Error Difference	95%Confidence Interval of the Difference	
								Lower	Upper
理论知识与能力2.2.1 Equal variances assumed	1.518	0.221	−0.585	103	0.560	−0.142	0.242	−0.623	0.340
Equal variances not assumed			−0.639	51.692	0.526	−0.142	0.222	−0.587	0.303
理论知识与能力2.2.2 Equal variances assumed	1.130	0.291	−0.830	103	0.409	−0.200	0.241	−0.679	0.279
Equal variances not assumed			−0.762	35.983	0.451	−0.200	0.263	−0.732	0.332
理论知识与能力2.2.3 Equal variances assumed	2.676	0.106	−0.563	103	0.575	−0.150	0.266	−0.680	0.380
Equal variances not assumed			−0.511	35.230	0.613	−0.150	0.294	−0.746	0.446

2. 试验后数学与应用数学专业与体育教育专业师范生"理论素养"水平两独立样本 t 检验

表7-67　　试验后数学与应用数学专业与体育教育专业师范生"理论素养"

水平两独立样本 t 检验结果

	Levene's Test for Equality of Variances		t-test for Equality of Means							
	F	Sig.	t	df	Sig. (2-tailed)	Mean Difference	Std. Error Difference	95%Confidence Interval of the Difference	
								Lower	Upper
理论知识与能力1.1 Equal variances assumed	5.914	0.017	−0.912	106	0.364	−0.130	0.143	−0.414	0.153
Equal variances not assumed			−0.903	95.733	0.369	−0.130	0.144	−0.417	0.156
理论知识与能力1.2 Equal variances assumed	0.707	0.402	−1.303	106	0.195	−0.184	0.141	−0.464	0.096
Equal variances not assumed			−1.306	105.982	0.194	−0.184	0.141	−0.464	0.095

续表

| | Levene's Test for Equality of Variances | | t-test for Equality of Means | | | | | | |
| | F | Sig. | t | df | Sig. (2-tailed) | Mean Difference | Std. Error Difference | 95%Confidence Interval of the Difference | |
								Lower	Upper
理论知识与能力 1.3 Equal variances assumed	0.042	0.837	0.523	106	0.602	0.085	0.163	−0.237	0.408
Equal variances not assumed			0.523	105.227	0.602	0.085	0.163	−0.238	0.408
理论知识与能力 1.4 Equal variances assumed	2.314	0.131	−1.049	106	0.296	−0.158	0.151	−0.456	0.140
Equal variances not assumed			−1.051	105.859	0.296	−0.158	0.150	−0.456	0.140
理论知识与能力 2.1 Equal variances assumed	2.107	0.150	−0.211	106	0.833	−0.033	0.156	−0.342	0.277
Equal variances not assumed			−0.210	99.443	0.834	−0.033	0.157	−0.345	0.279
理论知识与能力 2.2 Equal variances assumed	0.743	0.391	−0.750	105	0.455	−0.130	0.174	−0.475	0.214
Equal variances not assumed			−0.753	104.984	0.453	−0.130	0.173	−0.473	0.213
理论知识与能力 2.3 Equal variances assumed	7.866	0.006	1.042	105	0.300	0.200	0.192	−0.181	0.582
Equal variances not assumed			1.058	99.452	0.293	0.200	0.189	−0.175	0.576

从试验后的数学与应用数学专业、体育教育专业师范生"理论素养"水平两独立样本 t 检验结果看，其双尾概率 P 值均大于 0.05，且 95% 置信区间的上限与下限均跨零，可推断，两个专业学习者在试验后"理论素养"水平无显著差异。

(三)试验前与试验后不同被试专业学习者教育技术"技术能力"水平差异 t 检验

1. 试验前数学与应用数学专业与体育教育专业师范生"技术能力"水平两独立样本 t 检验

从表 7-68 可见，在师范生应具备的"技术能力"的 16 个三级能力指标中，双

尾概率 P 值都大于 0.05，95% 置信区间的上限与下限均跨零，可推断，两个专业学习者在试验前"理论素养"水平无显著差异。

表 7-68　　试验前数学与应用数学专业与体育教育专业师范生"技术能力"
水平两独立样本 t 检验结果

	Levene's Test for Equality of Variances		t-test for Equality of Means						
	F	Sig.	t	df	Sig. (2-tailed)	Mean Difference	Std. Error Difference	95%Confidence Interval of the Difference	
								Lower	Upper
技术知识与能力 3.1.1 Equal variances assumed	0.196	0.659	0.196	103	0.845	0.050	0.256	−0.458	0.558
Equal variances notassumed			0.187	38.719	0.853	0.050	0.267	−0.491	0.591
技术知识与能力 3.1.2 Equal variances assumed	2.667	0.106	−0.923	103	0.359	−0.217	0.235	−0.684	0.250
Equal variances not assumed			−0.834	35.023	0.410	−0.217	0.260	−0.744	0.311
技术知识与能力 3.1.3 Equal variances assumed	0.004	0.949	−0.498	103	0.620	−0.125	0.251	−0.624	0.374
Equal variances not assumed			−0.516	45.892	0.608	−0.125	0.242	−0.612	0.362
技术知识与能力 3.1.4 Equalvariances assumed	0.112	0.738	−1.745	103	0.085	−0.417	0.239	−0.892	0.058
Equal variances not assumed			−1.714	40.912	0.094	−0.417	0.243	−0.908	0.074
技术知识与能力 3.1.5 Equalvariances assumed	0.285	0.595	−1.014	103	0.314	−0.225	0.222	−0.667	0.217
Equal variances not assumed			−1.043	45.148	0.302	−0.225	0.216	−0.659	0.209
技术知识与能力 3.1.6 Equal variances assumed	5.172	0.026	0.134	103	0.894	0.033	0.249	−0.461	0.528
Equal variances not assumed			0.155	60.088	0.877	0.033	0.214	−0.396	0.462
技术知识与能力 3.1.7 Equal variances assumed	0.497	0.483	0.169	103	0.866	0.042	0.246	−0.448	0.531
Equal variances not assumed			0.178	47.605	0.859	0.042	0.234	−0.428	0.512

续表

	Levene's Test for Equality of Variances		t-test for Equality of Means						
	F	Sig.	t	df	Sig. (2-tailed)	Mean Difference	Std. Error Difference	95%Confidence Interval of the Difference	
								Lower	Upper
技术知识与能力 3.2.1 Equal variances assumed	2.342	0.130	0.939	103	0.351	0.233	0.249	−0.261	0.728
Equal variances not assumed			1.057	55.772	0.295	0.233	0.221	−0.209	0.676
技术知识与能力 3.2.2 Equal variances assumed	2.635	0.108	0.378	103	0.706	0.092	0.242	−0.390	0.574
Equal variances not assumed			0.422	54.508	0.675	0.092	0.217	−0.344	0.527
技术知识与能力 3.2.3 Equalvariances assumed	4.665	0.034	0.870	103	0.387	0.208	0.239	−0.268	0.685
Equal variances not assumed			0.959	52.965	0.342	0.208	0.217	−0.227	0.644
技术知识与能力 3.2.4 Equal variances assumed	0.146	0.703	0.996	103	0.322	0.267	0.268	−0.266	0.799
Equal variances not assumed			1.021	44.735	0.313	0.267	0.261	−0.259	0.793
技术知识与能力 3.2.5 Equal variances assumed	0.000	0.988	0.792	103	0.431	0.208	0.263	−0.315	0.732
Equal variances not assumed			0.786	41.791	0.436	0.208	0.265	−0.327	0.743
技术知识与能力 3.2.6 Equal variances assumed	0.000	0.989	0.581	103	0.563	0.133	0.229	−0.323	0.590
Equal variances not assumed			0.576	41.683	0.567	0.133	0.231	−0.334	0.600
技术知识与能力 3.2.7 Equal variances assumed	0.167	0.684	−0.147	103	0.884	−0.033	0.227	−0.486	0.419
Equal variances not assumed			−0.151	45.135	0.881	−0.033	0.221	−0.478	0.412
技术知识与能力 3.3.1 Equal variances assumed	0.035	0.853	−1.480	103	0.143	−0.375	0.253	−0.879	0.129
Equal variances not assumed			−1.486	42.827	0.145	−0.375	0.252	−0.884	0.134
技术知识与能力 3.3.2 Equal variances assumed	1.445	0.233	−0.305	103	0.761	−0.075	0.246	−0.564	0.414
Equal variances not assumed			−0.321	47.491	0.749	−0.075	0.233	−0.545	0.395

2. 试验后数学与应用数学专业与体育教育专业师范生"技术能力"水平两独立样本 t 检验

由表 7-69 的试验后两独立样本 t 检验结果可见，体育教育专业和数学与数学应用专业学习者在"技术与知识能力 1.4"能力指标，即"掌握多媒体著作软件 Authorware 的使用"上双尾检验 P 值为 0.038<0.05 和"技术与知识能力 2.7"即"了解新媒体、富媒体、自媒体的概念及类型"双尾检验 P 值为 0.014<0.05，可以说明两个专业学习者在这两方面的学习结果差异较显著，试验后数学与数学应用专业学习者的这两项值分别为 0.63 和 0.55，这两项能力指标达到了"良好"以上水平；而体育教育专业学习者这两项值分别为 0.46 和 0.31，能力水平在"良好"水平以下。但从两个班前测与后测配对样本 t 检验结果看，学习前后的差异都异常显著。其他 14 项"技术能力"水平指标双尾检验 P 值均大于 0.05，同时，95%置信区间的上限和下限均跨零，可以推断，在实验后，除"掌握多媒体著作软件 Authorware 的使用"和"了解新媒体、富媒体、自媒体的概念及类型"两项外，两个专业的其他能力水平均无显著差异。

表 7-69　　试验后数学与应用数学专业与体育教育专业师范生"技术能力"

水平两独立样本 t 检验结果

		Levene's Test for Equality of Variances		t-test for Equality of Means					95%Confidence Interval of the Difference	
		F	Sig.	t	df	Sig. (2-tailed)	Mean Difference	Std. Error Difference	Lower	Upper
技术知识与能力 1.1	Equal variances assumed	1.510	0.222	−0.068	106	0.946	−0.010	0.142	−0.291	0.271
	Equal variances not assumed			−0.067	98.812	0.946	−0.010	0.143	−0.293	0.274
技术知识与能力 1.2	Equal variances assumed	1.131	0.290	−1.915	104	0.058	−0.356	0.186	−0.724	0.013
	Equal variances not assumed			−1.901	98.166	0.060	−0.356	0.187	−0.727	0.016
技术知识与能力 1.3	Equal variances assumed	0.068	0.794	−0.415	106	0.679	−0.070	0.169	−0.405	0.265
	Equal variances not assumed			−0.413	101.335	0.681	−0.070	0.170	−0.407	0.267

	Levene's Test for Equality of Variances		t-test for Equality of Means						
								95% Confidence Interval of the Difference	
	F	Sig.	t	df	Sig. (2-tailed)	Mean Difference	Std. Error Difference	Lower	Upper
技术知识与能力 1.4 Equal variances assumed	0.750	0.388	-2.105	106	0.038	-0.345	0.164	0.670	-0.020
Equal variances not assumed			-2.083	94.375	0.040	-0.345	0.166	-0.673	-0.016
技术知识与能力 1.5 Equalvariances assumed	2.397	0.125	-1.871	106	0.064	-0.317	0.170	-0.654	0.019
Equal variances not assumed			-1.853	95.799	0.067	-0.317	0.171	-0.657	0.023
技术知识与能力 1.6 Equal variances assumed	0.129	0.721	-0.470	106	0.639	-0.081	0.172	0.423	0.261
Equal variances not assumed			-0.470	104.880	0.640	-0.081	0.173	-0.423	0.261
技术知识与能力 1.7 Equal variances assumed	0.788	0.377	0.794	106	0.429	0.148	0.187	-0.222	0.519
Equal variances not assumed			0.797	105.972	0.427	0.148	0.186	-0.221	0.517
技术知识与能力 2.1 Equal variances assumed	2.643	0.107	-0.951	106	0.344	-0.154	0.162	-0.475	0.167
Equal variances not assumed			-0.947	101.845	0.346	-0.154	0.163	-0.476	0.169
技术知识与能力 2.2 Equal variances assumed	0.386	0.536	-1.096	106	0.276	-0.187	0.170	-0.525	0.151
Equal variances not assumed			-1.095	104.787	0.276	-0.187	0.171	-0.525	0.152
技术知识与能力 2.3 Equal variances assumed	0.294	0.589	-1.011	106	0.314	-0.174	0.173	-0.516	0.168
Equal variances not assumed			-1.012	105.682	0.314	-0.174	0.172	-0.516	0.167
技术知识与能力 2.4 Equal variances assumed	0.258	0.612	0.627	104	0.532	0.105	0.168	-0.227	0.437
Equal variances not assumed			0.626	102.235	0.533	0.105	0.168	-0.228	0.438
技术知识与能力 2.5 Equal variances assumed	0.145	0.704	-0.804	106	0.423	-0.148	0.185	-0.514	0.218
Equal variances not assumed			-0.807	105.889	0.422	-0.148	0.184	-0.513	0.216
技术知识与能力 2.6 Equalvariances assumed	0.435	0.511	-0.887	106	0.377	-0.168	0.189	-0.542	0.207
Equal variances not assumed			-0.889	105.990	0.376	-0.168	0.188	-0.541	0.206

续表

		Levene's Test for Equality of Variances		t-test for Equality of Means						
		F	Sig.	t	df	Sig. (2-tailed)	Mean Difference	Std. Error Difference	95%Confidence Interval of the Difference	
									Lower	Upper
技术知识与能力 2.7	Equal variances assumed	2.772	0.099	−2.509	106	0.014	−0.438	0.175	−0.784	−0.092
	Equal variances not assumed			−2.500	102.863	0.014	−0.438	0.175	−0.786	−0.091
技术知识与能力 3.1	Equal variances assumed	0.014	0.905	−0.354	106	0.724	−0.065	0.183	0.427	0.298
	Equal variances not assumed			−0.353	105.075	0.725	−0.065	0.183	−0.427	0.298
技术知识与能力 3.2	Equal variances assumed	0.005	0.944	−1.200	105	0.233	−0.221	0.184	−0.586	0.144
	Equalvariances not assumed			−1.199	103.657	0.233	−0.221	0.184	−0.586	0.145

（四）试验前与试验后不同被试专业学习者教育技术"教学设计思想与能力"水平差异 t 检验

1. 试验前数学与应用数学专业与体育教育专业师范生"教学设计思想与能力"水平两独立样本 t 检验

表 7-70　　试验前数学与应用数学专业与体育教育专业师范生

"教学设计思想与能力"水平两独立样本 t 检验结果

		Levene's Test for Equality of Variances		t-test for Equality of Means						
		F	Sig.	t	df	Sig. (2-tailed)	Mean Difference	Std. Error Difference	95%Confidence Interval of the Difference	
									Lower	Upper
教学设计思想与能力 4.1.1	Equal variances assumed	7.536	0.007	−0.405	103	0.687	−0.081	0.199	−0.476	0.314
	Equal variances not assumed			−0.402	94.421	0.689	−0.081	0.201	−0.479	0.318

续表

		Levene's Test for Equality of Variances		t-test for Equality of Means						
		F	Sig.	t	df	Sig. (2-tailed)	Mean Difference	Std. Error Difference	95%Confidence Interval of the Difference	
									Lower	Upper
教学设计思想与能力 4.1.2	Equal variances assumed	0.389	0.534	0.154	103	0.878	0.029	0.191	−0.349	0.408
	Equal variances not assumed			0.155	102.999	0.877	0.029	0.190	−0.348	0.407
教学设计思想与能力 4.1.3	Equal variances assumed	0.118	0.731	−1.359	103	0.177	−0.281	0.207	−0.691	0.129
	Equal variances not assumed			−1.361	102.938	0.177	−0.281	0.207	−0.691	0.129
教学设计思想与能力 4.1.4	Equal variances assumed	3.437	0.067	−0.830	103	0.409	−0.168	0.202	−0.569	0.233
	Equal variances not assumed			−0.834	101.097	0.406	−0.168	0.201	−0.567	0.231
教学设计思想与能力 4.2.1	Equal variances assumed	0.151	0.698	0.630	103	0.530	0.121	0.192	−0.260	0.502
	Equal variances not assumed			0.630	102.555	0.530	0.121	0.192	−0.260	0.502
教学设计思想与能力 4.2.2	Equal variances assumed	0.223	0.638	1.842	103	0.068	0.370	0.201	−0.028	0.769
	Equal variances not assumed			1.851	101.493	0.067	0.370	0.200	−0.026	0.767
教学设计思想与能力 4.2.3	Equal variances assumed	0.342	0.560	1.271	103	0.207	0.246	0.194	−0.138	0.630
	Equal variances not assumed			1.275	102.873	0.205	0.246	0.193	−0.137	0.629
教学设计思想与能力 4.2.4	Equal variances assumed	0.013	0.908	0.167	103	0.868	0.032	0.189	−0.343	0.407
	Equal variances not assumed			0.167	102.746	0.868	0.032	0.189	−0.343	0.407

从试验前数学与应用数学专业与体育教育专业师范生"教学设计思想与能力"水平两独立样本 t 检验结果来看,双尾检验结果 P 值均大于 0.05,且 95% 置信区间的上限和下限值均跨零,可以判断两个专业学习者在实验前"教学设计思想与能力"水平无显著差异,即实验前两个被试班是无显著差异的。

2. 试验后数学与应用数学专业与体育教育专业师范生"教学设计思想与能力"水平两独立样本 t 检验

表 7-71　　　　试验后数学与应用数学专业与体育教育专业师范生
"教学设计思想与能力"两独立样本 t 检验结果

| | Levene's Test for Equality of Variances | | t-test for Equality of Means | | | | | 95%Confidence Interval of the Difference | |
	F	Sig.	t	df	Sig. (2-tailed)	Mean Difference	Std. Error Difference	Lower	Upper
教学设计思想与能力 1.1 Equal variances assumed	1.169	0.282	−0.343	106	0.732	−0.055	0.161	−0.375	0.264
Equal variances not assumed			−0.344	104.773	0.732	−0.055	0.161	−0.374	0.264
教学设计思想与能力 1.2 Equal variances assumed	1.321	0.253	−1.441	106	0.152	−0.243	0.168	−0.576	0.091
Equal variances not assumed			−1.446	104.903	0.151	−0.243	0.168	−0.575	0.090
教学设计思想与能力 1.3 Equal variances assumed	2.933	0.090	−0.327	106	0.744	0.056	0.172	−0.398	0.285
Equal variances not assumed			−0.325	102.180	0.746	−0.056	0.173	−0.400	0.287
教学设计思想与能力 1.4 Equalvariances assumed	4.770	0.031	−0.554	106	0.581	−0.092	0.167	−0.423	0.238
Equal variances not assumed			−0.549	96.527	0.585	−0.092	0.168	−0.427	0.242
教学设计思想与能力 2.1 Equal variances assumed	0.655	0.420	−1.559	106	0.122	−0.262	0.168	−0.595	0.071
Equal variances not assumed			−1.560	103.931	0.122	−0.262	0.168	−0.595	0.071
教学设计思想与能力 2.2 Equal variances assumed	4.206	0.043	−1.168	106	0.246	−0.177	0.152	−0.478	0.124
Equal variances not assumed			−1.171	105.994	0.244	−0.177	0.151	−0.477	0.123
教学设计思想与能力 2.3 Equal variances assumed	2.729	0.102	−1.261	106	0.210	0.198	0.157	−0.510	0.113
Equal variances not assumed			−1.265	104.855	0.209	−0.198	0.157	−0.509	0.113
教学设计思想与能力 2.4 Equal variances assumed	3.113	0.081	−0.983	106	0.328	−0.151	0.154	−0.456	0.154
Equal variances notassumed			−0.988	105.653	0.325	−0.151	0.153	−0.454	0.152

对试验后的两个班"教学设计思想与能力"8项三级水平能力进行两独立样本 t 检验，从双尾检验结果 P 值来看，P 值均大于 0.05，且 95% 置信区间的上限和下限值均跨零，可以判断两个专业学习者在实验后"教学设计思想与能力"水平无显著差异。且两个被试班的"教学设计思想与能力"在基于 WEB2.0 的交互式网络电视在提高师范生教育技术能力课程的现代教育技术概论、多媒体课件设计与制作、教师教学技能训练课程中试验后，能力水平有显著提高。

(五)试验前与试验后不同被试专业学习者教育技术"应用与创新"能力水平差异 t 检验

1. 试验前数学与应用数学专业与体育教育专业师范生"应用与创新"能力水平两独立样本 t 检验

表 7-72　试验前数学与应用数学专业和体育教育专业师范生"应用与创新"
能力水平两独立样本 t 检验结果

| | | Levene's Test for Equality of Variances | | t-test for Equality of Means | | | | | | |
		F	Sig.	t	df	Sig. (2-tailed)	Mean Difference	Std. Error Difference	Lower	Upper
应用与创新1.1	Equal variances assumed	0.098	0.755	−0.945	103	0.347	0.174	0.185	−0.540	0.192
	Equal variances not assumed			−0.949	102.223	0.345	−0.174	0.184	−0.539	0.190
应用与创新1.2	Equal variances assumed	0.017	0.896	−0.206	103	0.837	−0.039	0.190	−0.417	0.338
	Equal variances not assumed			−0.206	102.972	0.837	−0.039	0.190	−0.416	0.338
应用与创新2.1	Equal variances assumed	0.696	0.406	−1.108	103	0.270	−0.224	0.202	−0.626	0.177
	Equal variances not assumed			−1.113	102.261	0.268	−0.224	0.202	−0.624	0.176
应用与创新2.2	Equal variances assumed	0.687	0.409	−1.865	103	0.065	−0.374	0.200	−0.771	0.024
	Equal variances not assumed			−1.871	102.593	0.064	−0.374	0.200	−0.770	0.022

　　从试验前数学与应用数学专业和体育教育专业师范生"应用与创新"水平两独立样本 t 检验结果来看，双尾检验结果 P 值均大于 0.05，且 95% 置信区间的上限和下限值均跨零，可以判断两个专业学习者在实验前"应用与创新"能力水平无显著差异，即实验前两个被试班是无显著差异的。

　　2. 试验后数学与应用数学专业与体育教育专业师范生"应用与创新"水平两独立样本 t 检验

表 7-73　　　　　试验后数学与应用数学专业与体育教育专业师范生
"应用与创新"两独立样本 t 检验结果

		Levene's Test for Equality of Variances		t-test for Equality of Means						
		F	Sig.	t	df	Sig. (2-tailed)	Mean Difference	Std. Error Difference	95%Confidence Interval of the Difference	
									Lower	Upper
应用与创新 1.1	Equal variances assumed	0.802	0.373	−1.309	106	0.193	−0.220	0.168	−0.553	0.113
	Equal variances not assumed			−1.313	106.000	0.192	−0.220	0.167	−0.552	0.112
应用与创新 1.2	Equal variances assumed	0.990	0.322	−0.399	106	0.690	−0.063	0.158	−0.377	0.250
	Equal variances not assumed			−0.402	105.490	0.689	−0.063	0.157	−0.375	0.249
应用与创新 2.1	Equal variances assumed	0.137	0.712	0.661	106	0.510	0.106	0.160	−0.211	0.423
	Equal variances not assumed			0.663	105.978	0.509	0.106	0.160	−0.211	0.422
应用与创新 2.2	Equal variances assumed	0.890	0.348	0.418	106	0.677	0.069	0.164	−0.257	0.395
	Equal variances not assumed			0.415	99.897	0.679	0.069	0.166	−0.260	0.397

　　对试验后的两个班"应用与创新"4 项三级水平能力进行两独立样本 t 检验，从双尾检验结果 P 值来看，P 值均大于 0.05，且 95% 置信区间的上限和下限值均跨零，可以判断两个专业学习者在实验后"应用与创新"能力水平无显著差异。且两个被试班的"应用与创新"能力在基于 WEB2.0 的交互式网络电视在提高师范生教育技术能力课程的现代教育技术概论、多媒体课件设计与制作、教师教学技能训练课程中试验后，能力水平有显著提升。

第五节 基于 WEB2.0 交互式网络电视的课堂教学模式 与策略实施后学习者课程学习成绩分析

在学习者学完现代教育技术概论、多媒体课件设计与制作、教师教学技能训练课程后，笔者针对每门课程制定了课程学习结果评价标准，本节将会对三门课程两个试验班的学习结果评价方式、评价指标及成绩进行分析。

一、现代教育技术概论学习成绩分析

(一)现代教育技术概论课程学习结果评价标准

该课程的学习结果评价主要从三方面进行评价：第一，评价学习者对理论知识的掌握和常用工具软件基础理论的掌握，评价方式采用上机测试方式开展。各专业班级学习者在统一时间内上机，输入学号及登录密码后现代教育技术概论课程测试网站会自动为每位学习者生成不同的测试题，每份测试题共50题，各题2分，共100分，设定答题时间为30分钟，到答题时间后测试网站自动关闭，并现场呈现出学习者上机测试成绩，该项成绩占整门课程总成绩的30%；第二，教学案例设计。该评价方式要求每位学习者结合自己专业设计一节课的教学过程，上交教案和教学流程图，该项成绩占该门课程总成绩的30%；第三，对所学的每一种多媒体软件做出一个作品，主要考查学习者对各种多媒体软件的掌握情况。该项成绩占该门课程总成绩的40%。该门课程的各项评价方式具体实施标准见表7-74至表7-76所示。

表 7-74　　　　　　现代教育技术概论课程中上机测试评价方式

评价内容	所占比值	评价内容	测试时间	测试题目数
理论知识（上机测试）	30%	1. 了解学习者对教育技术基础理论知识的掌握情况	30分钟	50题
		2. 了解学习者对所学多媒体工具软件理论知识与常规知识的掌握情况		

表 7-75 　　　　　　　现代教育技术概论课程中教案设计评价标准

评价内容	所占比值	评价项目	项目标准描述	评价等级				
				优秀	良好	中等	较差	很差
				5	4	3	2	1
教案设计	30%	学习者分析（10分）	能对教案实施对象进行初始能力和学习特征分析					
		教学内容分析（20分）	能对所设计的一堂课的教学内容中知识点、重难点进行分析					
		教学目标制定（10分）	能对自己所设计的一堂课的教学目标进行阐明					
		教学过程设计（25分）	对自己所设计的教学过程安排恰当，重难点安排合理有效					
		教学模式与教学策略的制定（25分）	能针对课程内容选择有效的教学模式和策略 能合理、恰当地选择教学媒体和教学资源					
		教学评价方式的制定（10分）	能针对自己设计的一堂课的内容设计合理的评价方式和适当的形成性评价练习题					

表 7-76 　现代教育技术概论课程中多媒体工具软件的使用学习结果评价标准

评价内容	所占比值	评价项目	项目标准描述	评价等级				
				优秀	良好	中等	较差	很差
				5	4	3	2	1
多媒体工具软件的使用	40%	Audition 音频制作软件(20分)	能熟练利用 Audition 软件录音、用混合轨道制作一段音频教学素材					
		Premiere 视频制作软件(20分)	能熟练利用 Premiere 软件编辑与制作一段 5 分钟内的微课视频					
		Flash 动画制作软件(20分)	能熟练利用 Flash 软件设计与制作一个自己所设计教案中的教学重难点动画					
		Dreamweaver 网页制作软件(20分)	能熟练利用 Dreamweaver 软件设计与制作一个专题学习网站					
		Photoshop 静态图像处理软件(20分)	能熟练利用 Photoshop 软件制作一个网站或课件的主页面					

以上三个表为现代教育技术概论课程学习结果的评价标准，被试对象为数学与应用数学专业和体育教育专业学习者，共 108 人，其中，体育教育专业学习者52 人，数学与应用数学专业学习者 56 人。

(二)现代教育技术概论学习成绩总体特征分析

通过对学习者的学习结果按照上述评价标准进行评价后，笔者对学习者现代教育技术概论课程的成绩进行了以下分析。

1. 现代教育技术概论学习成绩描述性统计分析

利用 SPSS 统计软件，数学与应用数学专业和体育教育专业的学习成绩均值与标准差如表 7-77 所示。

表 7-77　　　　　　　　　　　现代教育技术概论学习成绩统计结果

		N	Mean	Std. Deviation	Std. Error Mean
现代教育技术概论成绩	数学与应用数学	56	88.07	5.685	0.760
	体育教育	52	86.06	6.397	0.887

从数据统计结果来看，数学与应用数学专业的 56 名学习者的成绩均值(Mean)为 88.07，高于体育教育专业的 52 名学习者的课程成绩均为 86.06。标准差(Std Deviation)是表示变量取值距均值的平均离散程度的统计量，标准差值越大，说明变量之间差异越大，距均值这个中心值离散趋势越大。从表 7-77 可见，两个被试班的标准差分别为 5.685 和 6.397，可以推断两个专业学习结果离均值这个"中心值"离散趋势不大，相对而言，体育教育专业标准差稍大于数学与应用数学专业。

2. 现代教育技术概论学习成绩 Q-Q 图检验与单样本 K-S 检验

为了解两个专业班的现代教育技术概论成绩是否符合正态分布，笔者对两个班的现代教育技术概论成绩分别进行 Q-Q 图检验与单样本 K-S 检验，以期从图和数据两方面观测学习结果。

(1)Q-Q 图检验。Q-Q 图是一种散点图，纵坐标表示符合正态分布的分位数，横坐标为样本值，斜向直线的斜率为标准差，截距为均值，结果如图 7-5 和图 7-6所示。

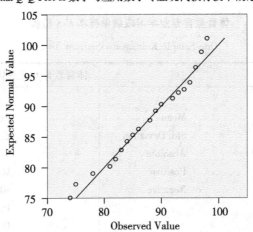

图 7-5 数学与应用数学专业学习成绩 Q-Q 图检验

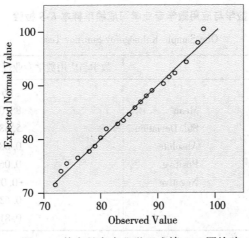

图 7-6 体育教育专业学习成绩 Q-Q 图检验

从两个被试班学习成绩的 Q-Q 图可以看到，各点近似围绕着直线附近，说明数据呈近似正态分布。

（2）单样本 K-S 检验。为进一步了解两个被试班学习结果状况，笔者又用单样本 K-S 进行检验，以便从具体数值角度分析两个被试班的学习结果，检验结果如表 7-78 和表 7-79 所示。

表 7-78　　　　　　**体育教育专业学习成绩单样本 *K-S* 检验**

One-Sample Kolmogorov-Smirnov Test

		体育教育专业现代教育技术概论成绩
N		52
Normal Parameters[a,b]	Mean	86.06
	Std. Deviation	6.397
Most Extreme	Absolute	0.074
Differences	Positive	0.074
	Negative	−0.073
Kolmogorov-Smirnov Z		0.533
Asymp. Sig. (2-tailed)		0.939

a. Test distribution is Normal.

b. Calculated from data.

表 7-79　　　　**数学与应用数学专业学习成绩单样本 *K-S* 检验**

One-Sample Kolmogorov-Smirnov Test

		数学与应用数学专业现代教育技术概论成绩
N		56
Normal Parameters[a,b]	Mean	88.07
	Std. Deviation	5.685
Most Extreme	Absolute	0.085
Differences	Positive	0.060
	Negative	−0.085
Kolmogorov-Smirnov Z		0.636
Asymp. Sig. (2-tailed)		0.814

a. Test distribution is Normal.

b. Calculated from data.

通过表 7-78 和表 7-79 我们看到，对两个被试班的学习成绩单样本 *K-S* 检验结果中，*Z* 值分别为 0.636 和 0.533，概率 *P* 值(Asymp. sig. 2-tailed)分别为 0.814 和 0.939，明显大于显著性水平 0.05，因此不能拒绝原假设，可以推断数学与应用数学专业和体育教育专业的学习者现代教育技术概论成绩总体分布为正态分布。正态分布是一种理论分布，说明该课程的学习结果为成绩居中间的人数多，由中间往两边的人数逐渐减少。

(三)现代教育技术概论学习结果 t 检验

为了解基于 WEB2.0 交互式网络电视的教学模式与策略在培养师范生教育技术能力的三门课程之一——现代教育技术概论中应用后，两个不同专业的学习者学习结果是否存在差异，此处采用独立样本 t 检验，t 检验结果如表 7-80 所示。

表 7-80　　数学与应用数学专业和体育教育专业现代教育技术概论
学习结果独立样本 t 检验

		Levene's Test for Equality of Variances		t-test for Equality of Means						
		F	Sig.	t	df	Sig. (2-tailed)	Mean Difference	Std. Error Difference	95%Confidence Interval of the Difference	
									Lower	Upper
现代教育技术概论成绩	Equal variances assumed	0.759	0.386	1.732	106	0.086	2.014	1.163	−0.292	4.319
	Equal variances not assumed			1.724	102.246	0.088	2.014	1.168	−0.303	4.330

从表 7-80 可见，概率 P 值为 0.386，大于显著性水平 0.05，因此看其对应的第一行"假设方差相等"的 t 检验结果，t 值为 1.732，对应的双尾概率 P 值为 0.086>0.05，因此认为两总体的均值差异不显著；再看对应的 95%置信区间，我们能看到 95%区间范围下限为−0.292，上限为 4.319，区间跨零，因此，再次说明两个专业班级在基于 WEB2.0 交互式网络电视的教学模式与策略在现代教育技术概论课程中教学应用后，两个被试班级的学习结果差异不显著。

从上述分析来看，两个被试班级的现代教育技术概论学习成绩从均值来看，数学与应用数学专业的学习结果高于体育教育专业的学习者；从学习成绩单样本 K-S 检验结果来看，两个被试班级的学习成绩处于"正态分布"的学习结果；从学习成绩 $\overline{X}$-S 平面分析结果来看，两个专业班级都处于"第四象限"，即"平均水平高，且相对集中"的状态；从学习结果独立样本 t 检验结果来看，两个被试班级的学习成绩差异不显著。

二、多媒体课件设计与制作学习成绩分析

(一)多媒体课件设计与制作课程学习结果评价标准

在多媒体课件设计与制作课程学习完成后，主要让学习者综合利用所学的各类多媒体工具软件，结合自己专业设计一堂课，根据这堂课的内容设计与制作一个多媒体课件。学习者完成的多媒体课件可从四个方面进行评价，分别是：多媒体课件的教学设计、科学性、艺术性、技术性。四个评价方面具体考查内容见表7-81。

表 7-81　　　　　　多媒体课件设计与制作课程学习结果评价标准

评价内容	所占分值	项目标准描述	评价等级				
			优秀	良好	中等	较差	很差
			5	4	3	2	1
教学设计	30	教学目标明确					
		教学结构合理					
		教学定位准确，能激励学习动机					
		重点、难点突出					
		能为学习者提供有效的学习指导与帮助					
科学性	25	概念、定义、原理、名词解释、公式等准确无误					
		数据及图表、案例等信息真实准确					
		分析、阐述严谨准确					
艺术性	15	表现形式丰富多样、生动有趣					
		图形、动画等内容形象生动，解说声音悦耳，音响、视频配置得当					
		画面色彩和谐，构图讲究					

续表

评价内容	所占分值	项目标准描述	评价等级				
			优秀	良好	中等	较差	很差
			5	4	3	2	1
技术性	30	技术手段恰当表现重难点内容					
		超级链接准确，无死链接					
		图像清晰，界面友好					
		交互性能良好，界面新颖，运行流畅、稳定					

(二) 多媒体课件设计与制作学习成绩总体特征分析

1. 多媒体课件设计与制作学习成绩描述性统计分析

通过对学习者的学习结果按照上述评价标准进行评价后，学习者多媒体课件设计与制作课程的成绩如表 7-82 所示。

表 7-82　　　　　**多媒体课件设计与制作学习成绩统计结果**

		N	Mean	Std. Deviation	Std. Error Mean
多媒体课件设计与制作	数学与应用数学	56	86.93	3.416	0.456
	体育教育	52	85.79	4.578	0.635

从多媒体课件设计与制作学习结果的均值看，数学与应用数学专业的 56 名学习者的成绩均值(Mean)为 88.93，体育教育专业的 52 名学习者的课程成绩均为 89.29，体育教育专业均值略高于数学与应用数学专业。从标准差看，两个被试班的标准差分别为 3.707 和 4.746，可以推断两个专业学习结果离均值这个"中心值"离散趋势不大，学习成绩较集中。

2. 多媒体课件设计与制作学习成绩 Q-Q 图检验与单样本 K-S 检验

(1)Q-Q 图检验。为了检测两个被试班级学习课程多媒体课件设计与制作的结果分布情况，笔者进行了 Q-Q 图检验，结果如下：

Normal *Q-Q* Plot of 数学与应用数学专业多媒体课件设计与制作课程成绩

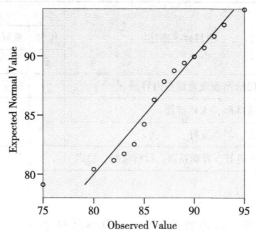

图 7-7 数学与应用数学专业学习成绩 *Q-Q* 图检验

Normal *Q-Q* Plot of 体育教育专业多媒体课件设计与制作课程成绩

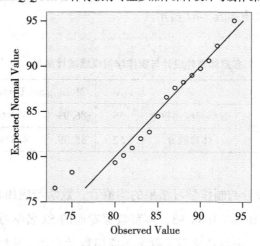

图 7-8 体育教育专业学习成绩 *Q-Q* 图检验

从 *Q-Q* 图可以看到，两个被试班的学习结果呈现的各点近似围绕着直线附近，说明数据呈近似正态分布。

（2）单样本 *K-S* 检验。为进一步了解两个被试班多媒体课件设计与制作课程学习结果，笔者又用单样本 *K-S* 进行检验，以便从具体数值角度进行分析，检验结果如下：

表 7-83 　　　　　　数学与应用数学专业学习成绩单样本 *K-S* 检验

		数学与应用数学专业多媒体课件设计与制作成绩
N		56
Normal Parameters[a,b]	Mean	86.93
	Std. Deviation	3.416
Most Extreme	Absolute	0.161
Differences	Positive	0.161
	Negative	−0.161
Kolmogorov-Smirnov Z		1.206
Asymp. Sig. (2-tailed)		0.109

　　a. Test distribution is Normal.

　　b. Calculated from data.

表 7-84 　　　　　　体育教育专业学习成绩单样本 *K-S* 检验

		体育教育专业多媒体课件设计与制作成绩
N		52
Normal Parameters[a,b]	Mean	85.79
	Std. Deviation	4.578
Most Extreme	Absolute	0.162
Differences	Positive	0.116
	Negative	−0.162
Kolmogorov-Smirnov Z		1.171
Asymp. Sig. (2-tailed)		0.129

　　a. Test distribution is Normal.

　　b. Calculated from data.

　　通过表 7-83 和表 7-84 我们看到，对两个被试班的学习成绩单样本 *K-S* 检验结果中，*Z* 值分别为 1.206 和 1.171，概率 *P* 值(Asymp. sig. 2-tailed)分别为 0.109 和 0.129，明显大于显著性水平 0.05，因此不能拒绝原假设，可以推断数学与应用数学专业和体育教育专业的学习者多媒体课件设计与制作成绩总体分布为正态分布。

（三）多媒体课件设计与制作学习结果 t 检验

为了解基于 WEB2.0 交互式网络电视的教学模式与策略在培养师范生教育技术能力的三门课程之———多媒体课件设计与制作中应用后，两个不同专业的学习者学习结果是否存在差异，此处采用独立样本 t 检验，t 检验结果如表 7-85 所示。

从表 7-85 可见，概率 P 值为 0.121，大于显著性水平 0.05，因此看其对应的第一行"假设方差相等"的 t 检验结果，t 值为 1.474，对应的双尾概率 P 值为 0.144>0.05，因此认为两总体的均值差异不显著；再看对应的 95% 置信区间，我们能看到 95% 区间范围下限为-0.394，上限为 2.674，区间跨零，因此，再次说明两个专业班级在基于 WEB2.0 交互式网络电视的教学模式与策略在多媒体课件设计与制作课程中教学应用后，两个被试班级的学习结果差异不显著。

表 7-85　　数学与应用数学专业和体育教育专业多媒体课件设计与制作

学习结果独立样本 t 检验

		Levene's Test for Equality of Variances		t-test for Equality of Means						
		F	Sig.	t	df	Sig. (2-tailed)	Mean Difference	Std. Error Difference	95% Confidence Interval of the Difference	
									Lower	Upper
《多媒体课件设计与制作》成绩	Equal variances assumed	2.441	0.121	1.474	106	0.144	1.140	0.774	0.394	2.674
	Equal variances not assumed			1.458	94.056	0.148	1.140	0.782	-0.412	2.693

从上述分析来看，两个被试班级的多媒体课件设计与制作学习成绩从均值来看，数学与应用数学专业的学习结果稍高于体育教育专业的学习者；从学习成绩单样本 K-S 检验结果看，两个被试班级的学习成绩处于"正态分布"的学习结果；从学习成绩 $\bar{X}$-S 平面分析结果看，两个专业班级都处于"第四象限"，即"平均水平高，且相对集中"的状态；从学习结果独立样本 t 检验结果来看，两个被试班级的学习成绩差异不显著。

三、教师教学技能训练学习成绩分析

(一)教师教学技能训练课程学习结果评价标准

教师教学技能训练课程主要培养师范生对教学媒体使用的掌握、能将前期所学的现代教育技术概论课程中所讲授的"教学系统设计"章节内容进行掌握并应用，能结合自己专业设计一节课的教案，并使用相应的教学媒体，将自己设计的课程内容进行试教。教师教学技能训练课程的学习结果评价标准包括三个方面：一是，教师基本功。这一方面主要考查学习者在试教过程中能否达到语言表述清晰、简明，分值为10分；"教态"主要考查学习者在试教过程中能否恰当合适地使用体态语、表情、动作、神态、姿态等，是否有积极饱满的精神面貌。教态对学习者的影响是潜移默化的，但却影响重大，此项目占10分；"板书"是一种视觉符号，它能传递教学信息，同时也能帮助教师整理教学思路和帮助学习者了解教师所讲授的教学要点与脉络。因此，"板书"也是考查师范生教学技能的一个内容，占10分。二是，教学过程。教学过程占40分，主要从三方面考查，其中，试教过程中学习者能否在讲解上突出重点，能做到重难点部分细讲，时间分配多点讲，非重难点略讲，时间分配少点，占15分。"思路清晰""设计合理"两方面也是考查学习者在试教过程中讲课的表现，分别占12分和13分。三是，教学媒体的使用。这个方面主要考查学习者在这门课程学习中是否掌握了所讲教学媒体的常规使用，在自己试教过程中是否能熟练与恰当使用教学媒体表达自己的教学思想，体现自己的教学思路，教学媒体的选择是否恰当、合适。这部分占30分。具体评分标准如表7-86所示。

表7-86   **教师教学技能训练学习结果评价标准**

评价内容	各项分值	评价项目	评价等级				
			优秀	良好	中等	较差	很差
			5	4	3	2	1
教师基本功	30	教学语言表达(10分)					
		教态(10分)					
		板书(10分)					

续表

评价内容	各项分值	评价项目	评价等级				
			优秀	良好	中等	较差	很差
			5	4	3	2	1
教学过程	40	重点突出(15 分)					
		思路清晰(12 分)					
		设计合理(13 分)					
教学媒体的使用	30	熟练性(15 分)					
		合理性(15 分)					

(二)教师教学技能训练学习成绩总体特征分析

1. 教师教学技能训练学习成绩描述性统计分析

通过对学习者的学习结果按照上述评价标准进行评价后,学习者教师教学技能训练课程的成绩如下:

表 7-87　　　　　　　教师教学技能训练学习成绩统计结果

		N	Mean	Std. Deviation	Std. Error Mean
教师教学技能训练	数学与应用数学	56	88.93	3.707	0.495
	体育教育	52	89.29	4.746	0.658

从教师教学技能训练学习结果的均值来看,数学与应用数学专业的 56 名学习者的成绩均值(Mean)为 88.93,体育教育专业的 52 名学习者的课程成绩均值为 89.29,体育教育专业均值略高于数学与应用数学专业。从标准差看,两个被试班的标准差分别为 3.707 和 4.746,可以推断两个专业学习结果离均值这个"中心值"离散趋势不大,学习成绩较集中。

2. 教师教学技能训练学习成绩 Q-Q 图检验与单样本 K-S 检验

(1)Q-Q 图检验。为了解两个被试班级所学课程教师教学技能训练学习结果,笔者进行了 Q-Q 图检验,目的在于检测学习结果的分布情况。

Normal *Q-Q* Plot of 数学与应用数学专业教学技能训练成绩

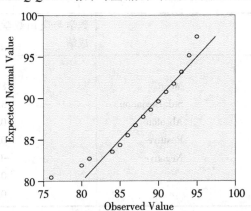

图 7-9　数学与应用数学专业学习成绩 *Q-Q* 图检验

Normal *Q-Q* Plot of 体育教育专业教学技能训练成绩

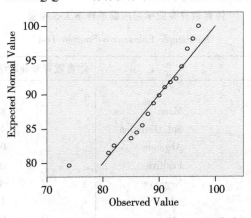

图 7-10　体育教育专业学习成绩 *Q-Q* 图检验

从两个被试班学习成绩的 *Q-Q* 图可以看到，各点近似围绕着直线附近，说明数据呈近似正态分布。

（2）单样本 *K-S* 检验。为进一步了解两个被试班教师教学技能训练课程学习结果，笔者又用单样本 *K-S* 进行检验，以便从具体数值角度进行分析，检验结果如下：

表 7-88　　　　　　　　**数学与应用数学专业学习成绩单样本 *K-S* 检验**

One-Sample Kolmogorov-Smirnov Test

		数学与应用数学专业教学技能训练成绩
N		56
Normal Parameters[a,b]	Mean	88.93
	Std. Deviation	3.707
Most Extreme	Absolute	0.114
Differences	Positive	0.068
	Negative	−0.114
Kolmogorov-Smirnov Z		0.851
Asymp. Sig. （2-tailed）		0.464

a. Test distribution is Normal.

b. Calculated from data.

表 7-89　　　　　　　　**体育教育专业学习成绩单样本 *K-S* 检验**

One-Sample Kolmogorov-Smirnov Test

		体育教育专业教学技能训练成绩
N		52
Normal Parameters[a,b]	Mean	89.29
	Std. Deviation	4.746
Most Extreme	Absolute	0.143
Differences	Positive	0.083
	Negative	−0.143
Kolmogorov-Smirnov Z		1.031
Asymp. Sig. （2-tailed）		0.238

a. Test distribution is Normal.

b. Calculated from data.

　　通过表 7-88 和表 7-89 我们看到，对两个被试班的学习成绩单样本 *K-S* 检验结果中，*Z* 值分别为 0.851 和 1.031，概率 *P* 值（Asymp. sig. 2-tailed）分别为 0.464 和 0.238，明显大于显著性水平 0.05，因此不能拒绝原假设，可以推断数学与应用数学专业和体育教育专业的学习者教师教学技能训练成绩总体分布为正态分布。说明该课程的学习结果为成绩居中间的人数多，由中间往两边的人数逐渐减少。

(三)教师教学技能训练学习结果 t 检验

为了解基于 WEB2.0 交互式网络电视的教学模式与策略在培养师范生教育技术能力的三门课程之一教师教学技能训练中应用后两个不同专业的学习者学习结果是否存在差异，此处采用独立样本 t 检验，t 检验结果如表 7-90 所示。

表 7-90 　　　　数学与应用数学专业和体育教育专业教师教学技能训练

学习结果独立样本 t 检验

	Levene's Test for Equality of Variances		t-test for Equality of Means							
	F	Sig.	t	df	Sig. (2-tailed)	Mean Difference	Std. Error Difference	95% Confidence Interval of the Difference		
								Lower	Upper	
《教学技能训练》Equal variances assumed	1.141	0.288	−0.441	106	0.660	−0.360	0.816	−1.978	1.258	
Equal variances not assumed			−0.437	96.448	0.663	−0.360	0.824	−1.995	1.275	

从表 7-90 可见，概率 P 值为 0.288，大于显著性水平 0.05，因此看其对应的第一行"假设方差相等"的 t 检验结果，t 值为 −0.441，对应的双尾概率 P 值为 0.660>0.05，因此认为两总体的均值差异不显著；再看对应的 95% 置信区间，我们能看到 95% 区间范围下限为 −1.978，上限为 1.258，区间跨零，因此，再次说明两个专业班级在基于 WEB2.0 交互式网络电视的教学模式与策略在教师教学技能训练课程中应用后，两个被试班级的学习结果差异不显著。

从上述分析来看，两个被试班级的教师教学技能训练学习成绩从均值来看，数学与应用数学专业的学习结果稍微低于体育教育专业的学习者；从学习成绩单样本 K-S 检验结果看，两个被试班级的学习成绩处于"正态分布"的学习结果；从学习成绩 $\overline{X}$-S 平面分析结果看，两个专业班级都处于"第四象限"，即"平均水平高，且相对集中"的状态；从学习结果独立样本 t 检验结果来看，两个被试班级的学习成绩差异不显著。

　　通过对数学与应用数学专业和体育教育专业的师范生开展了提高其教育技术能力的现代教育技术概论、多媒体课件设计与制作、教师教学技能训练三门课程后，对学习者的学习成绩进行数据统计与分析可以看到：一是，从均值来看，数学与应用数学专业的学习者在现代教育技术概论、多媒体课件设计与制作两门课程的学习成绩要高于体育教育专业的学习者；通过对两个专业学习成绩的独立样本 t 检验结果看，两个专业班级的学习结果无显著差异；从教师教学技能训练课程的学习成绩均值来看，体育教育专业的学习成绩略高于数学与应用数学专业的学习者；从对该课程的独立样本 t 检验结果看，两个专业的学习结果无显著差异。二是，从对两个专业班级三门课程的 Q-Q 检验和 K-S 检验结果来看，两个专业所学的三门课程成绩呈正态分布状况。

第六节　基于 WEB2.0 交互式网络电视的课堂教学模式与策略应用效果的调查与分析

一、基于 WEB2.0 交互式网络电视的高校课堂教学模式与策略对学习者能力提升效果的调查与分析

　　基于 WEB2.0 交互式网络电视的课堂教学策略主要包括两大部分策略：一是，从以教师"教"为主导角度制定教学策略，主要有"以问题为导向的教学策略""先行组织者教学策略""行为联系教学策略""启发式教学策略""课前自主学习教学策略"五种；二是，从以学习者"学"为主体的角度制定教学策略，主要从三方面进行着手：一、根据学习者学习风格制定教学策略的有"一致匹配教学策略""失配教学策略"；二、根据学习者学习差异制定教学策略的有"个别指导教学策略""发展性评价教学策略""激励性评价教学策略"；三、针对学习共同体下有效开展学习制定教学策略的有"自我管理策略""自我评价策略"。在个案研究中，笔者通过将这些策略应用到课程教学实践中，并在试验研究后围绕教学模式与策略制定问卷。统计与计算结果下。

（一）学习需求分析能力

从表 7-91 可见，在基于 WEB2.0 交互式网络电视的教学模式与策略应用于课程教学后，学习者的"学习需求分析能力"得分率 $F_i > 0.5$，得分率都在 0.86 以上，说明通过基于 WEB2.0 交互式网络电视的教学模式与策略在课程教学中的应用后，学习者的个人学习需求分析能力显著得到了提高。

表 7-91　　　　　　　　　学习者学习需求分析能力

评价维度	指标描述	优秀	良好	中等	较差	很差	F_i
学习需求分析能力	提高了自己了解个人学习需求分析的能力	42.6%	50%	6.5%	0.9%	0	0.87
	提高了个人了解其他学习者学习需求的能力	39.8%	51.9%	7.4%	0.9%	0	0.86

（二）学习共同体环境下的协作学习与自主学习能力

表 7-92　　　　　学习共同体环境下的协作学习与自主学习能力

评价维度	指标描述	优秀	良好	中等	较差	很差	F_i
学习共同体环境下的协作学习与自主学习能力	提高了自己参与小组协作学习的能力	49.1%	42.6%	7.4%	0.9%	0	0.88
	提高了自己的自主学习能力	38%	49.1%	11.1%	1.9%	0	0.85
学习共同体环境下的协作学习与自主学习能力	提高了自己对知识的归纳与整合能力	35.2%	49.1%	13.9%	0.9%	0.9%	0.83
	提高了与其他同学交流、协作学习的能力	49.1%	40.7%	10.2%	0	0	0.88

　　从得分率来看，"学习共同体环境下的协作学习与自主学习能力"四个指标得分率均为 0.8 以上，$F_i>0.5$，说明该项的四个指标均达到了"优秀"水平，总体而言，说明通过基于 WEB2.0 交互式网络电视的教学模式与策略在课程教学中应用后，学习者在学习共同体环境下的协作学习与自主学习能力达到了"优秀"以上水平。

　　（三）教育技术应用能力与意识

表 7-93　　　　　　　　　　　　　　**教育技术应用能力与意识**

评价维度	指标描述	优秀	良好	中等	较差	很差	F_i
教育技术应用能力与意识	提高了自己对信息化环境下教学案例的分析、应用能力	38%	50%	10.2%	1.8%	0	0.85
	提高了自己课堂教学设计的能力	42.6%	39.8%	14.8%	2.8%	0	0.84
	丰富了自己课堂教学经历及加强了自己教学反思能力	45.4%	37.9%	14.8%	1.9%	0	0.85
	提高了自己利用信息技术手段开展教学的能力	40.7%	44.4%	14.8%	0	0	0.85

　　从得分率值来看，四个指标项目的得分率值均为 0.84 以上，$F_i>0.5$，说明，在基于 WEB2.0 交互式网络电视的教学模式与策略应用于课程教学后，学习者的"信息化环境下教学案例分析、应用能力""课堂教学设计能力""课堂教学经历与教学反思能力""利用信息技术手段开展教学的能力"都达到了"优秀"水平，说明，学习者的"教育技术应用能力与意识"水平在试验后达到"优秀"以上水平。

　　（四）学习结果评价能力

表 7-94　　　　　　　　　　　　　　**学习结果评价能力**

评价维度	指标描述	优秀	良好	中等	较差	很差	F_i
学习结果评价能力	提高了自我学习过程评价能力	40.7%	46.3%	11.1%	1.9%	0	0.85
	提高了评价他人学习成果的能力	39.8%	44.4%	15.7%	0	0	0.85
	提高了让自己的学习者参与学习评价的能力	45.4%	41.7%	12%	0.9%	0	0.86

从得分率看，$F_i>0.5$，在基于 WEB2.0 交互式网络电视的教学模式与策略应用于课程教学后，学习者的"学习过程评价能力""评价他人学习成果的能力""提高了让自己的学习者参与学习评价的能力"得分率均达到 0.85 以上，达到了"优秀"水平。

（五）后续学习能力

表 7-95　　　　　　　　　　　　　学习者后续学习能力

评价维度	指标描述	优秀	良好	中等	较差	很差	F_i
后续学习能力	提高了自己对信息化教学手段的了解能力	37.9%	50%	10.2%	1.9%	0	0.85
	认识到作为未来教师应掌握新型信息技术教学工具的能力	42.6%	49.1%	8.3%	0	0	0.87
	提高了利用信息化资源进行个人教师素养提升的能力	48.15	40.7%	10.2%	0.9%	0	0.87

从得分率来看，$F_i>0.5$，在基于 WEB2.0 交互式网络电视的教学模式与策略应用于课程教学后，三项指标水平的得分率均在 0.85 以上，说明在基于 WEB2.0 交互式网络电视的教学模式与策略应用于课程教学后，学习者的"后续学习能力"达到了"优秀"以上的水平。

综合上述分析，我们可以得出如下结论：基于 WEB2.0 交互式网络电视的课堂教学策略在现代教育技术概论、教师教学技能训练、多媒体课件设计与制作三门课程中应用后，显著提高了体育教育和数学与数学应用专业学习者的学习需求分析能力、学习共同体环境下的协作学习与自主学习能力、教育技术应用能力与意识、学习结果评价能力、后续学习能力。

二、基于 WEB2.0 交互式网络电视的高校课堂教学模式与策略在课程中实施效果的满意度调查与分析

为了解学习者对基于 WEB2.0 交互式网络电视的课程教学模式与策略在现代

教育技术概论、教师教学技能训练、多媒体课件设计与制作三门课程中实施效果的满意度状况，笔者在试验后对两个被试专业班开展了问卷调查。调查问卷发放108份，回收108份，问卷回收率100%，有效问卷108份，问卷有效率100%，数据统计与计算结果如下。

（一）学习者对课程总体效果的满意度

表 7-96　　　　　　　　**学习者对课程总体效果的满意度数据统计**

项目	对课程的评价	很赞同	比较赞同	一般	比较不赞同	很不赞同	F_i
对课程总体效果的满意度	我对基于交互式网络电视的课程教学效果很满意	54.6%	33.3%	12.1%	0	0	0.71
	我对基于交互式网络电视的课堂教学模式很满意	52.8%	38%	9.2%	0	0	0.72
	我对基于交互式网络电视的课堂教学策略很满意	50%	41.7%	8.3%	0	0	0.71
	通过课程学习能提高我的教育技术水平和能力	61.1%	34.3%	4.6%	0	0	0.78
	通过课程学习提高了我对作为未来教师应具备的教育技术能力水平的认识，提高了我对信息工具的使用与获取能力	58.3%	34.3%	7.4%	0	0	0.75
	通过利用交互式网络电视开展教学能提高我对知识的理解与掌握	63%	30.6%	6.4%	0	0	0.78

从学习者对课程总体效果的满意度得分率 F_i 来看，得分率值均大于0.5，说明学习者对基于 WEB2.0 交互式网络电视在三门课程中的应用持肯定的态度，对基于 WEB2.0 交互式网络电视的教学效果、基于交互式网络电视的课堂教学模式、基于交互式网络电视的课堂教学策略持"满意"态度；认为通过课程学习能提高他们的教育技术水平能力、通过课程学习能提高他们对作为未来教师应具备

的教育技术能力水平的认识，提高其对信息工具的使用与获取能力、提高他们对知识的理解与掌握。

(二)学习者对课程内容设置的满意度

从表 7-97 可见，$F_i > 0.5$，说明学习者认为课程内容非常丰富、课程内容设置符合培养高校师范生教育技术水平能力的需求、课程内容能做到理论与实践相结合、课程内容能满足学习者的学习需求。说明，学习者对课程内容设置上持满意的态度。

表 7-97　　　　　　　学习者对课程内容设置的满意度数据统计

项目	对课程的评价	很赞同	比较赞同	一般	比较不赞同	很不赞同	F_i
对课程内容设置的满意度	课程内容非常丰富	45.4%	40.7%	13.9%	0	0	0.66
	课程内容的设置符合培养高校师范生教育技术水平能力的需求	47.2%	38.9%	13.9%	0	0	0.67
	课程内容能做到理论与实践相结合	40.7%	50%	9.3%	0	0	0.66
	课程内容能满足我的学习需求	45.4%	48.1%	7.5%	0	0	0.69

(三)学习者对课程评价方式的满意度

表 7-98　　　　　　　学习者对课程评价方式的满意度数据统计

项目	对课程的评价	很赞同	比较赞同	一般	比较不赞同	很不赞同	F_i
课程评价满意度	在课程的开展中主讲教师能对学习者的学习过程与学习结果进行评价，能做到评价的全面性	45.4%	54.6%	0	0	0	0.73
	课程评价方式合理，能促进学习者的学习动机	58.3%	39.8%	1.9%	0	0	0.78
	课程评价能制定多个评价量表，保证评价的客观公正性	63.9%	35.2%	0.9%	0	0	0.81

从学习者对课程评价方式的满意度的统计结果来看，$F_i>0.5$，且得分率均在 0.7 以上，可以推断，学习者对课程的评价方式持"满意"的态度，这表现在学习者认为在课程的开展中主讲教师能对学习者的学习过程与学习结果进行评价，能做到评价的全面性、课程评价方式合理，能促进学习者的学习动机，能制定多个评价量表，保证评价的客观公正性。

（四）小结

从对基于 WEB2.0 交互式网络电视的课程教学模式与策略在课程中实施效果满意度调查与分析结果来看，学习者对课程总体效果持满意态度，得分率均在 0.7 以上；学习者对课程内容设置持满意态度，得分率均在 0.66 以上；学习者对课程主讲教师持满意度，且得分率均在 0.84 以上；对课程学习方式的满意度满意，得分率在 0.7 以上；学习者对课程评价方式持满意态度，得分率均在 0.7 以上；学习者对课程的后继工作满意度，得分率均在 0.7 以上。因此，总体来讲，基于 WEB2.0 交互式网络电视的课程教学模式与策略在三门提高学习者教育技术能力的课程实践中，学习者对实施效果持满意的态度。

第八章　研究结论与后续研究

第一节　研究结论与创新点

本书从 WEB2.0 交互式网络电视的智能性、交互性、三网融合性、参与性的重要特征出发，以探索培养与提高高校师范生教育技术能力为宗旨，以多媒体课件设计与制作、教师教学技能训练、现代教育技术概论三门课程为实验课程，以高校师范生中体育教育专业和数学与应用数学专业学习者为实验研究对象，提出开展基于 WEB2.0 交互式网络电视的课堂教学模式与策略研究。本书以教学系统设计理论、教育传播理论、学习理论、视听理论、影视美学理论为指导，应用了文献研究、个案研究、调查研究、准实验研究等研究方法，开展了以下几方面的研究：第一，高校师范生教育技术能力指标体系构成要素的研究。明确高校师范生教育技术能力体系应包含的要素。第二，高校师范生教育技术能力评价指标体系的研究。明确高校师范生教育技术能力评价指标体系与各项指标的权重。第三，高校师范生实验前所具备的教育技术能力水平的研究。了解师范生在未进行课程培训前所具备的教育技术能力水平，并了解其课程培训需求。第四，高校师范生教育技术能力体系培养的课程与 WEB2.0 交互式网络电视教学平台的设计与开发。明确培养高校师范生教育技术能力的课程设置及教学实践过程。第五，基于 WEB2.0 交互式网络电视的培养高校师范生教育技术能力的课堂教学模式研究。以明确准实验研究过程中教学的开展。第六，基于 WEB2.0 交互式网络电视的培养高校师范生教育技术能力的课堂教学策略研究。以指导准实验研究过程中采取相应的教学策略。第七，构建学习共同体的研究。本书中主要从社会网络视角和学习风格视角构建学习共同体，以期在开展培养高校师范生教育技术能力的实验过程中促进学习者之间更好地协作互助与学习交流，提高学习效果。并对各学习共同体中的学习者进行分析、学习者选择相关因素进行分析、对学习者选择结果进行卡方检验与 P（显著性）检验与分析、对两种方式构建的学习共同体学习环境下学习者的学习态度、学习结果进行调查与数据分析。第八，开展准实验研究。在高校师范生教育技术能力水平培养的教学实践基础上，从"意识与态度""理论素养""技术能力""教学设计思想与能力""应用与创新能力"几个方面探究高校师范生教育技术能力水平培养策略的实践效果。第九，对基于 WEB2.0 交互式网络电视环境下设计的提高高校师范生教育技术能力的教学模式与策略的实施效果进行验证。包括对三门课程实验后的学习成绩进行了独立样本 T 检验、Q-Q 检验、单样本 K-S 检验、学习成绩 $\overline{X}$-S 平面分析、对学习者开展了基于 WEB2.0 交互式网络电视的教学模式与策略在课程实验后的满意度进行了调查与分析、对师范生教育技术能力的五个维度提高效果进行 t 检验。

本书构建了基于 WEB2.0 交互式网络电视的高校教学模式与策略，并构建了高校师范生教育技术能力指标体系，构建了学习共同体，构建了基于 WEB2.0 交互式网络电视的教学平台，以培养高校师范生的教育技术能力为个案开展研究。本书运用了卡方检验、P（显著性）检验、F 检验、独立样本 T 检验、Q-Q 检验、单样本 K-S 检验、多值矩阵分析、卡兹指数分析、网络密度分析、凝聚子群图分析、Cliques（派系）分析、中心度分析、相似矩阵分析、相异矩阵分析、影响力指数分析等数理统计方法对所收集的数据进行统计处理，由此本书得出以下研究结论：应用基于 WEB2.0 交互式网络电视的高校教学模式与策略，能够显著提高高校师范生教育技术能力的"意识与态度"；显著提高高校师范生教育技术能力的"理论素养"；显著提高高校师范生教育技术能力的"技术能力"；显著提高高校师范生教育技术能力的"教学设计思想与能力"；显著提高高校师范生教育技术能力的"应用与创新能力"；显著提高学习者的学习成绩；显著提高学习者协作学习与自主学习能力；学习者对基于 WEB2.0 交互式网络电视的高校课堂教学策略持满意态度；学习者对基于 WEB2.0 交互式网络电视的高校教学模式与策略持满意态度。

一、研究结论

（一）基于 WEB2.0 交互式网络电视的高校教学模式与策略，显著提高了高校师范生教育技术的"意识与态度"能力

通过在高校师范生必修的现代教育技术概论、多媒体课件设计与制作、教师教学技能训练三门课程中开展基于 WEB2.0 交互式网络电视的教学模式与策略研究后，通过问卷调查并进行 F 检验与实验前后配对样本 t 检验，两个被试专业学习者的"意识与态度"一级能力指标下的八个二级指标能力均达到 0.5（良好）以上；从配对样本 t 检验结果看，实验前后，两个班学习者双尾概率 P 值均为 $0.01 < P < 0.05$，表明被试的"意识与态度"实验前后差异显著。可以说明，基于 WEB2.0 交互式网络电视的教学模式与策略，显著提高了高校师范生教育技术的"意识与态度"能力。

（二）基于 WEB2.0 交互式网络电视的高校教学模式与策略，显著提高了高校师范生教育技术的"理论素养"

高校师范生教育技术能力的"理论素养"2 个二级指标，7 个三级指标的 F 检验与实验前后配对样本 t 检验结果看，$F_i > 0.5$，$P < 0.01$，说明试验后，学习者的"理论素养"水平处于良好以上水平，实验前后两个被试班的学习者的"理论素养"差异极其显著。

（三）基于 WEB2.0 交互式网络电视的高校教学模式与策略，显著提高了高校师范生教育技术的"技术能力"

高校师范生教育技术能力的"技术能力"3 个二级指标，16 个三级指标的 F 检验与实验前后配对样本 t 检验结果看，学习者的"理论素养"水平处于良好以上水平，实验前后两个被试班的学习者的"技术能力"两个班的 P 值均小于 0.01，说明实验前后学习者的"技术能力"差异极其显著。

（四）基于WEB2.0交互式网络电视的高校教学模式与策略，显著提高了高校师范生教育技术的"教学设计思想与能力"

高校师范生教育技术能力的"教学设计思想与能力"2个二级指标，8个三级指标的F检验与实验前后配对样本t检验结果看，试验后两个被试专业的学习者的"教学设计思想与能力"达到了"良好"至"优秀"水平；两个班的P值均小于0.01，说明实验前后学习者的"教学设计思想与能力"差异极其显著。

（五）基于WEB2.0交互式网络电视的高校教学模式与策略，显著提高了高校师范生教育技术的"应用与创新能力"

高校师范生教育技术能力的"应用与创新能力"2个二级指标，4个三级指标的F检验与实验前后配对样本t检验结果看，试验后两个被试专业的学习者的"教学设计思想与能力"达到了"良好"以上水平；两个班的P值均小于0.01，说明实验前后学习者的"应用与创新能力"差异极其显著。

（六）基于WEB2.0交互式网络电视的高校教学模式与策略，显著提高了学习者的学习成绩

本书对现代教育技术概论、教师教学技能训练、多媒体课件设计与制作三门课程的成绩进行了描述性统计分析、Q-Q图检验、单样本K-S检验、$\bar{X}$-S平面分析、独立样本t检验。描述性统计分析，从均值上比较了体育教育和数学与应用数学专业学习者的学习结果，从标准差值上分析了两个被试专业"中心值"离散趋势情况；用Q-Q图检验和单样本K-S检验法检验了两个被试专业三门课程的学习成绩分布情况；用$\bar{X}$-S平面分析方式分析了两个被试专业学习者总体学习水平达到的状态；通过独立样本t检验了两个不同专业的学习者学习结果是否存在差异性。检验结果为：第一，从均值来看，数学与应用数学专业的学习者在现代教育技术概论、多媒体课件设计与制作两门课程的学习成绩要高于体育教育专业的学习者。通过对两个专业学习成绩的独立样本t检验结果来看，两个专业班级的学习结果无显著差异；从教师教学技能训练课程的学习成绩均值来看，体育教育专业的学习成绩略高于数学与应用数学专业的学习者；从对该课程的独立样本t

检验结果来看，两个专业的学习结果无显著差异；第二，从对两个专业班级三门课程的 Q-Q 检验和 K-S 检验结果来看，两个专业所学的三门课程成绩呈正态分布状况；第三，从两个专业三门课程学习结果的 $\overline{X}$-S 平面分析结果来看，三门课程的学习成绩均位于"第四象限"，即"平均水平高，且相对集中"的状态。

（七）基于 WEB2.0 交互式网络电视的教学实验中学习共同体的构建提高了学习者的协作学习与自主学习能力

调查结果统计中的"提高了自己参与小组协作学习的意识"得分率为 0.7，$F_i > 0.5$，该项达到了"优秀"水平，"提高了自己自主学习的意识"和"提高了与其他同学交流、协作学习的能力"两项的得分率都大于 0.6，达到了"良好"以上水平。总体而言，说明通过基于 WEB2.0 交互式网络电视的教学策略在课程教学中应用后，学习者的学习共同体环境下的协作学习与自主学习能力达到了"良好"以上水平。

（八）学习者对基于 WEB2.0 交互式网络电视的高校课堂教学策略持满意态度

基于 WEB2.0 交互式网络电视的课堂教学策略在现代教育技术概论、教师教学技能训练、多媒体课件设计与制作三门课程中应用后，5 个评价维度，16 项评价指标的得分率均在 0.8 以上，可见，基于 WEB2.0 交互式网络电视的课堂教学策略在三门课程中应用后显著提高了体育教育专业和数学与数学应用专业学习者的学习需求分析能力、学习共同体环境下的协作学习与自主学习能力、教育技术应用能力与意识、学习结果评价能力、后续学习能力。

（九）学习者对基于 WEB2.0 交互式网络电视的高校教学模式与策略持满意态度

从对基于 WEB2.0 交互式网络电视的课程教学模式与策略在课程中的实施效果满意度调查与分析结果来看，学习者对课程总体效果持满意态度，得分率均在 0.7 以上；学习者对课程内容设置持满意态度，得分率均在 0.66 以上；学习者对课程主讲教师持满意度，且得分率均在 0.84 以上；学习者对课程学习方式持满意态度，得分率在 0.7 以上；学习者对课程评价方式持满意态度，得分率均在 0.7 以上；学习者对课程的后继工作持满意态度，得分率均在 0.7 以上。因此，总体来讲，基于 WEB2.0 交互式网络电视的课程教学模式与策略在三门提高学习者教育技术能力的课程实践中，学习者对实施效果持满意态度。

二、创新点

（一）创建了基于 WEB2.0 交互式网络电视的课堂教学模式

基于 WEB2.0 交互式网络电视的课堂教学模式包括八个环节，分别是：一是，对实施基于 WEB2.0 交互式网络电视的课堂教学模式的课程的选择，并制定三门课程教与学的目标；二是，确立指导基于 WEB2.0 交互式网络电视课堂教学模式制定的理论思想。本书主要吸收了教学系统设计理论、传播理论、学习理论、视听理论、影视美学理论来指导本书中资源的建设、教学模式的设计及教学研究的开展；三是，针对基于 WEB2.0 交互式网络电视课堂教学模式中教学环境的设计；四是，对学习过程的设计。本书设计了五种基于 WEB2.0 交互式网络电视环境下开展学习的活动过程，分别是自主学习过程的设计、协作学习过程的设计、探究性学习过程的设计、案例性学习过程的设计、任务驱动式学习过程的设计；五是，学习共同体的构建；六是，学习资源的设计。本书中设计的学习资源主要包括学习网站、课程教学视频、微视频、各类网络课程资源；七是，学习评价的设计。本书采用了多元化评价方式，有教师评价、自评、学习共同体内部评价、学习共同体之间互评；八是，反思与修改。在应用了本教学模式开展三门课程的教学实验中和实验完成后，反思与修改能促进本教学模式的优化。

（二）创建了基于 WEB2.0 交互式网络电视的课堂教学策略

基于 WEB2.0 交互式网络电视的课堂教学策略主要包括两部分：第一部分是以教师的"教"为主导的角度制定教学策略，第二部分是以学习者的"学"为主体的角度制定教学策略。两个部分制定的教学策略总体如下：

1. 以问题为导向的教学策略

以问题为导向的教学策略实施过程为：（1）教师将"问题"置于一个问题情境

中。(2)教师呈现问题。(3)构建学习共同体,探究问题。(4)以学习共同体为核心,解决问题。(5)学习成果展示。(6)学习结果评价与反馈。教师对问题的提出要遵循的原则:(1)问题设置的难易度要适度。问题太简单则无法引起学习者学习探究的欲望,问题太难则学习者无法解答,学习积极性易受挫。(2)以问题为导向,深化学习者对知识的理解。(3)用问题培养学习者的协作能力和创新能力。

2. 先行组织者教学策略

先行组织者教学策略实施的过程为:(1)了解学习者已经具有的知识基础。教师对课堂教学目标的确定是需要考虑学习者的知识背景,而对学习者已有知识背景的了解可以通过多种方式开展。如测验、作业、访谈、提问等。(2)设计教学内容和教学组织策略。

3. 行为练习教学策略

行为练习策略实施过程为:(1)教师确立课程教学目标、教学环节、教学内容。(2)教师呈现学习的新信息。(3)教师对新学习内容的知识点进行讲解与或操作演示。(4)教师给予学习者案例练习时间,并控制时间和教学进展。(5)教师进行个别指导,通过语言引导学习者掌握新知识。(6)教师对学习者的操练结果进行归纳总结,并对学习者学习过程中普遍存在的问题进行集中讲解。(7)对课堂练习中存在的问题布置课后练习作业,以便知识的巩固和印象的加深。

4. 启发式教学策略

启发式教学策略实施过程为:(1)强调学习者的学习主体地位。(2)教师教学手段上采用情境创设方式,以激发学习者学习兴趣。(3)启发式教学策略没有具体的教学格式和环节。(4)运用启发式教学策略需要教师先引导学习者进行主动探究,在探究过程中遇到疑难问题时要引导学习者解决学习中的问题。(5)在运用启发式教学策略时教师要善于提出有思考性的问题,引导学生思考。(6)教师需坚持以人为本的原则,因人利导。(7)教师在恰当时机及时引导,举一反三,无须牵强附会。⑧培养学习者的独立思考能力。

5. 课前自主学习教学策略

课前自主学习教学策略实施过程:(1)教师确定学习者课前学习内容与学习

目标。(2)设计并制作学习者课前自主学习所需学习资源。(3)布置学习任务。(4)指导学习者开展课前自主学习的实施方法、步骤。(5)课堂中对学习者课前自主学习效果进行检测。

6. 一致匹配教学策略

一致匹配教学策略包括：(1)制定结伴学习与小组教学策略。(2)制定独立学习与个别教学策略。

7. 失配教学策略

本书采取的失配教学策略表现在：笔者通过问卷调查方式，利用 Kolb 学习风格量表测量出每个学习者的学习风格，并根据总人数来确定分组个数与各组中人数，并将不同学习风格的学习者通过抽签的形式随机组合在一起。目的是通过将不同学习风格的学习者组合为同一学习共同体中，从而进行学习方式、性格、学习习惯的优劣互补。

8. 个别指导教学策略

个别指导教学策略实施步骤：(1)教师要在新知识学习前了解学习者的知识基础、理解能力、思维能力、学习风格。(2)针对不同专业的学习者进行不同方式的个别指导。(3)及时针对普遍存在的疑惑问题进行集中讲解。(4)课后对个别指导活动进行反思。

9. 发展性评价教学策略

发展性评价实施步骤：(1)设计和制定评价量规。(2)激发学习者学习动机。(3)对每一阶段的学习结果开展自评、互评、师评，分析评价信息。(4)针对学习者的不足和优势进行分析。(5)反思和总结。

10. 激励性评价教学策略

激励性评价教学策略的步骤：(1)了解学习者的学习起始水平、学习能力、学习风格。(2)设定相应的评价标准。(3)对优秀学习者进行语言激励和行为激励，对异步达到学习标准的学习者肯定优点，帮助达到学习标准。(4)对最终学习结果应用多元性评价方式。

11. 自我管理策略

自我管理策略从学习者角度而言包括：(1)制定元认知策略。(2)制定学习时间管理策略。(3)制定学习环境管理策略。

12. 自我评价策略

实施步骤：(1)教师在学习者开展自我评价前帮助学习者弄清通过本次学习活动需要达到何种目标。(2)倡导学习者采用二次评价方法。(3)帮助学习者正确认识自己。

(三)创建了基于社会网络视角构建学习共同体的方式

本书中构建的学习共同体从两个方面入手进行尝试：一是，从社会网络视角进行学习共同体的构建。这种构建方式主要从定量研究方式入手，通过对两个专业学习者进行问卷调查，利用 Netdraw、SPSS 软件对调查结果进行数据分析，从学习者个人意愿角度和学习者在班级中所形成的人际关系网角度构建具有"共同愿景"的学习共同体。二是，从学习风格角度出发构建学习共同体。笔者根据 KOLB 的学习风格测量量表，对学习者进行学习风格测量，之后遵循各学习共同体小组定量、均等、随机分配学习共同体中学习伙伴方式构建学习共同体小组。了解了学习者在基于学习共同体的学习中各成员的相互影响力、学习者之间形成的社会关系、学习者的学习偏好、学习风格、学习者选择学习共同体成员时所考虑的因素、学习态度、学习满意度、协作交流状况、学习效果、学习共同体构建的倾向等。通过学习共同体的构建提高了学习效果，加强了学习者之间的交流及教师对共同体小组成员之间关系与学习方式的掌握。

第二节　研究不足与后续研究

一、研究不足

第一，本书在进行个案研究时，只在一所高等院校开展了实践应用，未涉及其他高等院校。

第二，本书在实证研究时，只在数学与应用数学和体育教育两个师范专业开展了实验研究，未涉及其他师范专业学生。

二、后续研究

(一) 需要进一步在所有高校师范专业中开展师范生教育技术能力培养的个案效果验证

由于本书选取的实验对象来自湖北大学数学与应用数学专业和体育教育专业两个师范专业，未涉及所有高校师范教育专业，因此，在后续的研究中，笔者需要进一步在所有师范专业学生中开展教育技术能力培养的个案效果验证。

(二) 基于 WEB2.0 交互式网络电视的课堂教学模式与策略需要在更多的教学实践中进行完善

由于各种主客观研究条件的限制，本书提出的基于 WEB2.0 交互式网络电视的课堂教学模式与策略只在湖北大学一所高等院校开展了个案研究，没有在更多高等院校开展个案研究并进行效果验证。因而，本书的后续研究中，还需要进一步扩大效果验证的范围，进一步对本书提出的模式与策略进行修正与完善。

(三) 将基于 WEB2.0 交互式网络电视的教学模式与策略在其他课程中进行推广与应用

本书提出的基于 WEB2.0 交互式网络电视的教学模式与策略虽是针对培养与提高高校师范生的教育技术能力提出的，但对其他课程或培训亦具有一定指导意义。在后续研究中，将对基于 WEB2.0 交互式网络电视的教学模式与策略进行一定的修正，并在其他课程或培训中进行推广与应用实践。

综上所述，基于 WEB2.0 交互式网络电视培养高校师范生教育技术能力是促进高校师范生，即未来专业教师教育技术能力发展的重要课题，需要在不断的理论研究与实践探索中进行完善与发展，高校师范生的教育技术能力的发展将会促进未来教师教育技术素养的提高、教育技术思想意识与能力态度的提升、优化教师信息化水平，提升师范生未来职业技能和教学绩效水平。

附　　录

附录一：高校师范生教育技术能力指标体系总表

一级能力维度	二级能力维度	三级能力维度
1. 意识与态度	(1) 具有应用现代教育技术手段推进教学信息化的意识	①能意识到有效应用教育技术手段对优化教学过程、提高教学质量有重要意义
		②能意识到作为未来教师应具备一定的应用现代教育技术工具的能力
		③能意识到利用教育技术手段能推进教育资源的公平利用与发展
		④能意识到不同地区、不同经济状况的学习者具备均等享用学习资源的机会
		⑤了解现代教育技术在教育变革中的作用
	(2) 教师应利用教育技术促进自我发展的态度	①能意识到作为未来教师应充分利用各种教育技术手段进行终身学习，提高自我专业素养
		②能意识到教师应有效利用各类教育技术手段，达到教学效果的最优化
		③能意识到教师应定期对自我的教学过程、教学效果、信息化教学资源进行反思与改进提高

一级能力维度	二级能力维度	三级能力维度
2.理论素养	(1)掌握教育技术学四大基础理论及其对教育技术学的影响，掌握各类教学媒体的基本理论	①了解学习理论、传播理论、视听理论、系统科学理论及艺术美学理论
		②了解媒体、教学媒体、现代教学媒体的含义与类型及教学媒体的应用理论
		③了解教育技术在各学科中应用的研究方法(如行动研究、观察与实地研究、设计性研究、开发性研究、评价研究、数据分析、理论分析)
		④了解教育信息资源的检索与获取的方法与策略
	(2)具备将教育技术和教学媒体的理论与自我教学实践充分结合的能力	①能用教育技术的四大基础理论指导自己开展教学实践
		②能根据教学媒体的特点与功能采取相应的教学模式开展教学实践
		③能运用教育技术研究方法和理论开展教学研究
		④掌握现代教学媒体在教学中应用的特点、策略与模式
3.技术能力	(1)掌握各类多媒体工具软件的使用	①掌握图像处理软件 Photoshop 的使用
		②掌握声音处理软件 Audition 的使用
		③掌握视频处理软件 Premiere 的使用
		④掌握多媒体著作软件 Authorware 的使用
		⑤掌握常用软件 Powerpoint、Excel、Word 的使用
		⑥掌握动画制作软件 Flash 的使用
		⑦掌握网站开发工具的使用
	(2)了解并使用各类常用教学媒体	①掌握多媒体综合教室的使用
		②掌握电子白板的使用
		③掌握电视白板一体机的使用
		④掌握数码相机的使用
		⑤掌握数码摄像机的使用
		⑥掌握卫星广播电视系统的使用
		⑦了解新媒体、富媒体、自媒体的概念及类型
	(3)具备将所学技术知识有效应用于教学实践中的能力	①能在教学设计理论的指导下开发教学课件
		②具备综合利用多媒体工具和软件开发课件的能力

续表

一级能力维度	二级能力维度	三级能力维度
4. 教学设计思想与能力	(1) 掌握教学设计的思想与理论	①了解讲授式教学模式与方法
		②掌握"以学为主"的教学设计模式与策略(如抛锚式教学、PBL学习、探究式学习、支架式学习、混合学习、Webquest学习、E-learning学习等)
		③了解"双主型"教学设计模式与策略
		④了解翻转课堂、微课、MOOC
	(2) 具备将教学设计思想应用于教学实践的能力	①根据教学设计思想结合自己专业设计课堂教学
		②能根据教学设计过程设计教案
		③能画出自己所设计的课堂教学活动流程图
		④能根据自己设计的教学模式制定相关评价量规
		⑤能对教学活动结果进行教学反思与评价并调整教学策略，优化教学效果
5. 应用与创新能力	(1) 能应用教学设计思想、多媒体课件开发工具、各类教学媒体设备进行本专业课程的教学设计与教学实践	①能有效利用已有和新兴的教与学工具及资源开展教与学的活动
		②能进行信息检索，掌握学科发展动态及前沿
	(2) 能在熟练掌握教学设计理论及多媒体课件开发工具、各类教学媒体设备的基础上进行信息化教学活动的创新	①能运用新技术、新的教育技术方法开展教学创新实践
		②能借助教育技术手段进行学术交流与合作
6. 教研能力	(1) 具备开展教学研究的能力	①能结合学科教学进行教育技术应用的研究
		②能根据本学科教育技术应用效果进行教学反思研究
	(2) 具备利用教育技术及方法促进个人专业发展的能力	①能关注新技术、新的教育技术手段并开展教学研究
		②能充分利用教育技术学习业务知识，发展自身教学与科研能力
		③利用教育技术手段和方法，提升教育技术环境下的自主学习能力
	(3) 具备合作交流与自我发展的能力	①具备与其他学者进行学术交流的能力
		②能利用教育技术手段与家长、学生交流
		③具备利用教育技术手段与他人进行学术合作的能力

附录二：高校师范生教育技术能力指标体系及加权结果

相关能力描述		个人等级评定	优秀	良好	中等	较差	很差
1.意识与态度 26.3	(1) 具有应用现代教育技术手段推进教学信息化的意识 15.4	①能意识到有效应用教育技术手段对优化教学过程、提高教学质量有重要意义 4.3					
		②能意识到作为未来教师应具备一定的应用现代教育技术工具的能力 4.5					
		③能意识到利用教育技术手段能推进教育资源的公平利用与发展 2.8					
		④能意识到不同地区、不同经济状况的学习者应具备均等享用学习资源的机会 2.0					
		⑤了解现代教育技术在教育变革中的作用 1.8					
	(2) 教师要有教育技术促进自我发展的态度 10.9	①能意识到作为未来教师应充分利用各种教育技术手段进行终身学习，提高自我专业素养 3.5					
		②能意识到教师应有效利用各类教育技术手段，达到教学效果的最优化 4.3					
		③能意识到教师应定期对自己的教学过程、教学效果、信息化教学资源进行反思与改进提高 3.1					
2.理论素养 19.1	(1) 掌握教育技术学四大基础理论及其对教育技术学的影响，掌握各类教学媒体的基本理论 8.2	①了解何为教育技术及教育技术包含的内容 2.3					
		②了解媒体、教学媒体、现代教学媒体的含义与类型 2.3					
		③了解教育技术在各学科中应用的研究方法(如行动研究、观察与实地研究、设计性研究、开发性研究、评价研究、数据分析、理论分析) 2.0					
		④了解教育信息资源的检索与获取的方法与策略 1.6					
	(2) 具备将教育技术和教学媒体的理论与自我教学实践充分结合的能力 10.9	①能用教育技术的四大基础理论指导自己开展教学实践 3.0					
		②能根据教学媒体的特点与功能采取相应的教学模式开展教学实践 3.5					
		③能运用教育技术研究方法理论开展教学研究 1.9					
		④掌握现代教学媒体在教学中应用的特点、策略与模式 2.5					

续表

相关能力描述		个人等级评定	优秀	良好	中等	较差	很差
3.技术能力 20.9	(1)掌握各类多媒体工具软件的使用 7.1	①掌握图像处理软件 Photoshop 的使用 1.2					
		②掌握声音处理软件 Audition 的使用 0.9					
		③掌握视频处理软件 Premiere 的使用 1.2					
		④掌握多媒体著作软件 Authorware 的使用 0.7					
		⑤掌握常用软件 Powerpoint、Excel、Word 的使用 1.6					
		⑥了解并掌握动画制作软件 Flash 的使用 0.8					
		⑦了解并掌握网站开发工具的使用 0.7					
	(2)了解并使用各类常用教学媒体 5.7	①了解并掌握多媒体综合教室的使用 1.2					
		②了解并掌握电子白板的使用 1.0					
		③了解并掌握电视白板一体机的使用 0.9					
		④了解并掌握数码相机的使用 0.8					
		⑤了解并掌握数码摄像机的使用 0.7					
		⑥了解并掌握卫星广播电视系统的使用 0.5					
		⑦了解新媒体、富媒体、自媒体的概念及类型 0.6					
	(3)具备将所学技术知识有效应用于教学实践中的能力 8.1	①具有教学设计理论思想并在该理论指导下开发过教学课件 4.5					
		②具备综合利用多媒体工具软件开发课件的能力 3.6					
4.教学设计思想与能力 21.6	(1)掌握教学设计的思想与理论 10.3	①了解讲授式教学模式与方法 2.8					
		②了解"以学为主"的教学设计模式与策略(如抛锚式教学、PBL学习、探究式学习、支架式学习、混合学习、Webquest学习、E-learning学习等) 3.3					
		③了解"双主型"教学设计模式与策略 2.4					
		④了解翻转课堂、微课、MOOC、网络课程 1.8					
	(2)具备将教学设计思想应用于教学实践的能力 11.3	①根据教学设计思想结合自己专业设计课堂教学 3.5					
		②能根据教学设计过程设计教案 2.8					
		③能画出自己所设计的课堂教学活动流程图 1.7					
		④能根据自己设计的教学模式制定相关评价量规 1.8					
		⑤能对教学活动结果进行教学反思与评价并调整教学策略，优化教学效果 1.5					

相关能力描述		个人等级评定	优秀	良好	中等	较差	很差
5.应用与创新能力 12.1	(1)能应用教学设计思想、多媒体课件开发工具、各类教学媒体设备进行本专业课程的教学设计与教学实践 7.2	①能有效利用已有和新兴的教与学工具及资源开展教与学的活动 4.7					
		能进行信息检索，掌握自己所学专业学科发展动态及前沿 2.5					
	(2)能在熟练掌握教学设计理论及多媒体课件开发工具、各类教学媒体设备的基础上进行信息化教学活动的创新 4.9	①能关注新技术、新的教育技术方法开展教学创新实践 2.9					
		②能借助教育技术手段进行学术交流与合作 2.0					

附录三：学习者学习风格测量量表(Kolb)

亲爱的同学：

你们好！欢迎你们参与本次调查。本次调查主要是采用 Kolb 的"学习风格"测量量表帮助你了解自己的学习风格。本书所有资料将严格保密，不会泄露你的任何个人信息。请你们如实填写相关信息，你的每个回答对本书的开展都很重要，感谢你的参与！

一、基本信息

性别：＿＿＿＿＿＿＿＿

二、学习风格测量

下面有 12 个问题，各问题分别有四个选项[**1=最不像你；2=第三像你；3=第二像你；4=最像你**]。请根据自己真实情况将数字填在各问题前的括号中，请勿重复或遗漏。答案没有对错之分，请不要与他人商量，根据您的真实情况认真填答。

1. 当我学习的时候，	2. 我学得最好的时候，是当我
[ ]我喜欢加入自己的感受。	[ ] 我相信我的直觉与感受时。
[ ]我喜欢观察与聆听。	[ ] 仔细聆听与观察时。
[ ]我喜欢针对观念进行思考。	[ ]依赖逻辑思考时。
[ ]我喜欢实际操作。	[ ]我努力完成实际操作时。
3. 当我学习时，	4. 我学习是利用
[ ]我有强烈的感觉及反应。	[ ]感觉。
[ ]我是安静的、谨慎的。	[ ]观察。
[ ]我是试着将事情想通。	[ ]思考。
[ ]我负责所有实际操作。	[ ]实际操作。

5. 当我学习时， [　]我能接受新的经验。 [　]我会从各个层面来思考问题。 [　]我喜欢分析事情，并将其分解成几个部分来讨论。 [　]我喜欢试着实际动手做。	6. 当我在学习的过程中， [　]我是个直觉型的人。 [　]我是个观察型的人。 [　]我是个逻辑型的人。 [　]我是个行动型的人。
7. 我学得最好的时候，是从 [　]与个人经验的联想开始。 [　]观察入手。 [　]理论开始。 [　]试验与练习入手。	8. 当我学习时， [　]我觉得整个人都投入学习中。 [　]我会在行动前都尽量准备妥当。 [　]我喜欢观念及理论。 [　]我喜欢看到自己实际操作的成果。
9. 我学习最好的时候，是 [　]我依赖自己的感觉时。 [　]我依赖自己的观察力时。 [　]我依赖自己的观念时。 [　]我自己试做一些事情时。	10. 当我学习时， [　]我是容易相信的人。 [　]我是个审慎的人。 [　]我是个理智的人。 [　]我是个能负责任的人。
11. 当我学习时， [　]我是非常投入的。 [　]我喜欢观察。 [　]我会评估事物。 [　]我积极参与。	12. 我学得最好的时候，是当我 [　]接受他人看法，开放心胸时。 [　]非常小心时。 [　]分析想法时。 [　]实际动手做时。

问卷到此结束，感谢你的参与！

参 考 文 献

中文文献

[1]徐福荫. 新技术与新媒体推动技术变革[EB/OL]. http：//learning. sohu.
    com/20131012/n388039327. shtml.

[2]伍志超，王涵. COVID-19 流行期间远程视频医学会议系统在受限医学生中的
    应用[J]. 中国社区医师，2021，37(24)：190-191.

[3]谢旭平. 真情如汗淌沃土[J]. 湖南农业，2023(06)：43.

[4]任克敏，谭效，杨小宁. 开放大学思想政治课实践教学体系的构建研究[J].
    贵州开放大学学报，2023，31(04)：13-19.

[5]张新淼. 基于虚拟化技术的 IPTV 服务平台的研究与设计[J]. 电脑知识与技
    术，2023，19(02)：66-68.

[6]吴莎莎，郝卫峰. 基于跨学科学位的课程开放与融通机制探索——以英国开
    放大学开放学位为个案的分析[J]. 成人教育，2024，44(02)：37-44.

[7]个案研究法[EB/OL]. http：//www. baike. com/wiki/(2023-2-6).

[8]蒋英州. 研究生学位论文质量提升方法探讨[J]. 西华师范大学学报(哲学社
    会科学版)，2021(03)：98-103.

[9]高胜楠，吕文婷，吴建华等. 质性研究方法在档案学领域的应用分析与启示
    [J]. 情报科学，2022，40(07)：85-92.

[10]吴刚平. 教学资源视域下教学技术的运用[J]. 湖北教育(教育教学)，2023
    (08)：29-31.

[11]余胜泉，汪凡淙. 数字化课程资源的特征、分类与管理[J]. 大学与学科，
    2022，3(04)：66-81.

[12]段兆兵，顾宇涵 . 21 世纪以来我国课程改革话语的资源、逻辑及其功能实现[J]. 当代教育科学，2022（06）：16-23.

[13]任平，孙文云 . 现代教育学概论[M]. 广州：暨南大学出版社，2018：40-46.

[14]康琦，岳鹍 . 基于大数据群体画像的个性化学习环境构建的研究[J]. 高教学刊，2020（13）：52-55.

[15]张佳妮 . 我国在线教育研究图景：演进脉络、研究热点与未来考量[J]. 高等继续教育学报，2023，36（01）：72-80.

[16]魏丽娟 . 后现代主义教育哲学视域下师生共同体的构建[D]. 太原：山西大学，2023.

[17]王垒 . 人性化探究教学模式的构建——用心理学效应构建物理探究模型[J]. 课程·教材·教法，2021，41（02）：125-131.

[18]陈克梅 . GIS 辅助初中乡土地理教学案例设计与实施[D]. 贵阳：贵州师范大学，2023.

[19]刘玥婷 . 基于建构主义的海外华裔儿童汉语语音教学研究[D]. 贵阳：贵州财经大学，2023.

[20]王红云，方丹，李辉等 . 探寻新的教学模式——在实践中求真知之导引规律教学[J]. 中国教育技术装备，2024（03）：52-54.

[21]高琳琳，解月光，张琢 . 智能技术支持的智慧型探究教学模式构建研究[J]. 电化教育研究，2021，42（11）：92-99.

[22]彭小明 . 语文课程改革与教学新世界[M]. 北京：科学出版社，2019.

[23]李秀萍 . 师范专业认证理念下地方高校一流英语本科专业建设探究[J]. 榆林学院学报，2024，34（01）：118-122.

[24]牛晓杰，郑勤华 . 近 20 年在线学习环境研究评述——基于 LDA 和 DTM 的动态分析[J]. 中国远程教育，2021（07）：25-35，44.

[25]李华珍 . 基于网络教育学习者特征向量的相似学习者研究[D]. 无锡：江南大学，2020.

[26]周伟，杜静，汪燕等 . 面向智慧教育的学习环境计算框架[J]. 现代远程教育研究，2022，34（05）：91-100.

[27]赵宏涛，时满红．基于学习投入指标的学员学习分组量化设计方法[J]．空天预警研究学报，2022，36(05)：382-384.

[28]伍超辉．"学习任务群"视角下语文教学重构的要点——以《驿路梨花》的教学实施为例[J]．语文教学之友，2024，43(03)：11-14.

[29]刘火苟．编辑继续教育：成人学习的挑战、缺失及效能提升策略[J]．中国编辑，2024(02)：66-70.

[30]齐腾达，施林宏．聚焦"学习共同体"，开发"跨媒介阅读与交流"课堂评价工具[J]．中学语文教学参考，2023(21)：3-6.

[31]杨青，胡东平．普通高中思政学科金融育苗 TCSO 实践路径例析[J]．中小学课堂教学研究，2024(03)：63-69.

[32]刘慧玲，孔晶．中学信息技术课程数字化学习与创新素养的培养[J]．中国教育技术装备，2021(13)：50-51，54.

[33]黄荣怀．关于协作学习的结构化模型研究[D]．北京：北京师范大学，2000.

[34]郑思慧．小学生合作式问题解决能力现状分析及提升策略研究[D]．金华：浙江师范大学，2023.

[35]刘婷婷，张伟．"双减"视域下基于 5E 教学法的高中数学探究式教学策略研究[J]．课程·教材·教法，2020(06)：161-163.

[36]刘姍，张红．研究生思想政治理论课探究性学习的实践路径[J]．西北成人教育学院学报，2023(06)：72-78.

[37]教育部印发《义务教育课程方案和课程标准（2022 年版）》[EB/OL]．http://www.moe.gov.cn/jyb_xwfb/gzdt_gzdt/s5987/20220421_620068.html.2022-04-21.

[38]薛薇．基于 SPSS 的数据分析[M]．北京：中国人民大学出版社，2022.

[39]柴骏．时代——华纳公司计划推出交互电视网络[J]．影视技术，1995(02)：31.

[40]郝芸霞，金耀星．国内外三网融合发展现状研究及分析[J]．研究与发展，2011(03)：51-55.

[41]欧洲交互电视市场领先全球[J]．Radio & TV Broadcast Engineering，2002(SEP)：162.

[42]徐蓓．法国互动电视产业分析[D]．成都：四川大学，2012.

[43]孙杰贤．加拿大：IPTV 对决有线电视[J]．通讯世界，2006(04)：54-55.

[44]本刊记者．新加坡开播互动电视(ITV)业务[N]．声屏世界，2003(07).

[45]徐景泰 互动电视即将在港面世[J]．科技之友，1997(07)：11-12.

[46]娄惠文．我国数字电视发展现状与展望[J]．中国科技信息，2008(01)：84-85.

[47]韩绵．我国 IPTV 现状及发展前景[J]．产业与科技论坛，2006(07)：63-64.

[48]宋广平，包冉．IPTV：哈尔滨解密[J]．中国数字电视，2006(10)：25.

[49]黄楚新．论中国 IPTV 的发展模式[J]．现代传播，2010(09)：101-104.

[50]郑州威科姆与河南 IPTV 建设的突出特点[N]．赛迪网，2006-07-04.

[51]中国网．国家中长期教育改革和发展规划纲要（2010—2020）［EB/OL］．http：//www. china. com. cn/policy/txt/2010-03/01/content_19492625_3. htm.

[52]孙方龙．中国数字电视发展现状及前景分析[J]．中国有线电视，2004(22)：36-38.

[53]丁文辉．数字电视之我见[J]．广播电视与制作，2004(01)：78-79.

[54]李中定．数字电视技术及其在教育教学中的应用[J]．中国电化教育，2005(03)：91-92.

[55]黄慕雄，向熠．交互式数字教育电视节目的设计和应用[J]．电化教育研究，2010(02)：42-51.

[56]晓圣华，杨琼．远程教育中有效学习的困境与出路[J]．西安欧亚学院学报，2012(01)：15-18.

[57]赵明．IPTV 在现代远程教育中的应用[J]．信息与电脑，2012(07)：181-182.

[58]金林．IPTV 与远程教学[J]．三峡大学学报，2009(06)：285-287.

[59]徐博强．IPTV——流媒体技术在农村远程教育中的应用[J]．吉林工程技术师范学院学报，2011(09)：78-80.

[60]孙文柱．农村党员干部现代远程教育模式创新研究[J]．内蒙古农业大学学报(社会科学版)，2011(05)：55-57.

[61]刘维峰，国加磊．面向手机的IPTV设计研究[J]．科技风，2010(08)：64-70.

[62] 潘新华，朱明华．数字电视技术及在医学教学中的应用[J]．中国医学教育技术，2005(10)：385-387.

[63] 秦善华，于宏伟．基于 IPTV 的教学系统设计与实现[J]．现代电子技术，2007(06)：131-133.

[64] 姚颖．数字电视的发展对现代教育教学的影响[J]．教育科学，2010(13)：175.

[65] 俞建华．IPTV 在现代远程教育中的应用研究[J]．中国远程教育，2012(01)：78-81.

[66] 陈超．基于 VOD 视频点播的交互式远程教学系统研究与设计[J]．智能计算机与应用，2010(02)：73-75.

[67] 孟宪翔，王健．构建高校基于校园网的外语教学网络电视[J]．中国现代教育装备，2010(01)：39-41.

[68] 徐博强．IPTV——流媒体技术在农村远程教育中的应用[J]．吉林工程技术师范学院学报，2011(09)：78-80.

[69] 徐福荫，林秀瑜．媒介生态下教育电视新媒体互动研究[J]．现代远程教育研究，2014(01)：107-112.

[70] Zilog 在中国推出交互式电视机[N]．中国电子报，1998-01-01.

[71] 王蓓蓓．伦敦大学交互电视教育网络[J]．煤炭高等教育，1995(02)：105-109.

[72] 英国试播课程教学交互电视[J]．Radio & Broadcast Engineering，2000(SEP)：116.

[73] 黄慕雄．交互式数字教育电视节目的设计和应用[J]．电化教育研究，2010(02)：42-47.

[74] 李晓文，王莹．教学策略[M]．北京：高等教育出版社，2000.

[75] 潘少奇，李亚婷．基于 WEB2.0 的课程网络教学平台建设——以地理信息系统概论为例[J]．测绘与空间地理信息，2015(10)：7-9.

[76] 吴延俊．香港的互动电视[J]．中国广播电视学刊，1999(06)：68-69.

[77] 万晓榆．IPTV 技术与运营[M]．北京：科学出版社，2010.

[78] 孟宪翔，王健．构建高校基于校园网的外语教学网络电视[J]．中国现代教

育装备，2010(01)：39-41.

[79]朴仕然.点击交互电视及市场诱惑(上)[J].家电检修技术，2002(06)：15-17.

[80]李菁.浅谈互动电视的发展历史[J].中国电视，2009(06)：20-22.

[81]曾凡斌.IPTV 与数字电视[J].视听界，2005(10)：19-22.

[82]刘磊.写在发展互动电视前的思考[J].大众科技，2012(07)：26-27.

[83]闵大洪.电视传播新形态互动电视[J].电视研究，2001(08)：71-73.

[84]王磊.互动=激动？互动电视发展策略初探[J].新闻记者，2001(08)：45-46.

[85]徐生权.IPTV 对中国电视传播形态的改变与发展[D].南京：南京师范大学，2012.

[86]宣俊.互动电视以何制胜江苏广电互动电视与电信 ITV 对比研究[J].广播电视信息，2011(11)：29-31.

[87]李贺.基于交互式电视的参与式教师培训模式研究[J].电化教育研究，2010(12)：100-103.

[88]米川.IPTV 应用农村党员干部现代远程教育系统研究[J].卫星与网络，2010(03)：26-29.

[89]柳承烨，郑寅淑.试论网络电视在海外的应用[J].广播电视传播研究，2009(04)：78-83.

[90]王亚男.浅析互动电视的发展现状及节目制作特征[J].河北省社会主义学院学报，2011(07)：94-95.

[91]谭瑞麟.交互电视和宽带服务的应用[J].广播与电视技术，2003(08)：105-106.

[92]冯锐，殷莉.论学习共同体形成和发展的社会性建构观[J].中国电化教育，2007(08)：10-13.

[93]杜晓利.富有生命力的文献研究法[J].上海教育科研，2013(10)：1.

[94]张立昌，南纪稳.走出个案：含义、逻辑和策略[J].教育研究，2015(12)：99-104.

[95]个案研究法[EB/OL].http：//www.baike.com/wiki/，2016-02-06.

[96]李克东. 教育技术学研究方法[M]. 北京：北京师范大学出版社，2003.

[97]何克抗，谢幼如. 教学系统设计[M]. 北京：高等教育出版社，2002.

[98]刁永锋. 数字化学习的教育传播模式分析[J]. 中国电化教育，2003（11）：22-24.

[99]周伶. 影视画面造型中的光影、色彩和构图[J]. 艺术广角，2006（02）：59-61.

[100]林洪桐. 银幕技巧与手段[M]. 北京：中国电影出版社，1993：359.

[101]乔慧. 浅析影视剪辑创作总如何掌握节奏[J]. 青春岁月，2013（21）：79.

[102]关波. 浅析电影剪辑与剪辑技巧——以电影《贫民窟的百万富翁》为例[J]. 青春岁月，2013（20）：128.

[103]王海亮. 影视剪辑艺术探究[J]. 西部广播电视，2015（12）：113.

[104]马宁，崔京菁，余胜泉. UNESCO《教师信息与通信技术能力框架》[J]. 中国电化教育，2013（07）：57-64.

[105]邓小平文选第2卷[M]. 北京：人民出版社，1994：109-110.

[106]教育部. 中小学教师教育技术能力标准（试行）[J]. 中国电化教育，2005（01）：5-9.

[107]何克抗. 教育技术能力等同于信息技术能力吗？[N]. 中国教育报，2006-06-19.

[108]袁磊，侯晓丹. 美国《AECT标准（2012年版）》与我国《中小学教师信息技术应用能力标准（试行）》的比较研究[J]. 中国电化教育，2015（05）：20-24.

[109]徐福荫. 教师信息技术能力提升与实施[R]. 2015-07-21.

[110]何克抗. 教育技术能力 李玉兰. 教育部2007年暑期西部农村教师远程培训计划启动[N]. 人民日报，2007-08-16.

[111]杜玉霞. 中国教师教育信息化政策的演进与特点[J]. 电化教育研究，2013（08）：34-41.

[112]中共中央办公厅，国务院办公厅. 关于印发《2006—2020年国家信息化发展战略》的通知[DB/OL]. http：//www.china.com.cn/policy/txt/2010-03/01/content_19492625.htm.

[113] http：//moe. edu. cn/s78/A10/s7058/201410/t20141021_178892. html.

[114] http：/www. moe. gov. cn/publicfiles/business/htmlfiles/moe/moe ＿ 2923/201001/ xxgk_81500. html.

[115] http：//www. gov. cn/gongbao/content/2006/content_315999. htm.

[116] http：//baedu2. baoan. edu. cn/content. aspx？newsid＝378894.

[117] http：//www. moe. edu. cn/publicfiles/business/htmlfiles/moe/s3702/201110/x xgk_125722. html.

[118] http：//www. moe. edu. cn/publicfiles/business/htmlfiles/moe/s3342/201203/1 33322. html.

[119] http：//www. moe. edu. cn/publicfiles/business/htmlfiles/moe/s6342/201301/x xgk146673. html.

[120] http：//www. moe. edu. cn/publicfiles/business/htmlfiles/moe/s6991/201212/x xgk_125603. html.

[121] http：//www. moe. edu. cn/publicfiles/business/htmlfiles/moe/s3735/201212/1 45544. html.

[122] http：//www. moe. edu. cn/publifiles/business/htmlfiles/moe/s7034/201404/16 7126. html.

[123] 中共中央国务院. 国家中长期教育改革和发展规划纲要(2010—2020 年) [J]. 人民教育，2010(17)：2-15.

[124] 李美凤. 教师与技术的关系初论：困境与超越[J]. 中国电化教育，2011 (04)：8-12.

[125] 张一春，杜华，王琴，郑旭，马涛. 高校教师教育技术能力标准的模型建构之研究[J]. 中国电化教育，2005(05)：26-29.

[126] 杨宁. 师范生教育技术能力发展：目标层次、影响因素与培养策略[D]. 长春：东北师范大学，2013.

[127] 李克东. 数字化学习——信息技术与课程整合的核心[J]. 电化教育研究，2001(08)：46-49.

[128] 桑新民. 多媒体和网络环境下大学生学习能力培养的理论与实验研究[J]. 中国远程教育，2000(11)：22-26.

[129]何克抗 . 教育技术能力等同于信息技术能力吗？[J]. 中国教育报，2006-06-19.

[130]王铟，朱京曦，刘莉，乌美娜 . 我国中小学教师教育技术能力的调查与分析[J]. 中国电化教育，2002(03)：19-23.

[131]赵呈领，万力勇，何青，李青 . 免费师范生教育技术能力现状的调查与分析[J]. 电化教育研究，2012(06)：57-61.

[132]赵国金 . 普通高校师范生教育技术能力培养模式研究[J]. 中国高校师资研究，2010(06)：40-44.

[133]何克抗 . 正确理解"中小学教师教育技术能力培训"的目的、意义及内涵[J]. 中国电化教育，2006(11)：20-21.

[134]薛薇 . 基于 SPSS 的数据分析[M]. 北京：中国人民大学出版社，2009.

[135]杨静，刘成新 . WEB2.0 与学习方式的后现代转向[J]. 现代教育技术，2007(01)：69-71.

[136]教育部教育信息化技术标准委员会 . CELTS-31[S]. 2002.

[137]张灵芝 . 后现代课程及其在中国的适切性[D]. 南京：南京师范大学，2003.

[138]江山野 . 简明国际教育百科全书/课程[M]. 北京：教育科学出版社，1991.

[139]吴刚平 . 课程资源的理论构想[J]. 教育研究，2001(09)：25-30.

[140]范兆雄 . 课程资源系统分析[J]. 西北师范大学学报(社会科学版)，2002(03)：15-20.

[141]任平，孙文云 . 现代教育学概论[M]. 广州：暨南大学出版社，2013.

[142]武法提 . 论目标导向的网络学习环境[J]. 电化教育研究，2013(07)：40-46.

[143]陈惠 . Web2.0 及其典型应用研究[D]. 上海：华东师范大学，2006.

[144]武法提 . 基于 Webx.0 的网络学习环境设计[J]. 现代教育技术，2014(01)：99-105.

[145]刘松林 . 交互电视在线学习系统的设计与实现[D]. 青岛：青岛大学，2010.

[146]张武升 . 关于教学模式的探讨[J]. 教育研究，1988(07)：48-52.

［147］唐文中．教学论［M］．哈尔滨：黑龙江教育出版社，1990.

［148］甄德山．教学模式及其管理浅议［J］．天津师大学报，1984（05）：35-40.

［149］叶澜．新编教育学教程［M］．上海：华东师范大学出版社，1993.

［150］何克抗．建构主义的教学模式、教学方法与教学设计［J］．北京师范大学学报，2002（01）：56-59.

［151］朱小蔓．小学素质教育实践：模式建构与理论反思［M］．南京：南京师大出版社，1999.

［152］吴立岗．教学的原理、模式与活动［M］．南宁：广西教育出版社，1998.

［153］唐耀辉．创造工学教学模式的理论与应用［J］．天津师范大学报，2006（09）：40-42.

［154］钟毅平，叶茂林．认知心理学高级教程［M］．合肥：安徽人民出版社，2010.

［155］高文，徐冰艳，吴刚．建构主义教育研究［M］．北京：教育科学出版社，2008.

［156］钟志贤．新型教学模式新在何处（上）［J］．电化教育研究，2001（03）：8-15.

［157］韩龙淑．当前教学模式研究中面临的问题及其思考［J］．教育理论与实践，2006（02）：47-49.

［158］于守海，吕富彪．关于讲解接受教学模式的探讨［J］．理论界，2006（04）：237-238.

［159］赵学谦．教学模式辩［J］．北京教育学院学报，2006（03）：72-75.

［160］苑永波．信息化教学模式与传统教学模式的比较［J］．中国电化教育，2001（08）：26-28.

［161］杨蕾．新型教学模式新在哪里［J］．中国电化教育，2002（06）：5-10.

［162］何克抗，李克东，谢幼如，王本忠．"主导-主体"教学模式的理论基础［J］．电化教育研究，2000（02）：3-9.

［163］南国农．高校信息化教育课程：教材教法浅析［J］．电化教育研究，2004（11）：37-43.

［164］杨蕾．新型教学模式新在哪里［J］．中国电化教育，2002（06）：5-10.

[165]钟志贤．新型教学模式新在何处（上）[J]．电化教育研究，2001（03）：8-15.

[166]张武升．关于教学模式的探讨[J]．教育研究，1988（05）：11-15.

[167]郝志军．教学模式研究20年：历程、问题与方向[J]．教育理论与实践，2003（23）：52-55.

[168]钟志贤．论学习环境设计[J]．电化教育研究，2005（07）：35-41.

[169]何克抗，李文光．教育技术学[M]．北京：北京师范大学出版社，2002.

[170]武法提．论目标导向的网络学习环境设计[J]．电化教育研究，2013（07）：40-46.

[171]杨进中，张剑平．基于社交网络的个性化学习环境构建研究[J]．开放教育研究，2015（04）：89-97.

[172]李妍．乔纳森建构主义学习环境设计研究[D]．上海：华东师范大学，2007.

[173]钟志贤．论学习环境设计[J]．电化教育研究，2005（07）：35-41.

[174]黄荣怀，杨俊峰，胡永斌．从数字学习环境到智慧学习环境——学习环境的变革与趋势[J]．开放教育研究，2012（01）：75-84.

[175]武法提．论目标导向的网络学习环境设计[J]．电化教育研究，2013（07）：40-46.

[176]张坤颖，张家年，徐影．网络环境下自主学习模型的构建——兼论web3.0的理念与引领趋势[J]．远程教育杂志，2012（05）：96-100.

[177]余燕芳，葛正鹏．终身学习平台设计与构建——以web2.0到web3.0的学习理念变迁为视角[J]．中国远程教育，2014（04）：70-96.

[178]何克抗．建构主义——革新传统教学的理论基础（上）[J]．电化教育研究，1997（03）：3-9.

[179]徐光，刘鲁川．幕课背景下学习伙伴对在线学习者持续使用行为的影响——基于协作学习视角[J]．山东师范大学学报，2015（05）：135-142.

[180]赵建华．Web环境下智能协作学习系统构建的理论与方法[D]．广州：华南师范大学，2002.

[181]刘菊香．基于模糊理论的网上协作学习学生分组系统的研究与实现[D].

上海：华东师范大学，2006.

[182]程向荣. CSCL 的伙伴模型研究[D]. 重庆：西南大学，2008.

[183]唐杰，李浩君，邱飞岳. MCSL 环境下协作分组的伙伴模型研究[J]. 中国
    远程教育，2012(02)：48-51.

[184]李浩君，项静，华燕燕. 基于 KNN 算法的 mCSCL 学习伙伴分组策略研究
    [J]. 现代教育技术，2014(03)：86-93.

[185]Kris Van den Branden. 任务型语言教育：从理论到实践[M]. 陈亚杰，栗
    霞，薛枝译. 北京：外语教学与研究出版社，2013.

[186]赵志群. 当代职业教育理论与实践探索丛书[M]. 北京：清华大学出版社，
    2012.

[187]黄荣怀. 关于协作学习的结构化模型研究[D]. 北京：北京师范大学，
    2000：22.

[188]赵建华. Web 环境下只能协作学习系统构建的理论与方法[D]. 广州：华南
    师范大学，2002：20.

[189]钟志贤. 信息化教学模式[M]. 北京：教育科学出版社，2005.

[190]孔晶，赵建华. 交互式电子白板支持探究性学习活动过程分析[J]. 电化教
    育研究，2014(12)：86-92.

[191]张红波. 基于任务驱动的协作学习活动的研究与实[J]. 中国电化教育，
    2009(12)：18-22.

[192]斐迪南·滕尼斯. 共同体与社会[M]. 林荣远译. 北京：商务印书馆，
    1999.

[193]詹泽慧，李晓华. 美国高校教师学习共同体的构建——对话美国迈阿密大
    学教学促进中心主任米尔顿·克斯教授[J]. 中国电化教育，2009(10)：1-
    6.

[194]钟志贤. 知识建构、学习共同体与互动概念的理解[J]. 电化教育研究，
    2005(11)：20-29.

[195]冯锐，殷莉. 论学习共同体形成和发展的社会性建构观[J]. 中国电化教
    育，2007(08)：10-13.

[196]张建伟，孙燕青. 建构性学习——学习科学的整合性探索[M]. 上海：上

海教育出版社，2005.

[197]唐杰，李浩君，邱飞岳. mCSCL 环境下协作学习的伙伴型研究[J]. 中国远程教育，2012(02)：48-51.

[198]郑葳. 学习共同体——文化生态学习环境的理想架构[M]. 北京：教育科学出版社，2007.

[199]陈琳，李凡. 创建数字化学习资源公建众享模式研究[J]. 中国电化教育，2012(01)：73-77.

[200]桑新民. 学习科学与技术：信息时代大学生学习能力培养[M]. 北京：高等教育出版社，2004.

[201]乌美娜. 教学设计[M]. 北京：高等教育出版社，1995.

[202]程书肖. 教育评价方法[M]. 北京：北京师范大学出版社，2004.

[203]周军. 教学策略[M]. 北京：教育科学出版社，2003.

[204]车文博. 心理咨询大百科全书[M]. 杭州：浙江科学技术出版社，2001.

[205]谢观新. 远距离开放教育词典[M]. 北京：中央广播电视大学出版社，1999.

[206]陶德清. 学习态度的理论与研究[M]. 广州：广东人民出版社，2001.

[207]南国农. 教育技术理论体系的重构路线图[J]. 现代教育技术，2010(04)：5-7.

[208]周军. 教学策略[M]. 北京：教育科学出版社，2007.

[209]李介. 课堂教学策略研究[M]. 兰州：兰州大学出版社，2009.

[210]周军. 教学策略[M]. 北京：教育科学出版社，2007.

[211]邵瑞珍. 教育心理学[M]. 上海：上海教育出版社，1997.

[212]张大均，余林. 试论教学策略的基本涵义及其制定的依据[J]. 课程·教材·教法，1996(09)：6-8.

[213]乌美娜. 教学设计[M]. 北京：高等教育出版社，1994.

[214]何克抗. 信息技术与课程整合的教学模式研究之一——教学模式的内涵及分类[J]. 现代教育技术，2008(07)：5-8.

[215]何克抗，李文光. 教育技术学[M]. 北京：北京师范大学出版社，2002.

[216]黄高庆. 关于教学策略的思考[J]. 教育研究，1998(01)：50-54.

[217]刘文芳．信息技术支持下的小学数学问题导向式教学策略研究[D]．济南：山东师范大学，2015．

[218]徐艳娟．先行组织者教学策略在初中数学教学中的实验研究[D]．南京：南京师范大学，2013．

[219]张春生．人生智慧宝典[M]．北京：中国文联出版社，2002．

[220]王瑞珍．促进师范生掌握启发式教学的策略[J]．华南师范大学学报，2010(04)：27-29．

[221]庞维国．自主学习学与教的原理与策略[M]．上海：华东师范大学出版社，2003．

[222]谭顶良．学习风格与教学策略[J]．教育研究，1995(05)：72-75．

[223]陈琦，刘儒德．当代教育心理学[M]．北京：北京师范大学出版社，2007．

[224]钟启泉．研究性学习："课程文化"的革命[J]．教育研究，2003(05)：71-76．

[225]刘川．发展性评价的实践与思考[J]．教育研究，1999(03)：23-27．

[226]李吉会．发展性教育评价思想[J]．教育评价，2000(02)：23-35．

[227]黄牧航．中学历史教学与学业评价[M]．广州：广东教育出版社，2005．

[228]黄猜．激励性评价策略在大学英语写作教学中的应用[J]．学园，2015(08)：41-47．

[229]赵学勤．激励性评价的标准与策略[J]．中小学管理，2002(11)：53-54．

[230]周莉．从"授之以鱼"到"授之以渔"元认知策略与自主学习能力培养[J]．当代教育实践与教学研究，2015(08)：50-51．

[231]苏霍姆林斯基．给教师的建议[M]．杜殿坤译．北京：教育科学出版社，2006．

[232]李克东．教育传播科学研究方法[M]．北京：高等教育出版社，1994．

[233]李克东．教育技术学研究方法[M]．北京：北京师范大学出版社，2003．

[234]乔伊斯，荆建华(译者)．教学模式[M]．北京：中国轻工业出版社，2002．

[235]吉尔伯特．萨克斯，詹姆斯．W．牛顿．教育和心理的测量与评价原理[M]．王昌海等译．南京：浙江教育出版社，2011．

[236]张建伟，等编译，陈琦审校．Badrul Khan．电子学习的设计与评价[M]．北

京：北京师范大学出版社，2005.

[237]段兆兵. 论课程资源开发与教师专业成长[D]. 兰州：西北师范大学，2003.

[238]詹泽慧，李晓华. 美国高校教师学习共同体的构建——对话美国迈阿密大学教学促进中心主任米尔顿·克斯教授[J]. 中国电化教育，2009(10)：1-6.

[239]徐福荫，李运林，胡小勇. 教学媒体的理论与实践[M]. 北京：北京师范大学出版社，2010.

[240]陆兴. 新形势下高安全IPTV直播网络的研究与实现[J]. 电视技术，2022，46(03)：143-145.

[241]高铭蔚，桑楠，杨茂林. 基于胶囊网络的交互式网络电视视频点播推荐模型[J]. 计算机应用，2021，41(11)：3171-3177.

英文文献

[1]Wong J, Baars M, Davis D, et al. Supporting Self-regulated Learning in Online Learning Environments and MOOCs：A Systematic Review [J]. International Journal of Human-Computer Interaction, 2019, 35(4-5)：356-373.

[2]Tomlinson, C. A., Brighton, C., Hertberg, H., Callahan, C. M., Moon, T. R., Brimijoin, K., Conover, L. A., & Reynolds, T. Differentiating Instruction in Response to Student Readiness, Interest, and Learning Profile in Academically Diverse Classrooms：A Review of Literature[J]. the Education of the Gifted. 2023, 27(2-3)：119-145.

[3]Arsan, T., Bulut, E. E., Eren, B., Uzgor, A., Yolcu, S. A Novel IPTV Framework for Automatic TV Commercials Detection, Labeling, Recognition and Replacement[J]. Multimedia Tools Appl, 2023, 82(6)：8561-8579.

[4]Adeliyi, T. T., Singh, A., Aroba, O. J. Analysing Channel Surfing Behaviour of IPTV Subscribers Using Machine Learning Models [C]//2023 Conference on Information Communications Technology and Society (ICTAS), pp. 1-5. IEEE.

[5]Borghi, M., Katos, V., Ganarasvili, A., Favale, M., Mendis, D. Illegal Iptv in

the European Union: Research on Online Business Models Infringing Intellectual Property Rights-phase 3[M]. European Union Intellectual Property Office, 2019.

[6] Rajiv Shahl, Deniz Cemiloglu Cagatay Yucel Raian Ali Vasilis Katos Is Cyber Hygiene a Remedy to IPTV Infringement? A Study of Online Streaming Behaviours and Cyber Security Practices[J]. International Journal of Information Security, 2024(23): 1913-1926.

[7] Feiyang Yin, Zhe Chen, Dongxiao Yang. Statistical Analysis of IPTV Star-Up in China[C]//Signal and Information Processing Networking and Computers ICSINC 2023. Lecture Notes in Electrical Engineering, 2023, 5: 89-94.

[8] Adeliyi, T. T., Singh, A., Aroba, O. J. Analysing Channel Surfing Behaviour of IPTV Subscribers Using Machine Learning Models[D]//2023 Conference on Information Communications Technology and Society (ICTAS), 2023, 1-5. IEEE.

[9] Seck, M., Diatta, B., Ouya, S., Mendy, G., Gaglou, K. Contribution to Improvement of Distance Learning Based on Zeroconf Protocol and an Interactive IPTV[C]//Auer, M., Hortsch, H., Sethakul, P. (eds) The Impact of the 4th Industrial Revolution on Engineering Education. ICL 2020. Advances in Intelligent Systems and Computing, 2020.

[10] Manariyo, S., Khakimov, A., Pyatkina, D., Muthanna, A. Optimization Algorithm for IPTV Video Service Delivery over SDN Using MEC Technology [C]//Galinina, O., Andreev, S., Balandin, S., Koucheryavy, Y. (eds) Internet of Things, Smart Spaces, and Next Generation Networks and Systems. NEW2AN ruSMART 2018. Lecture Notes in Computer Science, 2018.

[11] Mikhaylov, N. S. Development of Personal Learning and Social Networks: Strategies for Knowledge Creation and Sharing in Online Learning Environments [M]//Khare, A., Hurst, D. (eds) On the Line. Springer, Cham, 2018, 127-139.

[12] Dohn, N. B., Hansen, S. B., Hansen, J. J., de Laat, M., Ryberg, T. Conclusion: Conceptualizing and Innovating Education and Work with Networked Learning [D]//Dohn, N. B., Hansen, J. J., Hansen, S. B., Ryberg, T., de Laat, M.

(eds) Conceptualizing and Innovating Education and Work with Networked Learning. Research in Networked Learning, 2021: 237-258.

[13] Wu D., Li L., Wu L., & Wei X. An International Comparative Study of Digital Transformation in Higher Education [J]. Journal of the National Institute of Educational Administration, 2023(4): 27-36.

[14] Safonov, Y., Usyk, V., & Bazhenkov, I. Digital Transformations of Education Policy[J]. Baltic Journal of Economic Studies, 2022(2): 127-136.

[15] Pelletier K, Robert J, & Muscanell N. (2023). EDUCAUSE Horizon Report: Teaching and Learning Edition[EB/OL]. library. educause. edu/resources/2024/ 5/2024-educause-horizon-report-teaching-and-learning-edition.

[16] SuanPang, Pannee. The Integration of m-Learning and Social Nework for Suporting Knowledge Sharing[J]. Creative Education, 2011(11): 39-43.

[17] Plain View, N. Y. North America's First Chinese Kids Channel and Happy Kids VOD Debut on KyLin TV[J]. Business And Economics, 2010(11): 1-2.

[18] Marianna, Obrise, Elke Beck. Local Communities: Back to Life(Live) Through IPTV[J]. M. Obrist et al, 2017(2): 148-157.

[19] Marie-Jose Montpetit. Natalie Klym, Thomas Mirlacher. The Future of IPTV Connected, Mobile, Personal and Social[J]. Multimed Tools Appl, 2011(53): 519-532.

[20] Katherine A. Austin, William D. Lawson. Efficacy and Performance in Professional Development Higher Education-Sponsored ITV Instruction [J]. Computing in Higher Education, 2007(18): 51-58.

[21] Pao-Ta Yu, Ming-Hsiang Su. Design an e-Broadcasting System for Students' Online Learning[J]. F. L. Wang et al. (Eds.): ICHL, 2009, LNCS 5685: 101-111.

[22] Wikipedia. http: //en. wikipedia. org/wiki/IPTV[OD/BL].

[23] IPTV Standardization on Track Say Industry Experts[J]. ITU-T Newslog. 2006-10-27. Retrieved 2012-01-27.

[24] ATIS IPTV Exploratory Group Report and Recommendation to the TOPS Council. Alliance for Telecommunications Industry Solutions. July 2006. Retrieved

2012-01-17.

[25] AECT. AECT Standards 2012 Version [DB/OL]. http：c. ymcdn. com/sites/aect/ site-ym. com/resource/resmgr/AECT_Documents/AECTstandards2012. pdf. July16. 2012.

[26] ISTE. ISTE Standards for Students [DB/OL]. http：//www. iste. org/standards/ iste-Standards/stadndards-for-students. http：//www. aitsl. edu. au/australian- professional-standards-for-teachers/standards/list.

[27] USESCO. UNESCO ICT Competence Framework for Teachers [EB/OL]. http：// www. unesco. org/new/en/communication-and-information/access-to-knowledge/ unesco-ict-competency-framework-for-teachers/, 2013-04-14.

[28] Denis McQuail. Communications Models for the Study of Mass Communications [M]. Sage Publications of London, 1983：31.

[29] Bruce R. Joyce., Marsha weil. Models of Teaching (third edition) [M]. New Jersey, Prentive Hail, 1986：3-4.

[30] David E. Hunt, Bruce R. Joyce, Joann Greenwood, Joyce E. Noy, Roma Reid, and Marsha Weil. Student Conceptual Level and Models of Teaching. Theoretical and Empirical Theoretical and Empirical Coordination of Two Models [J]. Interchange, 1974(9)：19-30.

[31] Joyce, B. R., Weil, M. &Wald, R. The Teacher Innovator：Models of Teaching as the Core of Teacher Education [J]. Interchange, 1973(4)：27-60.

[32] Joyce, B. R., Weil, M. The Teacher-Innovator：Models of Teaching as the Core of Teacher Education [J]. Interchange, 1973(6)：47-60.

[33] Perkins, D. N.. Technology Meets Constructivism：Do They Make A Marriage [J]. Educational Technology, 1991, 31(5)：18-23.

[34] P. Paredes, A. Ortigosa, P. Rodriguez. TOGETHER：An Authoring Tool for Group Furmation based on Learning Styles [C]//Proc. A3H：7th International workshop on authoring of adaptive and adaptable hypermedia at EC-7EL, 2009：23-29.

[35] S. Chuen-Tsai, S. J. L. Sunny. Learning through Collaborative Design：A Learning Strategy on the Internet [J]. Frontiers in Education Conference, 2001.

[36] Holec, H. Actonomy and foreign language Learning [M]. Oxford: Pergamon, 1981: 3.

[37] Little, D. Learner Autonomy: Definitions, Issues and Problems [M]. Dublin: Authentic, 1991: 4.

[38] Littlewood, W. Defining and Developing Autonomy in East Asian Contexts [J]. AppliedLinguists, 1999(20-1): 71.

[39] Benson, P. &P. Voller. Introduction: Autonomy and Independence in Language Learning[C]//Beason, P. & P. Voller. Autonomy and Independence in Language Learning. London: Addison Wesley Longman, 1997: 1.

[40] Johnson D. W, & Johnson, R. T. Learning Together and Alone: Cooperative, Competitive, and Individualistic Learning[M]. Boston: Alyn and Bacon, 1975.

[41] Dillenbourg, P. What Do You Mean by "Collaborative Learning"? [C]// P. Dillenbourg (Ed.), Ollaborative Learning: Cognitive and Computational Approaches Amsterdam, NL: Pergamon, Elsevier Science, 1999: 1-16.

[42] Kowalski T. J. Case Studies of Educational Administration [M]. New York: Longman, 1991: 116.

[43] Shulman J. H. Teacher-written Cases with Commentaries: A Teacher-researcher Collaboration [C]. //Shulman, Case Methods in Teacher Education, NY: Teacher College, Columbia University, 1992: 131-152.

[44] Merseth K. K. Cases and Case Methods in Teacher Education [C]//Sikula J. Handbook of Research on Teacher Education (2nd). New York: Macmillan, 1996: 722-744.

[45] G. J. Groen and R. C. Atkinson, Models for Optimizing the Learning Process[J]. Psychological Bulletin, 1966, 66(4): 117-121.

[46] Barrows. H. S&Tamblyn. R. M. Problem-based Learning: An Approach to Medical Education. Series on Medical Education[M]. New York: Spinger Verlag. 1980.

[47] Ausbel D. P. Educational Psychology: A Cognitive View[M]. New York: Holt, Rinehart and Winstion, 1968: 147-150.

[48] Daniel Tanner& Laurel N. Tanner. Curriculum Development: Theory into Practice

[M]. New York: Macmillan Publishing Co Inc. & London: Collier Macmillan Publishers, 1980.

[49] Jase Moussa-Inaty, Fida atallah. Multimedia Use in Higher Education in the UAE: A Cognitive Load Theory Perspective [J]. JI of Educational Multimedia and Hypermedia, 2012(21-2): 127-142.

[50] Jianxia Cao, Akinon Nishihara. Understanding Learning Style by Eye Tracking in Slide Video Learning[J]. JI. of Educational Multimedia and Hypermedia, 2012 (21-4): 335-358.

[51] David Tawei Ku, Yung-Hsin Huang. Rapid E-learning Tools Selection Process for Cognitive and Psychomotor Learning Objectives[J]. JI of Educational Multimedia and Hypermedia, 2012, (21-4): 393-413.

[52] Tse Kian Neo, Mai Neo, Wai-Jing kwok. Promoting Life-long Learning in a Multimedia-based Learning Enviroment: A Malaysian Experience [J]. JI of Educational Multimedia and Hypermedia, 2012(21-2): 143-164.

[53] Daniah Abbasi. The Effects of Modality and Multimedia Comprehension on the Performance of Students with Varied Multimedia Comprehension Abilities when Exposed to High Complexity, Self-paced Multimedia Instructional Materials[J]. JI of Educational Multimedia and Hypermedia, 2012(21-3): 215-239.

[54] Pamela a. Solvie. Understanding Diversity and the Teacher's Role in Supporting Learning in Diverse Classrooms: Scaffolding Early Childhood Preservice Teacher's Growth in Initial Placements with Technology [J]. Journal of Educational Multimedia and Hypermedia, 2013(3): 317-361.

[55] Habil Gad Azmy. Interaction Effects of Hypervideo Navigation Variables in College Students'Self-Tegulated Learning [J]. JI of Educational Myltimedia and Hypermedia, 2013(2): 113-146.

[56] Dawn Hathaway, Priscilla Norton. Designing an Online Course Content Structure Using a Design Patterns Approach[J]. Educational Technology, 2013(3-4): 3-14.

[57] Huay Lit Woo. The Design of Online Learning Environments from the Perspective

of Interaction[J]. Educational Technology, 2013(11-12): 34-38.

[58] Victor R. Lee. The Quantified Self (QS) Movement and Some Emerging Opportunities for the Educational Technology Field[J]. Educational Technology, 2013(11): 39-41.

[59] Bennet,s, Harper B. Learning About Multimedia Design Through Real-Life Cases [C]//Monttgomerie, C. & Biteli, J. (Eds.), Proceedings of Ed-Media 2001. World Conference on Educational Multimedia and Hypermedia, Norfolk, USA: AACE, 2001(1): 131-132.

[60] Gron f, Sabine, Liu T. Identifying Learning Styles in Learning Management Systems by Using Indications from Students' Behaviour[J]. Computers in Human Behavior, 2007(3): 122-137.

[61] Welsh M. Worlds Have Collided and Modes Have Merged: Classroom Evidence of Changed Literacy Practice [J]. Retrieved from Academic Search Premier database, 2008(42): 101-108.

[62] Zhao Y, Guo Y, Sun R, Liu Z, Guo D. Unsupervised Video Summarization via Clustering Validity Index [J]. Multimed Tools Appl 2020, 79 (45): 33417-33430.

[63] Deeksha Gupta, Akashdeep Sharma, Pavit Kaur, Ritika Gupta. Experimental Analysis of Clustering Based Models and Proposal of a Novel Evaluation Metric for Static Video Summarization[J]. Multimedia Tools and Applications, 2024(83): 3259-3284.

[64] Tadlaoui, M. A., Khaldi, M. Concepts and Interactions of Personalization, Collaboration, and Adaptation in Digital Learning [C]//Personalization and Collaboration in Adaptive E-Learning, 2020: 1-33.

[65] Lamya, A., Kawtar, Z., Mohamed, E., Mohamed, K.: Personalization of an Educational Scenario of a Learning Activity According to the Learning Styles Model David Kolb. Global[J]. Eng. Tech. Adv. 2020, 5(3): 99-108.

[66] Anoir Lamya, Khaldi Mohamed, Erradi Mohamed. Personalization Between Pedagogy and Adaptive Hypermedia System [C]. Proceedings of the 5th

International Conference on Big Data and Internet of Things, 2021.

[67] ASolvie P, Sunger E. Teaching for Success: Technology and Learning Styles in Preservice Teacher Education [J]. Technology and Teacher Education, 2012 (12): 1-7.

[68] Anoir Lamya, Khaldi Mohamed, Erradi Mohamed. Personalization Between Pedagogy and Adaptive Hypermedia System [C]. Proceedings of the 5th International Conference on Big Data and Internet of Things, 2021.

后　记

随着最后一章的落笔，这本专著终于得以完成。回望整个撰写过程，心中充满了无限感慨与感激。在此，我想对在本专著撰写过程中给予我支持与帮助的人表示最诚挚的谢意。

首先，我要特别感谢我的导师徐福荫教授。恩师国际化的学术视野、高瞻远瞩与高深的学术造诣、严谨求实的治学风格让我受益匪浅、终生难忘，并将深刻影响着我日后的工作与生活。在本专著的撰写过程中，徐老师在学术上给予了我宝贵的指导和建议，徐老师严谨的治学态度和无私的奉献精神，一直是我学习的榜样。从徐老师身上我不仅学到了严谨求实的做事态度，还学到了拼搏进取、求实创新的做人态度，这使我终身受益。

其次，感谢华南师范大学李克东教授，在本专著撰写过程中，他带领我们赴日本大阪的关西大学访问交流，拓展了我的研究视角和思路。在本次访问交流活动中，我参加了第十四届 ICOME 国际会议，对相关研究成果进行了学术论文宣讲。在本次国际会议中与来自美国、日本、韩国、新加坡等国学者汇聚一堂，我们围绕共同的研究兴趣展开讨论，分享彼此的观点和经验，这种跨文化的交流让我深刻感受到了不同文化背景下研究者们的思维方式和研究方法的差异与互补，同时，也让我更加珍惜多元文化的价值，激发了我对不同文化背景下学术研究的浓厚兴趣。感谢华南师范大学 ETV 大家庭的师兄弟姐妹的关心与支持，这是一个温暖且学术氛围浓厚的大家庭。

再次，感谢华东师范大学杨小微教授、湖北大学靖国平教授、付应雄教授在本专著撰写过程中提出的宝贵建议，感谢湖北大学师范学院各位领导和同事对本专著的支持。

最后，感谢武汉大学出版社沈继侠编辑及其他工作人员。他们在本专著的出版过程中付出了大量的努力和精力，确保了本书的质量和顺利出版。他们的专业和耐心为本书的成功出版提供了坚实的保障。

再次感谢所有支持和帮助过我的人们！愿这本专著能够为读者提供有价值的知识和信息。同时，我也期待与更多的不同学科领域的学者和研究者进行交流与合作，共同推动学科研究的发展和进步。